¡A explorar!

LIBRO DEL ESTUDIANTE 3

CLARE SHEPHARD AND CANDIDA WILLIAMS

Series editor
Tracy Traynor

Series contributors and consultants
Samantha Broom, Marisha Charles-Alexis, Louise Fonceca, Sinda López Fuentes,
Symonette Hibbert, Keiba John, Chimene Moonsammy, Diana Carolina Neva Prieto,
Karen Peterson, René Young Romero, Clare Shephard, Catherine Stuart,
Tracy Traynor, Candida Williams

T0340549

William Collins' dream of knowledge for all began with the publication of his first book in 1819.

A self-educated mill worker, he not only enriched millions of lives, but also founded a flourishing publishing house. Today, staying true to this spirit, Collins books are packed with inspiration, innovation and practical expertise. They place you at the centre of a world of possibility and give you exactly what you need to explore it.

Collins. Freedom to teach.

Published by Collins
An imprint of HarperCollins*Publishers*
The News Building
1 London Bridge Street
London
SE1 9GF

HarperCollins *Publishers*
Macken House, 39/40
Mayor Street Upper,
Dublin 1,
D01 C9W8,
Ireland

Browse the complete Collins catalogue at
www.collins.co.uk

© HarperCollins*Publishers* Limited 2019

Maps © Collins Bartholomew Limited 2019

10 9 8 7 6 5

www.collins.co.uk/caribbeanschools

ISBN 978-0-00-830153-8

British Library Cataloguing-in-Publication Data
A catalogue record for this publication is available from the British Library.

Authors: Clare Shephard and Candida Williams
Reviewers and consultants: Diana Carolina Neva Prieto, Catherine Stuart, René Young Romero,
Symonette Hibbert, Marisha Charles-Alexis
Series editor and content consultant: Tracy Traynor
Publisher: Elaine Higgleton
Commissioning editor: Lucy Cooper
Content editor: Holly Woolnough
Development editor: Sinda López Fuentes
Proofreader: Ana Cristina Llompart Lucas
Cover designers: Kevin Robbins and Gordon MacGilp
Cover photograph: Sari ONeal/Shutterstock
Typesetter: Ken Vail Graphic Design Ltd
Illustrators: Priyankar Gupta, QBS Learning and Ken Vail Graphic Design Ltd
Production controller: Lyndsey Rogers
Printed and bound in India by Replika Press Pvt. Ltd.

MIX
Paper | Supporting
responsible forestry
FSC™ C007454

This book is produced from independently certified FSC™
paper to ensure responsible forest management .
For more information visit: www.harpercollins.co.uk/green

Contents

Contents map

	Vocabulary	Grammar
4 ¿Quieres viajar?		
4.1 ¿Adónde vas a ir?	country names, types of holidays, vacation activities, weather	near future tense *prefiero* + infinitive
4.2 Hacer una reservación	booking a holiday at the travel agent's currency, documents: itinerary	*querer* + infinitive fillers 24-hour clock for travel times
4.3 En la oficina de turismo	asking for information and directions, locations in a tourist city	*para* vs. *por* imperative prepositions
4.4 ¿Cómo estuvo?	trip to a restaurant on holiday, speciality foods, complaining about a hotel problem	preterite of *ir/ser/estar* *me falta(n)* *estar* vs. *ser*
4.5 Mis vacaciones de ensueño	holidays in the past, weather in the past, bad holiday experiences	preterite review imperfect review *hace (dos años)*
Español en acción: Unas vacaciones diferentes – extended reading practice with cultural focus		
Otra vez: differentiated revision activities + *Ahora yo puedo:* self-assessment		
Palabras y frases – Unidad 4		
Repaso 2 (Unidades 3–4)		
5 Las comunicaciones y los medios		
5.1 ¡Sigamos en contacto!	personal communication technologies, technology vocabulary	direct object pronouns expressions of frequency review
5.2 Navegar por Internet	internet vocabulary, online activities, online shopping	*soler* + infinitive present continuous tense
5.3 Las redes sociales	social media, online safety, pros and cons of use	range of tenses: present, preterite and near future *Me interesa* + infinitive/noun *Lo que (me gusta) es …*
5.4 Hablar por teléfono	numbers review, informal telephone language, text messages, formal calls	formal and informal verb forms spelling and phone numbers
5.5 La publicidad	advertising language, language for reviews	imperative: formal comparative and superlative, including *-ísimo* superlative demonstrative adjectives range of tenses: present, preterite, near future
Español en acción: Comunicarme mejor – extended reading practice with cultural focus		
Otra vez: differentiated revision activities + *Ahora yo puedo:* self-assessment		
Palabras y frases – Unidad 5		
6 En el futuro		
6.1 Las vacaciones escolares	holiday jobs/chores, holiday activities, plans for the holidays	near future review direct objects and prepositions reflexive verbs: near future
6.2 Mis talentos	physical skills, practical skills, school skills, advice on how to improve	*poder/saber* + infinitive *deberías* + infinitive for advice
6.3 Trabajaré como …	jobs, reasons for choosing a job	future tense pronouns after prepositions
6.4 Mis proyectos	plans for the future, country names review, if …	future tense consolidation + key irregular verbs *si* + present tense, future tense
Español en acción: Prepárate para tu futuro – extended reading practice with cultural focus		
Otra vez: differentiated revision activities + *Ahora yo puedo:* self-assessment		
Palabras y frases – Unidad 6		
Repaso 3 (Unidades 5–6)		
Strategies		
Gramática		
Vocabulario		

¡Bienvenidos al español!

¿Quieres viajar a todas partes del mundo?

Hay países donde se habla español en América Latina, Europa y también en África.

¿Quieres pensar mejor?

Aprender un idioma ayuda a mejorar la memoria y las destrezas de pensamiento.

¿Quieres conseguir un trabajo apasionante?

Si hablas varios idiomas, tendrás mejores perspectivas laborales.

¿Quieres conocer amigos nuevos?

Se habla más español que inglés en el mundo. Más de 400 millones de personas hablan español como su primera lengua.

¿Quieres descubrir música y bailes nuevos?

Además de rumba, salsa y tango, la cultura latinoamericana ofrece una gran variedad de música y baile.

¿Quieres mejorar la confianza en ti mismo?

Aprender una nueva habilidad te da una sensación de éxito.

¿Quieres probar comida riquísima?

Hay una gran variedad de platos típicos deliciosos en todos los países hispanos.

¿Quieres explorar el cine y la literatura hispanos?

Directores de cine como Alfonso Cuarón y Guillermo del Toro y autores como Gabriel García Márquez y Isabel Allende te llevarán a lugares nuevos y emocionantes.

La razón más importante para aprender español es …

¡la que te inspira a ti!

1 ¿Por qué quieres aprender español? Escribe las razones en orden de importancia para ti. ¿Tienes otras razones?

¡Bienvenidos a nuestro mundo!

Carlos

¡Bienvenidos a Bolivia! Si viajas a Bolivia, podrás comunicarte con la gente en español pero en lugares remotos, verás que la población habla lenguas indígenas como aimara, quechua y guaraní. Bolivia es un país con una gran diversidad de flora y fauna donde puedes ver aves del altiplano, como el flamenco, el cóndor y el halcón. Si quieres ver algo excepcional que no se ve en todas partes, visita el Salar de Uyuni, el salar más grande del mundo. ¡Ven a Bolivia!

¡Bienvenidos a Ecuador! Como sugiere el nombre, nuestro país está situado en la línea ecuatorial. Al norte de la capital Quito, puedes visitar el Monumento a la Mitad del Mundo y al sur está Cotopaxi, un volcán activo que forma parte de la cordillera andina. ¿Conoces las Islas Galápagos? Este archipiélago volcánico en el océano Pacífico forma parte de nuestro territorio y es mundialmente conocido por sus especies endémicas, como las tortugas, iguanas y los leones marinos.

Jimena

Diego y Mercedes

¡Bienvenidos a nuestro país! Argentina es famosa por muchas cosas, entre ellas el fútbol, el tango, el vino y el asado con chimichurri. Somos una nación muy aficionada al fútbol y ganamos la Copa Mundial dos veces en 1978 y 1986. Estamos muy orgullosos de nuestros futbolistas legendarios como Diego Maradona y Lionel Messi. Si eres atrevido, puedes viajar al 'Fin del Mundo' en Tierra del Fuego, en el extremo sur del continente. ¡Se pueden ver pingüinos allí!

¡Bienvenidos a Perú! Nuestro sitio de interés más famoso tiene que ser el impresionante Machu Picchu con la misteriosa Ciudad Perdida de los Incas, en la Cordillera de los Andes. En 2007 fue declarada una de las nuevas siete maravillas del mundo moderno. Atrae a muchos turistas que quieren realizar la famosa caminata y ver la vista de la increíble montaña Huayna Picchu. ¡Únete a ellos y ven a Perú!

Amelia

Raúl

¡Bienvenidos a Chile! Chile es un país largo y estrecho que va casi desde el norte de Suramérica hasta la punta del continente. Es un país de accidentes geográficos muy interesantes, desde la Cordillera Andina con sus muchos volcanes activos hasta el desierto de Atacama, el sitio más seco del mundo. También nos destacamos por nuestro amor a la poesía, ya que producimos dos ganadores del premio Nobel de Literatura, Gabriela Mistral y Pablo Neruda. Debes leer *Veinte poemas*, la obra maestra de Neruda. ¡Te lo recomiendo!

VISITA DE ESTADO A CHILE DE S.S.M.M. LOS REYES DE SUECIA

PABLO NERUDA   ALFRED NOBEL   GABRIELA MISTRAL $300

¡Bienvenidos a España! Mi país tiene fama por sus playas, sus fiestas y su gastronomía – ¡y no olvides el flamenco! ¿Por qué no visitas y pruebas la paella, el gazpacho y la tortilla – y por supuesto los platos típicos de cada región? Entre las fiestas más conocidas están la Semana Santa de Sevilla, con sus procesiones de pasos religiosos, los Sanfermines en Pamplona, donde las personas corren delante de los toros por las calles, y las Fallas de Valencia, donde se queman gigantes figuras burlescas de papel maché al final de la fiesta. ¡Ven a España!

Pilar

Ryan

¡Bienvenidos a Estados Unidos! Es un país mucho más diverso que el que se conoce a través del cine y de los medios. Por su proximidad al continente suramericano, el español y la cultura hispana están muy extendidos en Estados Unidos – piensa por ejemplo en comida como tacos y burritos y nombres de lugares como Los Ángeles y Nevada. Los destinos turísticos populares son muy conocidos, desde la Estatua de la Libertad en Nueva York y el Gran Cañón en Arizona hasta los parques temáticos de Las Vegas y Disneyland. ¡Ven a Estados Unidos y conoce nuestro país y nuestra gente en persona!

2 Trabaja en grupo. Haz un sondeo. ¿Adónde quieres ir? ¿Qué quieres hacer?

1 ACERCA de mí

- Introduce myself
- Describe other people
- Review present tense

1.1 Mis amigos y yo

1 Escucha, busca y repite. (1–5)

3

Diego   Pepe

Leo   Anita

Carmen

2 Escucha y escribe cinco detalles sobre Carmen.

4   *1 15 years old*

3 Empareja las preguntas con las respuestas.

1	¿Cómo te llamas?	**a**	Soy chileno.
2	¿Cuántos años tienes?	**b**	Me llamo Leo.
3	¿Cuándo es tu cumpleaños?	**c**	Sí, hablo español y un poco de portugués.
4	¿De qué nacionalidad eres?	**d**	Tengo quince años.
5	¿Hablas español?	**e**	Tengo el pelo corto y rubio y los ojos café.
6	¿Cómo eres?	**f**	Mi cumpleaños es el veintiuno de marzo.

4 Imagina que eres Leo de la Actividad 3. Practica una conversación con tu compañero/a.

5 Ahora eres Alejandra. Túrnate con tu compañero/a. Usa las preguntas de la Actividad 3.

argentina

español, inglés y un poco de francés

Alejandra

pelo largo y castaño – ojos verdes

cumpleaños – doce de septiembre

trece años

6 Escribe las palabras que faltan.

vivo	tengo	tenemos	tienen	soy	es	son	se llama

Hola Joe, ¿cómo estás?

Me presento: (1) _____ Pepe y soy estudiante en el Colegio Domingo López en Venezuela. (2) _____ en la costa, cerca de la ciudad de Caracas . Vivo con mi madre, mi padrastro y mis dos hermanas. Mis hermanas (3) _____ once años y (4) _____ gemelas. (5) _____ un gato negro que (6) _____ Lucky y también tenemos una lagartija verde que se llama Roque.

(7) _____ quince años y mi cumpleaños (8) _____ el tres de junio. Soy peruano y hablo español e inglés.

¿Y tú dónde vives? ¿Cómo es tu familia? ¿Tienes mascotas? Escríbeme pronto.

Pepe

Gramática

ser is an irregular verb. *tener* is a stem-changing verb. It is irregular in the *yo* form, but otherwise has regular *–er* endings.

ser to be	tener to have	
soy	tengo	I
eres	tienes	you (informal sing)
es	tiene	he/she/you (formal sing)
somos	tenemos	we
son	tienen	you (pl)/they

7 Escucha y comprueba tus respuestas.

5

8 Lee otra vez y escribe V (verdadero) o F (falso).

1 Pepe trabaja como profesor.
2 Vive al lado del mar.
3 Tiene hermanos gemelos.
4 Vive con su madrastra y su padre.
5 Tienen un gato gris.
6 Su lagartija se llama Roque.
7 Tiene quince años y su cumple es en junio.
8 Es de Paraguay y habla español e inglés.

9 Escribe una respuesta al correo electrónico de Pepe. Incluye:
● dónde vives
● con quién vives
● cómo es tu familia
● si tienes mascotas

10 Escucha. ¿De quién habla Carmen? (1–2)

6

11 Escucha otra vez. Escribe cinco detalles sobre cada amigo/a.

6

Anita: 14 years old, …

> **Gramática**
>
> Verb endings give information on the subject of the verb. Copy and complete the present tense of *hablar* (to speak), a regular *–ar* verb *pelo.*
>
> habl__   I
> habl__   you (informal sing)
> habl__   he/she/you (formal sing)
> habl__   we
> habl__   you (pl)/they
>
> > –an –as –a –o –amos

12 Traduce las frases.

1 Mi mejor amiga se llama Anita.
2 Hay cuatro personas en su familia.
3 Su hermano tiene ocho años.
4 No tiene mascotas pero quiere una cobaya.
5 Es alta y delgada.
6 Habla tres idiomas: español, portugués y holandés.

> **Gramática**
>
> Spanish adjectives agree in gender and number with the nouns they describe.
> *Paco es delgado.*
> *Sonia es alta.*
> *Tengo el pelo rubio y los ojos negros.*

13 Empareja las frases.

1 Este es mi amigo	**a** el treinta de noviembre.
2 Su cumpleaños es	**b** español e inglés.
3 Es de	**c** Rosa.
4 Habla	**d** un perro blanco y negro.
5 Su hermana se llama	**e** Cuba.
6 Tiene	**f** Diego.

> **Gramática**
>
> *este*, *esta*, *estos* and *estas* are demonstrative pronouns meaning this (one)/these (ones). Note the agreement.
> *Esta es Rosa.*
> *Estos son mis amigos Diego y Leo.*

14 Traduce las frases.

1 This is my friend Liliana.
2 She's fifteen years old.
3 She lives with her parents and her three brothers.
4 Her brothers are called Iván, Carlos and Sebastián.
5 They have a white rabbit.
6 Liliana is intelligent and shy.

15 Habla con tu compañero/a. Preséntale a tus amigos.

Esta es mi amiga …

Este es mi mejor amigo …

16 Escríbele un correo electrónico a Carmen. Describe a dos de sus amigos.

Para: carmenlr@memail.com
Asunto: Mis amigos

Hola Carmen, ¿qué tal?
Te presento a mis amigos …

1.2 Mi casa es tu casa

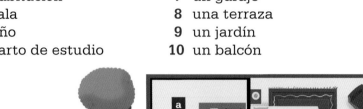

- Describe my house
- Welcome people to my house
- Use conjunctions and modifiers

1 Escucha y escribe las letras. (1–10)

7

1 una cocina	6 un comedor
2 una habitación	7 un garaje
3 una sala	8 una terraza
4 un baño	9 un jardín
5 un cuarto de estudio	10 un balcón

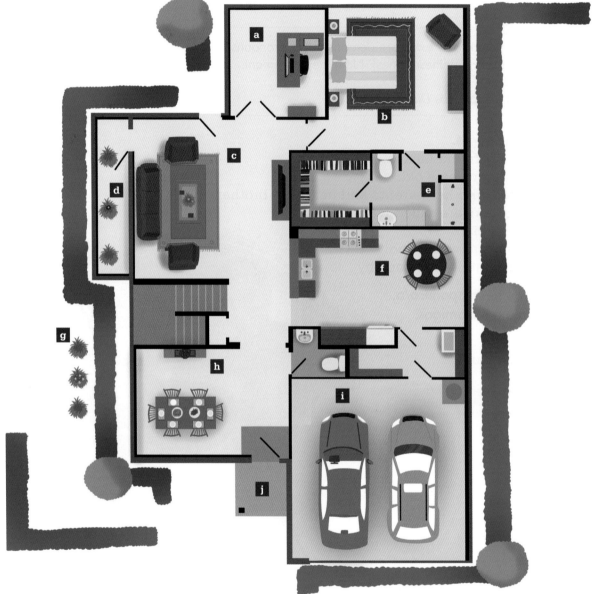

2 Describe tu casa. Habla con tu compañero/a.

¿Qué hay en tu casa?

En mi casa, hay una sala, …

3 Túrnate en grupo. Representa las zonas de la casa con mímica.

¿Dónde estoy?

Estás en la cocina.

4 Escucha y empareja las personas con las casas. (1–4)

un conjunto de apartamentos

una granja

una casa de playa

una casa de campo

5 Escucha otra vez y corrige los errores. (1–4)

1 La vivienda de Carmen es bastante grande e incómoda. Hay cinco habitaciones.

2 La vivienda de Pepe es pequeña pero luminosa. Hay cuatro habitaciones y un jardín bonito.

3 La vivienda de Anita es bonita y cómoda. No hay garaje ni cuarto de estudio.

4 La vivienda de Leo es nueva pero oscura. Hay veinte habitaciones y un balcón.

6 Escribe el texto, usando conjunciones para mejorarlo.

> Vivo en un conjunto de apartamentos. En mi apartamento, hay tres habitaciones, un baño, una cocina, una sala. Hay un comedor. No hay un jardín. Me gusta mi habitación. Es grande y luminosa.

7 Escribe una descripción de tu casa/apartamento.

Es (bastante/muy) …
grande
pequeño/a
cómodo/a
incómodo/a
bonito/a
feo/a
antiguo/a
nuevo/a
luminoso/a
oscuro/a

Improve your writing by using conjunctions to link sentences, e.g. *y, pero, también, porque.*

8 Mira la imagen y lee las palabras. ¿Cuántas palabras puedes traducir?

una estantería	*una nevera*	*una ducha*	*un horno*
un sofá	*un televisor*	*una cama*	*una lavadora*
un armario	*un tapete*	*unos estantes*	
un lavaplatos	*una silla*	*una tina*	
un lavamanos	*una mesa*	*una lámpara*	

Start by looking for cognates (words that are similar in Spanish and English).

9 Escucha, busca y escribe los números para cada lugar.

baño   habitación   sala   comedor   cocina

10 Escucha otra vez, busca y repite.

11 Habla con tu compañero/a.

¿Qué hay en tu habitación?

En mi habitación hay una cama, …

Learning lists of vocabulary can be challenging. Find the method that works best for you. You could try these: draw a mind map, make flashcards, write a list, repeat the words aloud or work with a friend.

12 Lee el correo electrónico. Lee y corrige las frases.

Mi casa es tu casa

Hola Joe,

Vivo en una casa de campo cerca del mar. Es bastante moderna. En mi casa hay tres habitaciones, un baño, una cocina-comedor y una sala. Hay una terraza también. Yo no comparto mi habitación, pero mis hermanas comparten su habitación. Mi habitación es muy pequeña. Tiene una cama, unos estantes, un tapete y un armario. Tengo muchos pósteres de futbolistas famosos. ¿Y tú? ¿Cómo es tu casa? ¿Compartes una habitación?

Hasta pronto.

Pepe

Gramática

Copy and complete the present tense of *compartir* (to share), a **regular** *–ir* **verb**.

compart__ I
compart__ you (informal sing)
compart__ he/she/you (formal sing)
compart__ we
compart__ you (pl)/they

–en –es –o –imos –e

¡Nota!

Use quantifiers like *muy* (very) and *bastante* (quite) to add detail to your descriptions.

1 Pepe vive en un conjunto de apartamentos.
2 Su casa es muy moderna.
3 En su casa, hay cuatro habitaciones, dos baños, una cocina-comedor y una sala.
4 Comparte su habitación.
5 La habitación de sus hermanas es muy pequeña.
6 En su habitación, hay una cama, una estantería y un armario.

13 Traduce las frases.
1 I live in an apartment block.
2 In my apartment, there are two bedrooms, a bathroom, a kitchen and a living room.
3 The living room is very big.
4 In the living room, there's a television, two sofas and some shelves.
5 My bedroom is quite small.
6 There's a bed, a wardrobe and a rug.

14 ¿Cómo es tu casa? Escribe una respuesta a Pepe de la Actividad 12.

1.3 Este es mi barrio

● Describe my neighbourhood
● Talk about its pros and cons
● Use *ser* and *estar*

 1 Escucha, busca y repite.

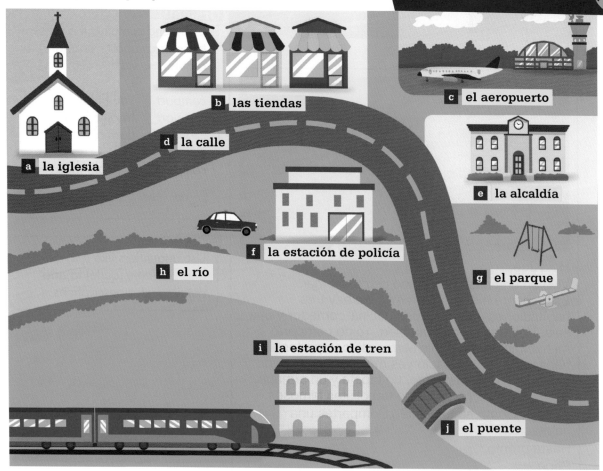

a la iglesia
b las tiendas
c el aeropuerto
d la calle
e la alcaldía
f la estación de policía
g el parque
h el río
i la estación de tren
j el puente

2 Escucha y escribe las letras en orden. (1–10)

3 Escribe cada palabra en orden.

1 earpteouro	6 nastócei ed íloicpa
2 etnósaci ed tern	7 qpuare
3 celal	8 ídaaclal
4 roí	9 giilsae
5 etidans	10 nteuep

4 Túrnate en grupo. Haz una cadena.

En mi barrio, hay una iglesia.

En mi barrio, hay una iglesia y un parque.

En mi barrio, hay una iglesia, un parque y una estación de policía.

5 Lee los chats. Escribe los lugares para cada persona.

Pepe: Vivo en la costa. ¡Me encanta mi barrio! Hay mucho que hacer. Hay una playa preciosa y un puerto con unos restaurantes y un cine moderno. En el centro del pueblo, hay muchas tiendas y también hay una iglesia antigua. A unos quince kilómetros de mi casa, hay un parque temático pero es muy turístico. No me gusta nada. ¿Qué hay en tu ciudad?

Joe: El pueblo donde vivo es superaburrido. ¡No hay nada que hacer! Está en el campo, cerca de las montañas a unos cien kilómetros de la ciudad de Seattle. Hay una estación de buses, unas tiendas pequeñas y una estación de policía. También hay un monumento antiguo y una alcaldía fea. Lo bueno es que Seattle es una ciudad moderna donde hay mucho que hacer, pero no está cerca.

> **Gramática**
> *mucho* can be used as an adjective, an adverb, and a pronoun.
> *Hay mucha gente.*
> *Me gusta mucho.*
> *Hay mucho que hacer.*

> **¡Nota!**
> *Hay mucho que hacer.*
> *Hay poco que hacer.*
> *No hay nada que hacer.*

Pepe 1, …

6 Escribe cada frase en orden.

1 mi en hay ciudad que mucho hacer
2 moderno animales muchos zoológico un con hay interesantes
3 bares muchos buenos hay restaurantes y muy
4 un una castillo preciosa hay y catedral antiguo
5 y piscina hay libre al parque una aire un temático
6 hacer de que hay fines no los nada semana

7 Escribe las frases sobre lo que hay en el barrio. Incluye adjetivos.

1 ✔ ✘   3 ✔ ✘

2 ✘ ✔   4 ✘ ✔

1 En mi barrio, hay un parque precioso pero no hay un zoológico.

> aburrido/a
> divertido/a
> enorme
> interesante
> moderno/a
> precioso/a

8 Escribe un párrafo sobre tu ciudad. Usa los chats de la Actividad 5 para ayudarte.

9 Empareja las frases con las fotos.
1 Vivo en el campo. Mi pueblo es tranquilo.
2 Vivo en la ciudad. Mi calle es ruidosa.
3 Hay mucho tráfico en el centro, por eso está contaminado.
4 Mi conjunto de apartamentos está limpio.
5 Lo malo es que el río está sucio.
6 Hay muchos espacios verdes y muchos parques.

10 ¿Cómo se dice en español? Busca en las frases de la Actividad 9.
1 dirty
2 green spaces
3 quiet
4 clean
5 noisy
6 polluted

11 Escribe unas frases sobre tu barrio.

Vivo en …

Mi pueblo/ ciudad …

Hay mucho …

Mi casa …

… está …

Gramática

Both *ser* and *estar* mean 'to be'.

ser is used to describe:
• a permanent characteristic of a person or place
  Mi pueblo **es** *industrial.* My town is industrial.

estar is used to describe:
• a location
  La playa **está** *está a dos kilómetros.* The beach is two kilometres away.
• a state that is the result of an action
  El río **está** *sucio.* The river is dirty.

---

12 Completa las frases con las formas correctas de *ser* o *estar*.
1 Mi ciudad _____ tranquila.
2 Las afueras _____ limpias.
3 El tráfico _____ ruidoso.
4 Mi barrio _____ sucio.
5 El río _____ contaminado.
6 El transporte público ____ verde.

13 Busca información sobre una ciudad extranjera. Escribe un reportaje sobre la ciudad.

14 Mira la imagen y escribe unas frases para describirla.

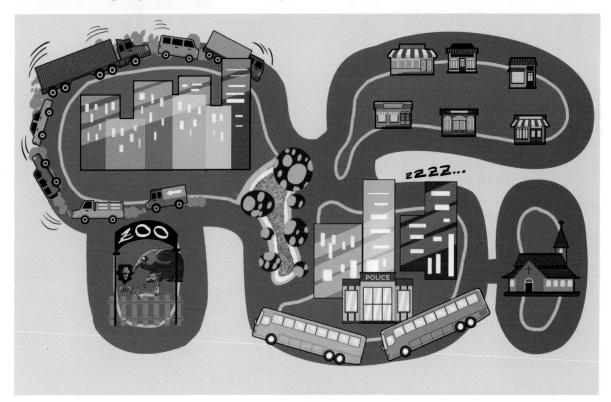

Make your writing more interesting. Vary your sentence structures. Don't just use *hay* – work in *tiene*, *es* and *está* too.

¡Nota!
Remember to make the adjective *mucho* agree.
Hay mucho tráfico.
Hay mucha industria.
Hay muchos monumentos.
Hay muchas playas.

15 Discute y categoriza con tu compañero/a.

Lo bueno es que ...	Lo malo es que ...

1 hay mucha diversión

2 hay mucho turismo

3 hay mucho tráfico

4 no hay cine

5 la playa está limpia

6 el centro está sucio

7 hay muchas tiendas modernas

8 hay poco que hacer

16 Haz una presentación sobre dónde vives. Incluye:
- qué hay/no hay
- si hay mucho que hacer o no
- lo bueno/lo malo de tu barrio
- tu opinión sobre tu pueblo o ciudad

1.4 ¿Está lejos?

- Say how far away places are
- Say how I get there
- Review regular –er verbs

1 Empareja las palabras con los lugares.

1 el polideportivo
2 el campo de fútbol
3 el restaurante de comida rápida
4 el colegio
5 la casa de mi mejor amigo
6 el parque de patinaje
7 el parque temático
8 el café de batidos
9 el centro
10 la playa

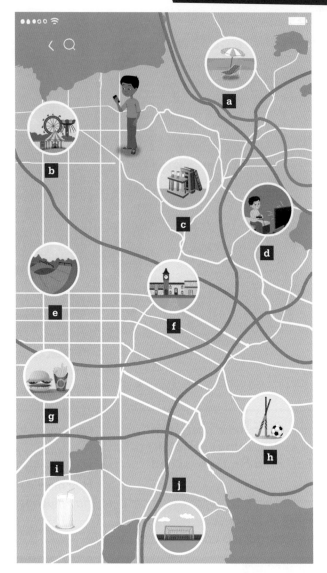

2 ¿Dónde están? Escucha y escribe las letras. (1–2)

3 Haz un sondeo en grupo. ¿Adónde vas con tus amigos?

	Después del colegio	Los fines de semana	En las vacaciones del verano
Álex		cine	

¿Adónde vas con tus amigos los fines de semana?

Voy al cine.

¡Nota!
a + el = al: Voy **al** cine.
de + el = del: después **del** colegio

4 Presenta los resultados.

Ocho personas van al cine con sus amigos.

5 Empareja las frases. Para cada actividad, escribe el lugar.

1 Ando
2 Como una
3 Bebo
4 Veo
5 Juego
6 Escuchamos música

a y charlamos.
b un batido de fresa.
c en patineta.
d al voleibol.
e una película.
f hamburguesa.

el café de batidos   la casa de mi mejor amiga
el restaurante de comida rápida
el cine   el parque de patinaje   la playa

Gramática

Copy and complete the present tense of *beber*, a regular *–er* verb.

beb__ I
beb__ you (informal sing)
beb__ he/she/you (formal sing)
beb__ we
beb__ you (pl)/they

–en –es –o –emos –e

6 Completa las frases.

1 (I eat) _____ unas papas fritas en el restaurante de comida rápida.
2 (They drink) _____ batidos de chocolate en el café.
3 (You [plural] run), _____ en el parque, ¿verdad?
4 ¿Qué (do you [informal sing] do) _____ los fines de semana?
5 (We watch) _____ la televisión.
6 (She skateboards) _____ en el parque de patinaje.

7 ¿Qué actividades haces? Habla con tu compañero/a.

¿Qué haces en el polideportivo?

En el polideportivo, nado en la piscina.

8 Escribe un blog de tus actividades.

¡Me encanta el deporte!
Después del cole, …

9 Mira el mapa. Lee las frases y escribe V (verdadero) o F (falso).

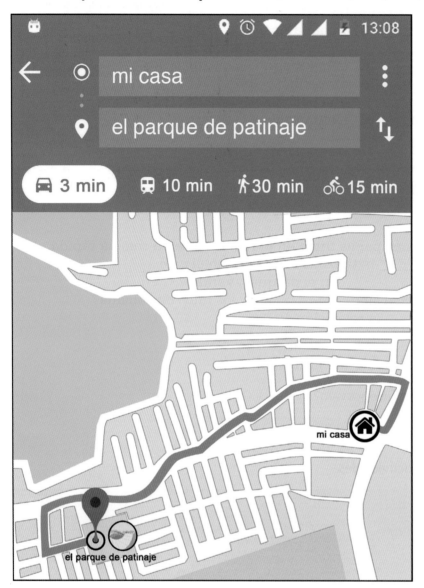

1 El parque de patinaje está bastante cerca de mi casa.
2 Está a tres minutos a pie.
3 Está a diez minutos en bus.
4 Está a treinta minutos en bicicleta.
5 Está a trece minutos andando.
6 Está a tres minutos en carro.

10 Escucha. Escribe los lugares y las distancias. (1–5)

| 1 km | 5 minutos | 3 km | 50 m | 3 minutos |

11 Usa un mapa para calcular la distancia desde tu casa a tus sitios preferidos. Escribe unas frases.

El centro comercial está a cinco kilómetros de mi casa.
Las canchas de tenis están a diez minutos.

12 Lee el chat. Completa las frases.

1 The milkshake café is _____ from Pepe's house.
2 It takes _____ to walk there.
3 Pepe prefers to go by _____ because it is fast.
4 _____ is further from Pepe's house.
5 He goes on _____ but it is really slow.
6 It takes _____.
7 If it's raining, Pepe goes by _____ with his mum.

¡Nota!

El cole está a dos minutos.
Las playas están a cinco kilómetros.
Lleva dos minutos desde mi casa.

Joe:	¿Dónde está el café de batidos?
Pepe:	Está en el centro comercial. Está muy cerca, solo a trescientos metros de mi casa.
Joe:	¿De verdad? ¿Cómo se va?
Pepe:	Bueno, está a cinco minutos a pie, pero me gusta ir en patinenta porque es rápido.
Joe:	¿Y el cole?
Pepe:	El cole está más lejos de mi casa.
Joe:	¿Cómo vas?
Pepe:	Voy a pie, pero es muy lento. Está a cuarenta minutos. Si llueve, voy en carro con mi madre. Es más rápido.

13 Lee el póster y contesta las preguntas.

1 ¿Qué hay en el Centro Hollywood?
2 ¿Cuándo es la fiesta de inauguración?
3 ¿Dónde está el Centro?
4 ¿Cómo se va?
5 ¿A cuántos minutos a pie está?

Come, bebe y ve una película.

El Centro Hollywood

restaurantes, cafés y un cine
¡Fiesta de inauguración, 3 de junio!
A 3 km del centro de la ciudad.
A solo 30 minutos a pie.
Usa el bus 35 o la línea 5 del metro

14 Con tu compañero/a, inventa un spot para la radio sobre el Centro Hollywood.

● ¿Qué hay en el Centro?
● ¿Dónde está?
● ¿Cómo se va allí?

- Talk about local places of interest
- Talk about a visit in the past
- Review the preterite tense

1 Escucha y lee. Empareja las personas con las fotos.

14

Vivo en la ciudad de Caracas pero me gusta estar en el campo. Cada fin de semana, voy al parque nacional El Ávila donde hago running. La vista del mar y de la ciudad son preciosas. A veces mis amigos y yo hacemos caminatas en las montañas y tomamos un pícnic o vamos al café que hay allí.

Leo

Soy de Bogotá, Colombia. Lo bueno es que hay mucha diversión en la ciudad. A mí me encanta el arte y hay muchos museos en Bogotá. Una vez al mes, voy de paseo por el barrio La Candelaria donde hay mucho grafiti. Saco fotos de los murales y del barrio porque hago un proyecto sobre el grafiti.

Carmen

a

b

2 Lee los textos otra vez y empareja las frases.

1 Leo likes to be	**a** with friends.
2 Every weekend he goes jogging	**b** art.
3 Sometimes he goes hiking	**c** in the countryside.
4 They have a picnic or go	**d** in the Candelaria neighbourhood.
5 Carmen loves	**e** graffiti.
6 Once a month, she goes for a walk	**f** in the El Ávila national park.
7 There is a lot of	**g** she is doing a project.
8 She takes photos because	**h** to the café.

3 Empareja las actividades con los lugares.

1 Voy a un partido.
2 Nado en el mar.
3 Tomo una bebida.
4 Voy de paseo.
5 Estudio los cuadros.

a el café
b las montañas
c el estadio
d el museo
e la playa

4 Escucha y contesta las preguntas.

1 ¿Dónde vive Sofía?
2 ¿Cómo es la ciudad?
3 ¿Cuándo va al estadio?
4 ¿Con quién va?
5 ¿Dónde está la Bombonera?
6 ¿Cómo va allí?
7 ¿Por qué?
8 ¿De qué color es la ropa?

5 Escucha otra vez. Escribe las palabras que faltan.

| cerca | llevan | gusta | muchas | porque | ver |

A Sofía le (1) _____ vivir en Buenos Aires. Siempre va al estadio de la Bombonera con su padre para (2) _____ los partidos de Boca Juniors. Van al estadio en metro (3) _____ hay mucho tráfico los días en que hay partido. En el café (4) _____ del estadio, comen un sándwich o una hamburguesa. Hay (5) _____ personas allí. Todos (6) _____ los colores del equipo.

6 Prepara respuestas sobre lo que haces el fin de semana. Escribe notas.

¿Qué? ¿Con quién? ¿Cuándo? ¿Cómo?

¿Por qué? ¿Dónde? ¿De qué …?

7 ¿Qué haces el fin de semana? Contesta y pregunta con tu compañero/a.

¿Que haces el fin de semana?

El sábado por la mañana, juego al fútbol.

1.5 ¡Fue fenomenal!

8 Escucha y pon las frases en orden.

16

1 Compré recuerdos en el mercado.
2 Bebí chocolate caliente tradicional.
3 Fui a Ciudad de México con mi familia.
4 Vi unas pinturas importantes.
5 Comí una merienda.
6 La pasé muy bien.
7 Fui al museo de Frida Kahlo.
8 Visité el barrio cultural de Coyoacán.

9 Traduce las frases de la Actividad 8.

> **Gramática**
> Spanish uses the preterite tense to describe a
> completed action in the past. Examples: *visité* –
> I visited, *comí* – I ate. What do *bebí*, *fui* and *vi* mean?

10 Completa las frases con una actividad que hiciste.
El sábado pasado …
Fui a …
Visité …
Vi …
Comí …
Bebí …

11 ¿Qué hiciste el fin de semana pasado? Habla con tu compañero/a.

¿Dónde fuiste?

¿Qué visitaste?

¿Qué viste?

¿Qué comiste?

¿Qué bebiste?

12 Lee el texto y contesta las preguntas.

Mi familia es de Cuba, pero ahora vivimos en los Cayos de Florida en Estados Unidos. Mi pueblo es bastante pequeño y tranquilo, pero durante las vacaciones hay muchos turistas. El domingo pasado, fui con mis amigos a la playa cerca de donde vivo. ¡Está a unos doscientos metros de mi casa! Jugué al voleibol y nadé en el mar. También hice buceo y vi una tortuga – ¡fue increíble! Sin embargo, no vi delfines. Hizo mucho calor, así que comimos unos helados de vainilla y bebimos mucha agua. Por la tarde mis amigos fueron a la casa de una amiga pero yo no fui porque tenía mucha tarea. ¡Qué pena!

Elena

1 Where does Elena's family live?
2 What is their town like?
3 Where did she go last Sunday?
4 How far did she have to travel from her house?
5 What did she do there?
6 What did she see?
7 What didn't she see?
8 What did she eat and drink?
9 What did her friends do?
10 Why didn't she go too?

13 Empareja las preguntas con las respuestas.
1 ¿Adónde fuiste el sábado pasado?
2 ¿Con quién fuiste?
3 ¿Qué hiciste allí?
4 ¿Qué comiste y bebiste?
5 ¿Cómo estuvo?
6 ¿Por qué no la pasaste bien?

a Estuvo terrible.
b Fui al parque de atracciones.
c Monté en las atracciones.
d Fui con mi amigo y su familia.
e Porque vomité en la montaña rusa.
f Comí papas fritas y bebí un batido de fresa.

14 Escribe tus propias respuestas a las preguntas de la Actividad 13.

LA FORTALEZA DE INCALLAJTA

¿Vas a visitar Bolivia este año? Te recomiendo visitar la **Fortaleza** de Incallajta. Los incas construyeron este impresionante complejo defensivo como protección contra las invasiones de grupos de indios de pueblos amazónicos. La fortaleza está situada sobre un terreno alto y plano, rodeado por **quebradas** muy profundas que hacían aún más difícil penetrar las defensas de los incas. Aquí puedes ver otras construcciones de importancia histórica como la Kallanka, una sala con techo de 22 metros de ancho por 78 de largo. ¡Es enorme! Cuando se construyó, en la época precolombina, era el edificio de este tipo de mayor tamaño en esta parte del mundo. También puedes ver el Torreón de Incallajta, una torre de seis lados, que según las crónicas **disponibles** se usaba como calendario para marcar las estaciones o para ceremonias relacionadas con la astrología. La Fortaleza de Incallajta está en el centro de Bolivia con sus bellos y variados paisajes. Es también un área rica en tierras agrícolas, **razón por la cual** muchas culturas antiguas **se asentaron** y vivieron aquí.

fortaleza	fortress
quebrada	gorge
disponible	available
razón por la cual	the reason why
asentarse	settle

1 Contesta las preguntas.

1 ¿Qué tipo de construcción es la Fortaleza de Incallajta?
2 ¿Para qué se construyó la Fortaleza?
3 ¿Cómo es el terreno donde está la Fortaleza?
4 ¿Qué ventaja ofrece el lugar donde está construida la Fortaleza?
5 ¿Por qué es especial la Kallanka?
6 ¿Cuál se piensa que era la función del Torreón de Incallajta?

UNA ARQUITECTURA MODERNA CON RAÍCES EN LA TRADICIÓN

La ciudad boliviana de El Alto, situada en las afueras de la capital La Paz, empezó a hacerse famosa por su nueva arquitectura andina. Este estilo contemporáneo de brillantes y atrevidos colores que **se descatan** en el paisaje descolorido es la obra de Freddy Mamani. De joven comenzó como asistente de **albañil**, pero luego estudió Ingeniería Civil para poder realizar sus ideas y sueños y llegó a ser un arquitecto de fama internacional.

Su primera comisión vino de un empresario local que quería una casa **sin igual**. La primera y obra original fue el modelo de todos los otros proyectos de Mamani. Ahora diseña edificios grandes de varios usos y niveles que incorporan tiendas, apartamantos y salones de fiestas. Los diseños son una mezcla de lo antiguo y lo moderno, pero lo más excepcional sin duda es la decoración original de **yeso** pintado con dibujos geométricos y símbolos andinos como celebración de la cultura indígena. Los colores vivos que son su **sello característico** son inspirados por el aguayo, la tela conocida del grupo indígena al que pertenece Mamani.

descatarse	stand out
el/la albañil	builder
sin igual	without equal
yeso	plaster
sello característico	trademark

2 **Lee el texto. Lee las frases y escribe V (verdadero) o F (falso).**

1 Los colores de las casas de El Alto recuerdan los colores del paisaje.
2 Mamani desarrolló su interés en la arquitectura desde joven.
3 Mamani solo diseña viviendas.
4 Mamani está influenciado por la arquitectura moderna.
5 Mamani está orgulloso de sus orígenes indios.
6 Su uso de colores está influenciado por sus raíces.

Mi mundo, tu mundo

Make a poster encouraging people to visit an important historic site or building in your country. Highlight what is special or impressive about the place.

Research a famous building in a Spanish-speaking country that reflects local culture and traditions.

Otra vez

A reforzar

1 Copia y completa las palabras con las vocales que faltan.

1 Vemos televisión en la s _ _ _.
2 Tomo el sol en el j _ rd _ _ .
3 Comparto mi _ _ b _ t _ c _ _ n con mi hermana pequeña.
4 Tenemos dos carros en el _ _ r _ _ e.
5 En mi casa hay un _ _ ñ _.
6 No hay balcón pero hay una _ _ r _ _ z _ .

2 Empareja las frases.

1	Comparto mi habitación	a una mesa grande con seis sillas.
2	En la cocina, hay	b una tina, pero hay una ducha.
3	En el baño, no hay	c bastante pequeña pero moderna.
4	En el comedor, hay	d un lavaplatos, una nevera y un horno.
5	En mi habitación, hay	e tranquilo.
6	Mi casa es	f dos camas y un armario.
7	Mi barrio es muy	g cinco kilómetros del centro de la ciudad.
8	Está a	h con mis hermanas.

3 Cambia el verbo al pretérito y escribe las frases en el pasado.

1 Voy a la playa con mis amigos.
2 Vamos en bicicleta.
3 Como una hamburguesa.
4 Bebo un batido de chocolate.
5 Hago buceo en el mar.
6 Veo delfines.

4 Empareja las preguntas y las respuestas. Después, practica la conversación con tu compañero/a.

1 ¿Qué hay en tu barrio?
2 ¿Cómo es?
3 ¿Dónde está el cine?
4 ¿Cómo se va allí?

a Está a diez kilómetros de mi casa, en el centro de la ciudad.
b Se va en tren porque está bastante lejos.
c Es bastante antiguo. No hay nada que hacer.
d En mi barrio hay un parque, unas tiendas y una iglesia.

A practicar

1 Escucha y escribe las palabras que faltan.

17

   1 Enrique vive en una ciudad donde hay _____ que hacer.

   2 Hay un zoológico _____.

   3 Lo malo es que no hay _____.

   4 Los fines de semana va al _____ con su hermano.

   5 Juegan al _____.

   6 Beben limonada en _____.

2 Elige las formas correctas.

En Miami, hay mucho que hacer. Normalmente, (1) **voy / fui** al cine con mis amigos o (2) **voy / fui** al parque de patinaje con mi hermano. El sábado pasado (3) **es / fue** el cumpleaños de mi mejor amigo. (4) **Vamos / Fuimos** a un restaurante italiano con su familia. (5) **Como / Comí** una pizza de atún y (6) **bebo / bebí** una coca cola. Después, (7) **vamos / fuimos** a la bolera. ¡La (8) **paso / pasé** fenomenal!

3 Escribe cada frase en orden.

   1 la tren visito en ciudad

   2 va padre mi al moto en trabajo

   3 amigo a la de en mi casa camión fui

   4 en polideportivo minutos el a diez está carro

   5 fui la bicicleta a ayer playa en

   6 museo metro minutos el quince a está en

4 Habla con tu compañero/a. Describe una excursión a la ciudad.

comí
hice
bebí
jugué

¿Qué hiciste en la ciudad?

Fui al museo y vi unos cuadros muy interesantes.

A ampliar

1 Adapta el anuncio para tu casa o apartamento.

¡Se vende!

- Una casa moderna en las montañas.
- Hay tres habitaciones, una sala, un comedor, dos baños y una cocina grande.
- Tiene jardín y un garaje pequeño.
- En la cocina, hay un horno moderno, un lavaplatos y una lavadora.

2 **Escucha. Lee y corrige las frases.**

1 Soy de Bogotá, Colombia.
2 Vivo con mi padre y mi hermano.
3 Vivimos en un apartamento en las afueras.
4 En mi barrio, no hay una iglesia antigua, un parque ni una piscina al aire libre.
5 El fin de semana pasado fui al parque temático.
6 Está a doscientos metros de mi barrio.
7 Fuimos en bicicleta.
8 Fuimos a la catedral y a un restaurante vegetariano.

3 **Traduce las frases.**

1 Last Saturday I went to the beach.
2 I went by bus because it is fast.
3 The beach is five kilometres from my house.
4 I played football with my friends.
5 I went diving and I swam in the sea.
6 I saw lots of fish.
7 I ate a sandwich.
8 It was great!

4 **Describe la sala.**

Hay un tapete verde.

Talk about people

Introduce myself	*Me llamo Ana. Tengo catorce años y soy colombiana.*
Introduce a friend	*Este es mi amigo.*
Say what someone's name is	*Se llama Juanjo.*
Say how old someone is	*Tiene catorce años.*
Say when someone's birthday is	*Su cumpleaños es el tres de junio.*
Say what nationality someone is	*Es cubano.*
Say what languages someone speaks	*Habla español y francés.*
Describe someone's appearance	*Tiene el pelo negro y los ojos verdes.*
Describe someone's family	*Vive con sus padres. Tiene una hermana.*

Talk about where I live

Say I live in a house/apartment	*Vivo en una casa/un apartamento.*
Say what rooms are in my house	*En mi casa, hay una cocina, una sala, un comedor …*
Say if I share a bedroom	*(No) Comparto mi habitación.*
Describe the furniture in my house	*En la cocina hay un lavaplatos, un horno …*
Describe my house	*Mi casa es bastante grande y moderna.*
Use connectives to link my sentences	*Hay tres habitaciones y un jardín pero no hay garaje.*

Talk about my neighbourhood

Say what's in my neighbourhood	*En mi barrio, hay una iglesia, una tienda y un río.*
Describe my neighbourhood	*Es tranquilo y limpio.*
Say what there is to do in my town	*Hay mucho que hacer.*
Say what's good about my town	*Lo bueno es que no hay tráfico.*
Say what's bad about my town	*Lo malo es que es muy ruidoso.*
Say where things are	*Está cerca de mi casa.*
Say how far away things are	*Está a un kilómetro de aquí.*
Talk about local places of interest	*Hay un río y un parque nacional.*

Talk about how I travel to places

Say how I travel there	*Voy en bicicleta o a pie.*
Say how someone can travel	*Se va allí en bus.*

Talk about what I do with my friends

Say where I go with my friends	*Voy a la playa.*
Say what I did	*El sábado pasado, fui al cine.*
Ask someone where he/she went	*¿Adónde fuiste el sábado pasado?*
Ask someone who he/she went with	*¿Con quién fuiste?*
Ask someone what he/she did	*¿Qué hiciste (allí)?*
Ask how something was	*¿Cómo estuvo?*
Say how something was	*Fue/estuvo terrible..*

Talk about my activities

Say what activities I do	*Hago running.*
Describe a visit in the past	*Visité un museo de arte.*

Sobre mí

Me llamo …	My name's …
Soy (colombiano/a).	I'm Colombian.
Hablo (español).	I speak (Spanish).
Tengo (catorce) años.	I'm 14 years old.
Mi cumpleaños es el (dos) de (mayo).	My birthday's the (2nd) of (May).
Tengo …	I have …
el pelo (corto) y (rubio)	(short blond) hair
los ojos (verdes)	(green) eyes
Soy (alto/a).	I'm (tall).
Vivo con mi (padre) y mi (madrastra).	I live with my (father) and my (stepmother).
Tenemos (un gato negro).	We have (a black cat).

Sobre mis amigos · About my friends

Se llama …	His/Her name's …
Es (venezolano/a).	He's/She's Venezuelan.
Habla (portugués).	He/She speaks Portuguese.
Tiene (quince) años.	He's/She's 15 years old.
Su cumpleaños es el (dos) de (enero).	His/Her birthday's the (2nd) of (January).
Tiene …	He/She has …
el pelo (largo) y (castaño)	(long dark brown) hair
los ojos (café)	(brown) eyes
Es (bajo/a) y (delgado/a).	He's/She's (short) and (slim).
Tiene hermanos gemelos.	He/She has twin brothers.
Tienen (un perro blanco).	They have a white dog.

Vivo en … · I live in …

una casa	a house
una casa de campo	a villa/country house
una casa de playa	a beach house
un conjunto de apartamentos	an apartment block
una granja	a farm

Habitaciones · Rooms

una cocina	a kitchen
un comedor	a dining room
un baño	a bathroom
un cuarto de estudio	a study
un garaje	a garaje
una habitación	a bedroom
un jardín	a garden
una sala	a living room
una terraza	a terrace
Comparto mi habitación.	I share my room.

En la sala · In the living room

un tapete	a rug
un armario	a wardrobe
un balcón	a balcony
una cama	a house
una estantería	a bookcase
unos estantes	some shelves
una lámpara	a lamp
una alfombra	a fitted carpet
una silla	a chair
un televisor	a television
una ventana	a window

En la cocina · In the kitchen

un horno	an oven
una lavadora	a washing machine
un lavaplatos	a dishwasher
una mesa	a table
una nevera	a fridge/fridge-freezer

En el baño · In the bathroom

una ducha	a shower
un lavamanos	a sink
una tina	a bath

En mi barrio · In my neighbourhood

un aeropuerto	an airport
una alcaldía	a town hall
un café de batidos	a milkshake café
una calle	a street
un campo de fútbol	a football pitch
un castillo	a castle
una catedral	a cathedral
un cine	a cinema
un club juvenil	a youth club
un colegio	a school
una estación de policía	a police station
una estación de tren	a train station
un estadio	a stadium
una iglesia	a church
un monumento	a monument
un parque	a park
un parque de atracciones	an amusement park
un parque nacional	a national park
un parque de patinaje	a skate park
un parque temático	a theme park
una piscina al aire libre	an open-air swimming pool
una playa	a beach
un polideportivo	a sports centre
un puerto	a port, harbour
un restaurante de comida rápida	a fast-food restaurant
un río	a river
unas tiendas	some shops
un zoológico	a zoo

Lo bueno/malo es que hay … · The good/bad thing is there's …

mucha industria	a lot of industry
mucho tráfico	a lot of traffic

mucho turismo	a lot of tourism
muchas viviendas	a lot of homes

Describir los lugares — Describing places

Es ...	It's ...
antiguo/a	old
cultural	cultural
feo/a	ugly
industrial	industrial
moderno/a	modern
pequeño/a	small
precioso/a	beautiful
ruidoso/a	noisy
tranquilo/a	quiet
turístico/a	touristy
verde	green
Está ...	It is ...
contaminado/a	polluted
limpio/a	clean
sucio/a	dirty
Hay mucho que hacer.	There's a lot to do.
No hay nada que hacer.	There's nothing to do.
Hay mucha diversión.	There are a lot of fun things to do.
Hay mucho tráfico.	There's a lot of traffic.

Vivimos en ... — We live in ...

las afueras	the outskirts
el barrio	the neighbourhood
el campo	the country
la costa	the coast
una ciudad	a city
las montañas	the mountains
un pueblo	town/village
el norte	the north
el sur	the south
el este	the east
el oeste	the west

Transporte — Transport

Voy al centro ...	I go into the town centre ...
en bus	by bus
en bicicleta	by bike
en camión	by bus
en carro	by car
en metro	by metro
en moto	by motorbike
a pie	on foot
en taxi	by taxi
en tren	by train
en transporte público	on public transport
Es ...	It's ...
rápido/a	fast
lento/a	slow
¿Dónde está ...?	Where is ...?
Está ...	It is ...

cerca	near
lejos	far
a ... metros	... metres away
a ... kilómetros	... kilometres away
a ... minutos	... minutes away

Los fines de semana — At the weekend

Bebo (un batido).	I drink (a milkshake).
Como (un churro).	I eat (a churro).
Compro recuerdos.	I buy souvenirs.
Estudio los cuadros.	I study paintings.
Hago buceo.	I go diving.
Hago running.	I go running.
Hago la tarea/las tareas.	I do homework.
Hago caminatas.	I go hiking.
Hago un pícnic.	I have a picnic.
Hago un proyecto.	I do a project.
Voy a la casa de mi mejor amigo/a.	I go to my best friend's house.
Voy a correr.	I go running.
Voy a un museo.	I go to a museum.
Voy a un partido.	I go to a match.
Voy de paseo.	I go for a walk.
Juego al voleibol.	I play volleyball.
Monto en la montaña rusa.	I ride on the rollercoaster.
Nado en el mar.	I swim in the sea.
Saco fotos.	I take photos.
Tomo una bebida.	I have a drink.

El sábado pasado ... — Last Saturday ...

fui	I went
vi	I saw
comí	I ate
bebí	I drank
hice	I did
jugué	I played

¿Cómo se pregunta ...? — How do you ask ...?

¿Cómo?	How?
¿Cuándo?	When?
¿Dónde?	Where?
¿Por qué?	Why?
¿Qué?	What?
¿Quién?	Who?

Palabras útiles — Useful words

bastante	quite
muy	very
pero	but
porque	because
también	also
y	and

2 PASAR EL rato

- Say what sports I do
- Say why sport is important to me
- Review stem-changing verbs

2.1 Me gusta estar activo

1 Empareja las fotos con las frases.

¿Qué deportes practicas?

a Juego al críquet.
b Practico el karate.
c Entreno en el gimnasio.
d Ando en patineta.

e Hago canotaje.
f Practico el atletismo.
g Juego al básquetbol.
h Hago ejercicios aeróbicos.

2 Escucha y mira las fotos de la Actividad 1. Escribe los números en orden.

19

Gramática

practicar, *jugar* and *hacer* are all used to talk about sports.

practicar – followed by *el* or *la*
jugar – followed by *a + el → al*
hacer – no article

Practico el ciclismo. I go cycling.
Jugamos al fútbol. We play football.
Hacen atletismo. They do athletics.

practicar is a regular *–ar* verb.
hacer is a regular *–er* verb apart from the *yo/*'I' form (*hago*).
jugar is a stem-changing verb with regular *–ar* endings: *juego, juegas, juega, jugamos, juegan*

---

3 Representa un deporte de la Actividad 1 con mímica. Tu compañero/a lo adivina.

¿Qué deporte practico?   ¿El básquetbol?   ¡Sí, juego al básquetbol!

4 Escucha y escribe el deporte que practica cada persona. (1–6)

20

5 Escucha otra vez. ¿Dónde practican los deportes? (1–6)

20

6 Corrige el error en cada frase.

1 Juan practico el atletismo con sus compañeros.
2 Los estudiantes del club de deportes juegan
   a críquet.
3 ¿Quieres juegas al básquetbol en la cancha?
4 Roberto y sus amigos practicamos el karate.
5 Hago el canotaje en el río.
6 Mi padre entreno en el gimnasio los sábados.

> **¡Nota!**
> To talk about playing an instrument, use *tocar*.
> *Los estudiantes tocan el piano.* The students play the piano.

7 Lee el texto y contesta las preguntas.

Soy Darío y a mí me gustan los deportes. Soy bueno en hockey, ciclismo y básquetbol.
Cada mañana cuando me levanto, practico la natación en la piscina con mi entrenadora.
Luego, juego al básquetbol por media hora con mis amigos. Por la tarde entreno en el
gimnasio porque hay un torneo de básquetbol dentro de dos meses. Mi hermana es muy
activa. Hace ejercicios aeróbicos todos los días pero a ella no le gustan los deportes
competitivos. A mi buen amigo Carlos le fascina la vela ya que vive cerca del río Verde.
Participa en carreras en primavera y verano. Los sábados jugamos al hockey juntos. Somos
miembros del mismo equipo y participamos en varias competencias. ¡Es muy divertido!

1 Which sports is Darío good at?
2 When does he go swimming?
3 What is taking place in two months?
4 Who doesn't like competitive sports?
5 Which sport does his friend Carlos particularly like to do?
6 When does Carlos take part in races?
7 What are Darío and Carlos both members of?

> el torneo
> la carrera
> la competencia
> el equipo

8 ¿Practicas …? Haz un sondeo sobre los deportes de la Actividad 1. Escribe los resultados.

¿Practicas el atletismo?

¿Juegas al críquet?

No, no practico el atletismo.

Sí, juego al críquet.

El _____ por ciento de los estudiantes juegan al fútbol. …

9 **Lee los textos. ¿Cuándo practican deporte los jóvenes?**

¡Mi pasión es el tenis! Entreno todos los días con mi tío y quiero ser tenista profesional en el futuro. Quiero participar en torneos internacionales y viajar por el mundo. Una carrera de tenista ofrece muchas posibilidades. También veo los partidos de tenis en la televisión y estudio las técnicas de los mejores jugadores.

Pedro

Soy una persona muy competitiva y me encantan los deportes. Soy bueno en básquetbol, fútbol y karate, pero prefiero jugar al fútbol más porque me encanta estar al aire libre. Sueño con ser futbolista y competir en la Copa Mundial. Hacer deporte es importante para mí porque me da confianza en mí mismo y me ayuda a conocer amigos y aprender a ser parte de un equipo. Juego al fútbol todos los fines de semana y tres veces a la semana después del colegio.

Marcos

En mi tiempo libre, nado en la piscina porque me relajo. Además me divierto mucho porque siempre se conoce gente nueva. También quiero estar en forma y sigo una rutina de ejercicio regular y tengo una dieta sana. Practico la natación los lunes con mi familia y los viernes con mis amigos. No soy parte de un equipo porque no me gusta el deporte competitivo y la natación para mí es más bien una diversión.

Sandra

10 **¿Quién habla? Lee los textos otra vez. Lee las frases y escribe los nombres.**
1 No soy una persona competitiva y prefiero hacer deporte para divertirme.
2 Es mi ambición jugar profesionalmente.
3 Soy muy activo y juego muchos deportes.
4 Practico dos veces por semana.
5 Es mi deseo jugar en un torneo grande.
6 Practico siete días por semana.

11 **¿Cómo se dice en español? Busca las frases de la Actividad 9.**
1 I'm good at basketball.
2 I want to be a professional tennis player.
3 to be in good shape
4 you get to know new people
5 I dream of being a footballer.
6 it gives me self-confidence.
7 I have a healthy diet.
8 I'm not part of a team.

> **Gramática**
>
> *querer, mostrar* and *competir* are all stem-changing verbs.
>
> *Quiero ser futbolista.* I want to be a footballer.
> *El entrenador nos muestra cómo hacerlo.* The coach shows us how to do it.
> *Los equipos compiten en torneos en invierno.* The teams compete in tournaments in the winter.
>
> Can you work out the other forms of these verbs? Which other verbs do you know that follow these patterns?

12 Túrnate con tu compañero/a. Inventa frases verdaderas o falsas sobre las personas de la Actividad 9.

> Sandra practica la natación tres veces a la semana.

> ¡Falso! Sandra practica la natación dos veces a la semana.

13 Completa las frases con las formas correctas.

1 A mi hermano le gusta estar en forma y por eso (jugar) _____ al fútbol cada día.
2 Yo (querer) _____ practicar el karate con mi compañero de clase.
3 Mi primo y yo (competir) _____ en muchos torneos de básquetbol.
4 ¿(tú) (jugar) _____ al hockey en el colegio?
5 Juan (querer) _____ conocer gente nueva.
6 Mateo y yo (jugar) _____ al críquet en el campo.
7 Mi tío (querer) _____ competir en la Copa Mundial.
8 A mis amigos les gusta el voleibol pero (preferir) _____ el ciclismo.

14 Habla con tu compañero/a.

> Quiero …
> estar en forma
> divertirme con mis amigos
> ser futbolista profesional
> participar en los Juegos Olímpicos
> competir en la Copa Mundial

> ¿Qué deportes practicas?

> Juego al críquet. Hago canotaje también.

> ¿Por qué te practicas deportes?

> Porque quiero estar en forma.

15 ¿Por qué es importante ser activo? Escribe un artículo para el sitio web del colegio.

> Seguir una rutina de ejercicio regular es importante para …
> estar en forma
> relajarse
> conocer gente nueva
> divertirse
> tener confianza en sí mismo

2.2 Adoro ir de compras

- Say where I shop
- Buy items in a shop
- Use demonstrative adjectives

1 Escribe los nombres de las tiendas. Después, escucha y comprueba.

21

la dulcería
la floristería
la heladería
la joyería
la librería
la pastelería

la panadería
la tienda de
   departamentos
la tienda de ropa
la zapatería

¡Nota!
The ending *–ería* indicates a shop.

Noting patterns like this makes vocabulary easier to learn. It also helps you work out new words.

2 Escucha otra vez y repite.

21

3 Escucha y contesta las preguntas para cada persona. (1–4)

22
   a ¿Adónde va?
   b ¿Con quién va?
   c ¿Qué compra?

4 Túrnate en grupo.

¿Adónde vas cuando vas de compras?

Cuando voy de compras, voy a la tienda de departamentos y compro videojuegos.

Pablo va a la tienda de departamentos para comprar videojuegos.

5 ¿Qué dos cosas va a comprar cada persona? Escucha y escribe las letras. (1–6)

unos aretes

un anillo

unas pinzas de pelo

el maquillaje

unas pegatinas

un estuche para celular

un videojuego

ropa deportiva

una pelota

unos dulces

un DVD

un juego de mesa

6 ¿Qué cosas de la Actividad 5 quieres comprar? ¿A qué tiendas vas a ir? Escribe frases.

Voy a ir a la joyería porque quiero comprar unos aretes.

> **Gramática**
>
> Remember: the indefinite article agrees with the noun. In the plural, it means 'some'.
>
> | | masculine | feminine |
> |---|---|---|
> | **singular** | *un anillo* | *una pelota* |
> | **plural** | *unos anillos* | *unas pelotas* |

7 Lee. ¿Escribe Raúl sobre el pasado, el presente o el futuro?

Para: linda@…

Me gusta comprar muchas cosas. Ayer, fui de compras con mi amiga Sonia. Fuimos al centro comercial porque hay una variedad de tiendas de departamentos allí. Los precios son muy baratos. Compramos muchas cosas. Yo compré camisas, pantalones, calcetines, y corbatas y Sonia compró dos faldas y un vestido en la tienda de ropa porque nos encanta la moda y hay muchas promociones. Nuestra tienda favorita tiene ropa de buena calidad. Mañana, vamos a ir a la dulcería porque a Sonia le gustan los dulces. También, le gusta el helado. Yo adoro el helado de vainilla, pero Sonia prefiere el de chocolate. Para el almuerzo, vamos a ir la pastelería a comprar un sándwich de jamón y queso. Son muy sabrosos. Recomiendo esta tienda porque la comida es deliciosa.

Raúl

8 Lee otra vez. Contesta las preguntas.

1 ¿Qué hicieron Raúl y su amiga ayer?
2 ¿Por qué fueron a las tiendas de departamentos?
3 ¿Qué compraron en la tienda de ropa?
4 ¿Qué dos cosas le gusta comprar a Sonia en la dulcería?
5 ¿Qué sabor de helado prefiere Raúl?
6 ¿Adónde van a ir para almorzar?

> Recognising tenses makes it much easier to understand difficult texts. Test yourself on different verb forms using flashcards.

9 Escribe un blog sobre un viaje de compras.

Fui … con …	Fuimos/Compramos …
Mis tiendas favoritas son …	Compré/Compró …
Prefiero/Prefiere …	Almorcé/Almorzamos … en …
Me/le gusta(n) …	Voy/Vamos a ir …

10 Lee y empareja las preguntas con la ropa.

1 ¿Te gustan estos zapatos de deporte verdes?
2 ¿Qué te parecen esos bluejeans azules?
3 ¿Está de moda aquél pantalón roto gris?
4 ¿Qué te parece esa camiseta sin mangas?
5 ¿Te gusta este pantalón deportivo anaranjado?
6 ¿No adoras esta chaqueta con capucha roja?
7 ¿Te gustan estos shorts rosados?
8 ¿Cuál es tu opinión sobre aquella sudadera verde?

¿Sabes ...?

You can say:
unos zapatos de deporte or *unos tenis*
unos shorts
or *una pantaloneta*

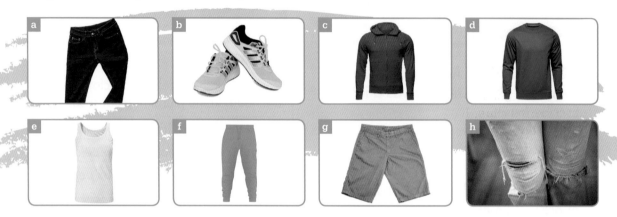

Gramática

Adjectives agree in number and gender with the nouns they describe. They generally come after the noun.
Busco una sudadera roja y unos zapatos de deporte negros.
I'm looking for a red sweatshirt and some black trainers.

  11 Escucha. ¿Dónde están las chicas y qué quieren comprar?
24

12 Escucha otra vez. Lee las frases y escribe V (verdadero) o F (falso).
24
1 María quiere comprar un vestido negro para el baile.
2 El vestido negro cuesta cincuenta dólares.
3 María prefiere un vestido rojo.
4 El vestido rojo le queda bien.
5 Ramona quiere comprar un vestido rosado y negro.
6 Ramona decide comprar el vestido azul.

Gramática

Spanish has three forms of demonstrative adjective: *este* (this), *ese* (that), *aquel* (that over there). These agree with the nouns in gender and number.

| | singular | | plural | |
	masculine	feminine	masculine	feminine
this	*este vestido*	*esta camisa*	*estos vestidos*	*estas camisas*
that	*ese vestido*	*esa camisa*	*esos vestidos*	*esas camisas*
that over there	*aquel vestido*	*aquella camisa*	*aquellos vestidos*	*aquellas camisas*

13 Elige las formas correctas.
1 ¿Qué te parece **esta / ese / aquel** chaqueta?
2 **Aquel / Aquella / Aquellos** sudadera es barata.
3 **Este / Esta / aquella** vestido está muy de moda.
4 **Esos / Estas / aquellas** zapatos parecen muy cómodos.
5 **Ese / Esa / Esos** camisa es elegante.
6 ¿Tienen **estos / esas / aquel** bluejeans en talla grande?

14 Habla con tu compañero/a. ¿Qué ropa de la Actividad 10 prefieres y por qué?

> ¿Te gustan estos bluejeans grises?

> No. Prefiero aquellos azules porque están más a la moda.

15 Lee la conversación. ¿Qué compra la clienta?

- Buenos días, señorita.
- Buenos días. Necesito ayuda, por favor. Busco una chaqueta con capucha.
- ¿En qué talla?
- Mediana, por favor.
- Lo siento pero la tenemos solo en talla pequeña.
- Ah ver, ¿Puedo probarme esta sudadera?
- Claro que sí. Aquí la tiene.
- Gracias.
- Si necesita otra talla, me llama.
- Señora, … esta sudadera no me queda bien. Es demasiado grande y no me queda bien el color. ¿Puede traerme la rosada en talla mediana?
- Por supuesto. Ahora se la traigo.
- Esta me queda perfecta. ¿Cuánto cuesta?
- Cuesta ochenta y cinco dólares.
- Pues, me la llevo. Gracias por su ayuda.
- De nada.

16 ¿Cómo se dice en español? Busca en la conversación de la Actividad 15.
1 I need help, please.
2 I'm looking for a hoodie.
3 Can I try this sweatshirt on?
4 The colour doesn't suit me.
5 Can you bring me …?
6 What size?
7 medium
8 Here you are.
9 It's too big.
10 How much is it?
11 I'll take it.
12 Thanks for your help.

17 Escucha y contesta las preguntas para cada persona. (1–4)
25
a ¿Qué compra?
b ¿Cuánto cuesta(n)?

18 Elige y escribe una conversación en una tienda.

| un vestido de rayas | unas sandalias de cuero | una camiseta sin mangas | unos zapatos de deporte morados |

¡Nota!
Use:
- *talla* or *tamaño* for clothes
- *número* for shoes

2.3 Mi restaurante favorito

Talk about eating out
Express preferences
Use the comparative and superlative

 1 ¿Dónde comen? Escucha y escribe las letras. (1–6)
26

en un café

en un restaurante
de comida rápida

en un restaurante
tradicional

en el parque

en la calle

en casa

2 Habla con tu compañero/a. ¿Qué tipo de comida se puede comer en cada lugar de la Actividad 1?

¿Qué se puede comer en un restaurante de comida rápida?

Se pueden comer hamburguesas, perros calientes o papas fritas.

 3 Escucha otra vez. Lee las frases y escribe V (verdadero) o F (falso).
26
1 Carlos almuerza en su restaurante preferido todos los domingos.
2 A Carlos le gusta comer hamburguesa y arroz frito.
3 Los domingos, Arturo come en el parque con su familia.
4 María pide tostadas con huevos y leche para el desayuno.
5 Antonio normalmente cena en casa con su familia.
6 Isabela siempre prefiere comer en la calle que en casa.
7 Pablo y su familia celebran el cumpleaños de su mamá en un restaurante.
8 El restaurante sirve una variedad de comidas de países suramericanos.

4 Habla con tu compañero/a. Explica dónde te gusta comer y por qué.

¿Dónde te gusta comer?

Me gusta comer en un restaurante con terraza porque me gusta comer al aire libre.

5 **Lee la conversación entre el mesero y la clienta. Contesta las preguntas.**

- Buenas noches, señora.
- Buenas noches. ¿Tiene una mesa para una persona cerca de la ventana, por favor?
- Claro que sí. Sígame. … Aquí tiene la carta.
- Tráigame una botella de agua con gas, por favor. Tengo sed.
- Sí, señora … ahora mismo se la traigo.
- Gracias.
- ¿Qué quiere tomar?
- Quiero un jugo de naranja frío, por favor.
- Muy bien. Y ¿de comer? ¿Qué quiere de primer plato?
- Nada, gracias. No tengo mucha hambre. Me gustaría el arroz blanco con pollo frito y una ensalada mixta.
- ¡Muy bien!
  …
- ¿Desea tomar postre o un café?
- Un café y la cuenta, por favor.
- Sí, señora.

Gramática

tener is used in a range of expressions where you might expect to see *ser* or *estar*.

tener éxito – to be successful
tener frío – to be cold
tener hambre – to be hungry
tener miedo – to be frightened
tener prisa – to be in a hurry
tener sed – to be thirsty
tener suerte – to be lucky
tener sueño – to be sleepy

Remember: *tener* is also used to talk about how old you are.

Tengo trece años. I'm 13 years old.

1 Where does the customer want to sit?
2 What does she ask the waiter for first of all?
3 What kind of juice does she order?
4 What does she have as a starter?
5 What does she order as a main course?
6 What does she ask for next?

6 **¿Cómo se dice en español? Lee la conversación otra vez.**

1 Do you have a table for one?
2 Of course.
3 Bring me …
4 I'm thirsty.
5 I'm not very hungry.
6 the bill

7 **Escucha. Copia y completa el cuadro. (1–3)**

27

¿Qué come(n)?	¿Qué bebe(n)?	¿Postre?
1 *pescado con papas fritas*		
2		

8 **Trabaja en grupos de tres. Escribe y practica una conversación en un restaurante. Preséntala a la clase.**

Buenas tardes, chicos. ¿Qué desean?

Me gustaría un batido de chocolate, por favor.

Una soda para mí, por favor.

2.3 Mi restaurante favorito

9 Lee los textos. Lee las frases. ¿Quién describe? Escribe los nombres.

Me llamo Antonio y soy chileno. Generalmente, cada sábado yo paso el rato con mis amigos en el café Juan Valdez. A mí me gusta la comida allí porque es sabrosa y barata. Pedimos sándwiches de jamón y queso porque son deliciosos. No me gustan nada los sándwiches de huevo. Son más baratos que los de jamón y queso pero son asquerosos. Recomiendo el batido de chocolate. ¡Está muy rico!

Soy Anita y soy de Venezuela. Me gusta probar diferentes tipos de comidas en los restaurantes tradicionales. Normalmente, desayuno arepas porque es uno de los platos más típicos de Venezuela, pero prefiero las empanadas. Hay empanadas de carne, de pollo o de queso. Son más sabrosas que las arepas. Si quieres probar las empanadas recomendaría el Café Sol porque tiene las empanadas más grandes de Venezuela.

Mi nombre es Liliana. Soy de Estados Unidos. Para celebrar el cumpleaños de mi abuelita, normalmente comemos en el Restaurante Luigi. Lo recomiendo porque hace la pizza más deliciosa de la ciudad. La pizza puede tener una gran variedad de ingredientes como salsa de tomate, jamón, queso, aceitunas, cebolla y salami.

1 Anita

1 Come algo tradicional de su país por la mañana.
2 Le gusta la comida italiana.
3 Compra una comida que no es muy cara.
4 Recomienda un restaurante donde come con su familia.
5 Prefiere tomar un desayuno salado.
6 Recomienda una bebida dulce y fría.

asqueroso/a	revolting, disgusting
repugnante	revolting, disgusting
sabroso/a	tasty
salado/a	salty, savoury

10 Lee los textos otra vez y contesta las preguntas.

1 What does Antonio like to do on Saturdays?
2 What does Antonio think of egg sandwiches?
3 Which dish does Anita think is tastier than arepas?
4 Why does Anita recommend the empanadas at Café Sol?
5 Where does Liliana recommend for the best pizza?
6 What does Liliana love about pizza?

Gramática

The comparative is formed using *más/menos* + adjective + *que*.
La paella es más deliciosa que el guacamole.
Paella is more delicious than guacamole.

The superlative is formed using *el/la/los/las más* + adjective.
Esta pizza es la más deliciosa del restaurante.
This pizza is the most delicious in the restaurant.

Note that the adjectives agree.

11 Identifica las formas comparativas y superlativas en los textos de la Actividad 9.

12 Escribe frases usando las formas correctas del comparativo o el superlativo.

1 El restaurante tradicional es más popular que el restaurante de comida rápida.

1 el restaurante tradicional (popular>) el restaurante de comida rápida
2 las empanadas (picante<) las enchiladas
3 los perros calientes (asqueroso>) las hamburguesas
4 estos burritos (sabroso>) de la ciudad
5 las arepas (salado<) las empanadas
6 esta paella (delicioso>) del mundo

> **¡Nota!**
> With superlatives, *de* is used to say where.

13 Escucha e identifica los seis comparativos y superlativos.

28   *1 menos picante que*

14 Escucha otra vez y contesta las preguntas.

28

1 ¿Por qué prefiere Paula la comida italiana?
2 ¿Por qué le recomienda Emiliano el restaurante Mar Azul?
3 ¿Qué plato odia Paula?
4 ¿Qué comida prefiere Emiliano?
5 ¿Qué comida deciden tomar?
6 ¿Qué piensa Paula de la comida del restaurante Mar Azul?

> **Gramática**
> Note these irregular comparative and superlative forms:
> *bueno* *mejor* el/la *mejor*
> good   los/las *mejores*
> *malo* *peor* el/la *peor*
> bad   los/las *peores*

15 Túrnate con tu compañero/a. Compara las comidas usando comparativos y superlativos.

el guacamole

la paella

la empanada

las enchiladas

los churros

las arepas

Los churros son más dulces que las enchiladas.

16 Escribe un párrafo sobre tus preferencias. Incluye:

● dónde te gusta comer
● con quién te gusta comer
● cuándo te gusta comer allí

el café local/del barrio/del centro comercial
el restaurante tradicional/local/de comida rápida
con mi familia/mis amigos/mis compañeros de clase
los sábados/fines de semana
me gusta desayunar/almorzar/cenar

2.4 Ven a mi fiesta

- Give an invitation
- Thank someone
- Use the preterite tense

1 Escucha. ¿Qué día y a qué hora es la fiesta?

29

2 Escucha las tres invitaciones. ¿Pueden ir a la fiesta o no? (1–3)

30

Pablo **María** **José**

¿A qué hora?	¿Dónde?	¿Te gustaría …?
¿Cómo?	¿Qué …?	
¿Cuándo?	¿Quieres …?	

¡Nota!
Remember to include the opening punctuation in Spanish questions.

3 Escucha otra vez y contesta las preguntas.

30

1 ¿Cuándo celebra Arturo su cumpleaños?

2 ¿Por qué no puede ir Pablo a la fiesta?

3 ¿Qué le desea Arturo a Pablo?

4 ¿Dónde va a celebrar Arturo su fiesta de cumpleaños?

5 ¿Qué le va a regalar María?

6 ¿Por qué no puede ir José a la fiesta?

4 Túrnate con tu compañero/a. Invita y responde.

Friday, 6:00 – [✓] lemonade

Tuesday evening – [✗] prepare dinner for the family

Wednesday, 7:00 – [✓] ham sandwiches and coca cola

Sunday evening – [✗] visit my grandparents

Saturday, 3:15 – [✓] chocolate ice-cream

Monday, 2:20 – [✗] study for my Spanish exams.

¿Te gustaría venir a mi fiesta el viernes?

¿Te gustaría venir a mi fiesta el domingo por la tarde?

¡Por supuesto! ¿A qué hora?

Lo siento, no puedo. Tengo que …

5 Trabaja en grupo. Escribe una lista de diez excusas.
Usa un diccionario para buscar razones.

6 Escribe las palabras que faltan.

| cada | te | supuesto | cuándo | viene | porque | a qué | invito |

Juan: ¡Hola, Gerardo! Te (1) _____ a mi fiesta de cumpleaños.
Gerardo: ¡Mil gracias, Juan! ¿(2) _____ es tu cumpleaños?
Juan: El sábado que viene.
Gerardo: ¿(3) _____ hora empieza la fiesta?
Juan: A las cuatro de la tarde.
Gerardo: Gracias. Llevo helado de vainilla.
Juan: Muchas gracias, Gerardo.

Carla: ¿Qué tal, Anita? Celebro mi aniversario la semana que viene. ¿(4) _____ gustaría venir?
Anita: ¿Cuándo celebras tu aniversario?
Carla: El viernes de la semana que (5) _____.
Anita: Desafortunadamente, no puedo ir.
Carla: ¿Por qué?
Anita: (6) _____ mi marido tiene que trabajar tarde.
Carla: ¡Qué triste, Anita!

Eduardo: ¡Hola, Juanita! ¿Quieres ir al Carnaval en la ciudad?
Juanita: ¿Qué día es el Carnaval?
Eduardo: El sábado y domingo.
Juanita: ¿A qué hora comienza?
Eduardo: Comienza a las tres (7) _____ día.
Juanita: Mi amiga quiere ir con nosotros.
Eduardo: ¡Por (8) _____!
Juanita: Gracias, Eduardo. Nos vemos.

Gramática

Possessive adjectives show possession or relationship (like 'my book', 'his brothers'. They agree with the object they describe, rather than the 'owner'.

singular	plural
mi	mis
tu	tus
su	sus
nuestro/nuestra	nuestros/nuestras
su	sus

Mis amigas salen los sábados. My friends go out on Saturdays.
*Vamos a la playa con **nuestra prima**.* We're going to the beach with our cousin.

7 ¡Estás invitado! Escribe un mensaje aceptando una invitación y un mensaje excusándote de la otra invitación.

Muchas gracias por la invitación a tu … Me encantaría …
Muchas gracias por la invitación a tu … Lo siento pero …

8 Mira las fotos y escribe las palabras. Después, escucha y comprueba.

los dulces	la música
la piñata	los regalos
las luces	la comida
las decoraciones	los globos

What reading skills will you use to work out the meaning of the new words?

9 Escucha. Olga está organizando su fiesta. Copia la lista y tacha lo que ya está hecho.

escribir   decorar   comprar   preparar   hacer   ayudar   limpiar

10 Escribe las palabras que faltan.

regalos   preparar   música   piñata   decorar   hacerme

1 Me falta comprar la _____ para fiesta.
2 Mi amiga me ayudó con la selección de _____ porque todos queremos bailar.
3 Mi mamá me va a ayudar a _____ la comida.
4 Tengo que _____ el jardín con luces.
5 Mis amigos siempre me traen _____ preciosos.
6 Mi abuela va a _____ una torta de chocolate.

11 Túrnate en grupo. Haz una cadena.

Para mi fiesta, necesito pizzas.

Para mi fiesta, necesito pizzas y luces.

12 Trabaja con tu compañero/a. Escribe una lista de lo que tienes que hacer para organizar tu fiesta.

• *hacer selección de música*

13 Escucha la conversación y contesta las preguntas.

33

1 What does David thank Sofía for?
2 What did he think of the music?
3 What was his opinion of the food?

4 What did he think of the decorations?
5 Who does he say enjoyed the party?
6 What does Sofía say to David?

Gramática

The preterite tense is used to describe a completed action in the past. Regular verbs form the preterite as follows:

preparar to prepare	comer to eat	recibir to receive	
preparé	comí	recibí	I
preparaste	comiste	recibiste	you (informal sing)
preparó	comió	recibió	he/she/you (formal sing)
preparamos	comimos	recibimos	we
prepararon	comieron	recibieron	you (pl)/they

Ayer mi hermana y yo preparamos la cena. My sister and I prepared dinner yesterday.
recibí muchos regalos. I received lots of presents.

¡Nota!

What patterns do you see?

---

14 Lee la tarjeta y contesta las preguntas.

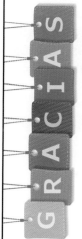

Querida Ana:

Mil gracias por invitarme a tu fiesta. Me divertí mucho. La comida estuvo muy deliciosa, especialmente el pollo asado con las verduras mixtas. Yo comí mucho. En particular, me gustó la torta de frutas y el helado de vainilla. Me encantó conocer a tus primas. Son muy graciosas.
Te mando una de las fotos que sacamos en la fiesta. ¡Estamos todas muy guapas y muy felices!

Hasta pronto

Maricarmen

1 ¿Por qué le envía Maricarmen una tarjeta a Ana?
2 ¿Cómo la pasó en la fiesta?
3 ¿Qué opinó de la comida?

4 ¿Qué le gustó en particular?
5 ¿Qué piensa de las primas de Ana?
6 ¿Cómo están las amigas en la foto?

15 Elige una celebración y escribe una carta de agradecimiento.

Mil gracias por invitarme a …
Fue …
Me divertí mucho.
La comida estuvo deliciosa.
En particular, me gustó …
Me encantó …

2.5 Tengo boletos

- Talk about different events
- Describe an event in the past
- Use adverbs

1 Empareja las personas con las fotos.

el concierto

una obra

un partido de fútbol

un festival

> Me gusta pasar el rato con mis amigos. Cada domingo, vamos al estadio para ver un partido de fútbol. Somos aficionados al fútbol y los boletos cuestan solo cinco dólares.
> **Dante**

> A mí me gusta ir al teatro para ver una obra. Me apasiona porque me gustaría ser actriz en el futuro. Los boletos no son baratos, pero vale la pena.
> **Marisol**

> Soy de Trinidad y me gusta mucho el Carnaval. Es un festival muy emocionante y para nada aburrido. Normalmente lo celebramos en el mes de febrero. La música es fantástica y la gente baila en la calle y se divierte mucho.
> **Otis**

> Mi pasión es escuchar música pop. Me encanta ir a conciertos con frecuencia. Mis amigos y yo vamos a todo tipo de conciertos porque nos fascinan y raramente son decepcionantes. Los boletos pueden ser caros si es un artista internacional.
> **Analisa**

2 Lee otra vez. Elige las palabras.

1 Los boletos para el partido son **caros / baratos**.
2 Para Dante y sus amigos el fútbol es **apasionante / decepcionante**.
3 Los boletos para el teatro cuestan **mucho / poco**.
4 Otis cree que el Carnavales **emocionante / aburrido**.
5 Analisa va a conciertos de pop **frecuentemente / a veces**.
6 Analisa cree que los conciertos son casi siempre **decepcionantes / fascinantes**.

3 Escucha. Copia y completa el cuadro. (1–4)

34

	Evento	Fecha	Hora	Lugar
1				
2				

4 Habla con tu compañero/a. ¿A cuál de los eventos de la Actividad 1 te gustaría/no te gustaría ir y por qué?

> ¿A cuál de los eventos te gustaría ir?

> Me gustaría ir a un concierto de … porque me encanta su música. Es siempre emocionante. Pero no me gustaría ir … porque …

aburrido/a
divertido/a
emocionante
interesante
fascinante
apasionante
decepcionante

5 Escucha. Identifica los eventos y si a la persona le gustó o no. (1–4)

la exposición
de arte

el espectáculo
de magia

el circo

el cine

6 Escucha otra vez y escribe los adjetivos que usa cada
persona para describir su experiencia.

Gramática

Adverbs are used with verbs or adjectives to give more information about when, how,
where or why something happens. In English, they often end in '–ly'. They are also used to
describe degree, e.g. 'very', 'almost'.

Many adverbs in Spanish are formed by adding –*mente* to the feminine singular form of
the adjective. Invariable adjectives just add it on the end.

rápido – rápida – rápidamente   *general – generalmente*
lento – lenta – lentamente   *frecuente – frecuentemente*

Normalmente, nos reunimos a las dos. We usually meet at 2 o'clock.
Desafortunadamente, no puedo venir. Unfortunately I can't come.

The adverbs from *bueno* (good) and *malo* (bad) are irregular.
Habla bien el español. He speaks Spanish well.
Lo hice mal. I did it badly.

There are also a lot of very useful adverbs relating to time, frequency and position which do
not end in –*mente*, e.g. *ahora* (now), *siempre* (always), *aquí* (there). It is worth learning these
so you can recognise them when you see/hear them and can use them in your own writing.

7 Copia y completa el cuadro. Escribe los adverbios en el lugar correcto.

muy   hoy   allí
mucho   casi   luego
anteayer
demasiado   ahora
a veces   lejos
raras veces   arriba
anoche
a menudo   nunca

Adverbs			
specific time	frequency	place	degree

Learning words
in categories
like this will help
you remember
them and use
them accurately
and effectively.

8 Empareja las frases.

1 Me gusta ir a los conciertos porque
2 No me gustó la obra
3 El partido fue emocionante
4 El mago hizo
5 Un artista famoso
6 El carnaval es

a y ganó mi equipo favorito.
b un truco fascinante.
c cantó en el concierto.
d porque fue aburrida.
e mi festival preferido.
f los artistas son excelentes.

9 Escribe sobre tu evento favorito. Incluye tus opiniones y razones.
Me gustaría ir a … porque …

10 **Lee los blogs. Contesta las preguntas para cada persona.**

Soy Pablo y a mí me gusta mucho el básquetbol. Ayer, fui a ver un partido de básquetbol con mis compañeros de clase. El partido fue muy decepcionante porque mi equipo preferido perdió. Los San Antonio Spurs solo marcaron 20 tantos y los Chicago Bulls, 78. Mi equipo marcó 20 tantos y el otro, 78. ¡Perdimos el campeonato! El otro equipo fue mejor que el mío. El entrenador estaba muy furioso porque trabajó muy duro con nuestro equipo.

Mi nombre es Hugo y soy hincha de fútbol. El domingo pasado, fui al Estadio Monumental para ver a mi equipo favorito. Había muchos espectadores y fue muy emocionante. El partido empezó a las cinco de la tarde y terminó a las siete menos cuarto. Yo soy del Racing y ganamos contra el Boca Juniors. El delantero del Racing metió dos goles espectaculares en el segundo tiempo y el Boca Juniors no marcó ninguno. Los dos equipos son muy buenos, por eso son campeones. ¡La pasé genial!

1 ¿De qué equipo son?
2 ¿Quién ganó?
3 ¿Cuál fue el resultado?

11 **¿Cómo se dice en español? Busca en los blogs de la Actividad 10.**
1 The game was very disappointing.
2 My team lost.
3 They only scored 20 points.
4 We lost the championship.
5 I'm a football fan.
6 I support Racing.

12 **Lee otra vez. ¿Quién habla?**

1 Soy aficionado al fútbol.

4 Nuestro entrenador estaba muy enojado.

2 Mi equipo preferido no ganó.

5 El partido duró casi dos horas.

3 Fui a ver un partido con mis compañeros de clase.

6 El otro equipo no marcó.

13 **¡Fuimos al partido!** Escucha y contesta las preguntas.

1 ¿Quién jugó?
2 ¿Quién iba ganando en el primer tiempo?
3 ¿Quién ganó el partido?

el primer/segundo tiempo	the first/second half
la selección	national team

14 Escucha otra vez y completa las frases.

1 La semana pasada, Ángeles _____.
2 _____ Argentina contra España.
3 Había muchos hinchas y todo el mundo estaba _____.
4 El partido _____ a las cuatro de la tarde.
5 En el primer tiempo, _____ iba perdiendo.
6 El jugador favorito de Ángeles _____.

15 Escribe sobre tu experiencia en un evento deportivo.

Fui a un partido de fútbol/
tenis/básquetbol
Los hinchas/jugadores
Empezó/terminó a …
Mi equipo iba ganando/
perdiendo
La selección ganó/perdió

16 Prepara una presentación sobre un evento deportivo y preséntala a la clase.

UNAS VACACIONES CON ADRENALINA

El año pasado quería hacer algo diferente para celebrar el final de mis exámenes. Por eso decidí ir de vacaciones a las Islas Canarias. Tengo tíos en Tenerife y me alojé con ellos. Mis primos me llevaron al Parque Siam en Tenerife. ¡La pasamos chévere! Es un parque perfecto para los adictos a la velocidad y a las emociones fuertes. ¡Nosotros probamos todas las atracciones! En el Kinanaree tuvimos que entrar al **tobogán** por un gran **embudo** y terminamos en una enorme ola tornado. ¡No podíamos parar de reírnos! El Vulcano nos fascinó con su espectáculo de luces láser mientras bajábamos por el tobogán sobre una **colchoneta inflable**. Tuvimos que ser valientes en la experiencia extrema del Dragón. Es una **bajada** casi vertical con sensación de gravedad cero. Luego visitamos la Torre del Poder, un tobogán de 28 metros de altura que pasa por un acuario donde se pueden ver muchos peces. ¡Fue muy bello! Para mí, la atracción con la mayor **subida de adrenalina** fue el Singa, una enorme **montaña rusa** con cambios de dirección y bajadas vertiginosas. ¡Fue una experiencia inolvidable que nos gustó a todos!

Arturo

el tobogán	slide
el embudo	funnel
la colchoneta inflable	float
la bajada	drop
la subida de adrenalina	adrenaline rush
la montaña rusa	roller coaster

1 **Lee el texto y completa las frases.**

    1 Arturo decidió celebrar el fin de curso con _____.

    2 El Parque Siam es una atracción perfecta si te gustan _____.

    3 Lo divertido del Kinanaree es _____.

    4 El Dragón no es para todos porque _____.

    5 Lo bonito de la Torre del Poder es _____.

    6 Para Arturo, la montaña rusa fue muy estimulante porque _____.

UN FESTIVAL DIFERENTE

Gabriel empezó a trabajar como voluntario para el Festival Selvámonos en 2012, tres años después de que el festival comenzó a celebrarse en Oxapampa. 'Selvámonos se creó como un festival internacional alternativo para celebrar la cultura de nuestro país, Perú,' nos cuenta Gabriel. 'La primera vez que participé, me gustó mucho porque era un festival moderno pero diferente a otros festivales pop o tecno, porque celebraba nuestras raíces étnicas y **promovía** el **intercambio** cultural. Los organizadores del festival querían ofrecer actividades culturales fuera de la capital, Lima. Por eso, el festival también incluye una semana con **espacios artísticos** y **representaciones teatrales** en las calles de Oxapampa con un gran festival musical como final.'

'Otra cosa muy importante para el festival es la responsabilidad medioambiental. El evento musical tiene lugar en la selva por lo que es importante proteger el entorno. Como parte del festival, hay **talleres** ecológicos y proyectos para **concientizar** a los participantes sobre temas medioambientales. El año pasado incluso trabajé con unos compañeros en la creación del primer Bosque de Niños que se abrió durante el festival. Este espacio para niños les ofrece oportunidades para estudiar la biodiversidad de la zona y su conservación. Fue una experiencia superchévere.'

promover	to promote
el intercambio	exchange
el espacio artístico	artistic space
la representación teatral	theatre performance
el taller	workshop
concientizar	to raise awareness

2 Empareja las frases.

1 El Festival Selvámonos comenzó
2 Gabriel trabaja como voluntario
3 La gente viene al festival
4 Las calles de Oxapampa
5 Entre las actividades
6 Un grupo de voluntarios creó

a hay talleres y obras de teatro.
b desde muchos otros países.
c desde 2012.
d una iniciativa medioambiental para niños.
e se llenan de eventos culturales.
f hace más de 10 años.

Mi mundo, tu mundo

What major festivals are there in your country? What do they try to promote? Create a website with information that reflects the spirit of the event. Research environmental concerns and initiatives specific to your area.

A reforzar

1 **Completa las frases.**

| sed | prisa | hambre | éxito | miedo | sueño | suerte | frío |

1 ¿Es hora de cenar? Tengo mucha _____.

2 Es invierno en Chile. Aquí tenemos _____.

3 Juan se levantó muy temprano hoy. Tiene _____.

4 Nunca gané la lotería. No tengo _____.

5 Nuestra habitación es muy oscura. Mi hermanita tiene _____.

6 Hace mucho calor hoy. Roberto tiene _____.

7 Las clases empiezan en cinco minutos. Los estudiantes tienen _____.

8 Todos mis amigos estudian mucho. Quieren tener _____.

2 **Empareja las tiendas con los artículos. Escribe otro artículo para cada tienda.**

1 la joyería	**a**	dulces, _____
2 la tienda de ropa	**b**	libros, _____
3 la heladería	**c**	zapatos, _____
4 la dulcería	**d**	tortas, _____
5 la pastelería	**e**	plantas, _____
6 la zapatería	**f**	anillo, _____
7 la floristería	**g**	helado, _____
8 la librería	**h**	bluejeans, _____

3 **Empareja las frases.**

1 ¡Hola, Juana!		**a**	Mil gracias.
2 ¡Genial! ¡Hasta		**b**	A las cuatro de la tarde.
3 ¿A qué hora?		**c**	vemos el sábado.
4 Te invito		**d**	El sábado que viene.
5 ¿Dónde está la fiesta?		**e**	¡Hola, Antonio!
6 ¡Que la pases bien!		**f**	a mi fiesta de cumpleaños.
7 Muy bien, nos		**g**	el sábado!
8 ¿Cuándo celebras tu cumpleaños?		**h**	En la Avenida Flor, número 12.

4 **Escribe las palabras que faltan.**

| carta | cuenta | restaurante | cumpleaños |
| caro | saladas | postre | sabrosa |

La semana pasada fui a un (1) _____ exótico para celebrar el (2) _____ de mi buen amigo, Jorge. Nos sentamos fuera en la terraza y pedimos la (3) _____. Jorge eligió una comida vegetariana y yo comí pollo asado con papas fritas. La comida de Jorge era muy (4) _____ pero mis papas estaban demasiado (5) _____.
No tomamos (6) _____, solo un café. Pedí la (7) _____ y en realidad me pareció bastante (8) _____ pero la pasamos muy bien.

A practicar

37

1 Escucha y escribe lo que prefiere cada persona. (1–4)

Marco Ana	Diego Beatriz	Paco Valencia	Victoria Enrique

2 Escribe las formas correctas.

1 Mi hermana (querer) _____ competir en los Juegos Olímpicos.
2 Los estudiantes (jugar) _____ al voleibol en la playa.
3 El entrenador nos (mostrar) _____ cómo hacer ejercicio.
4 Yo no (poder) _____ participar en la competencia mañana.
5 Roberto y yo (divertirse) _____ en la piscina.
6 Más de 10 equipos (competir) _____ en el torneo hoy.
7 ¿Qué (pensar) _____ hacer tú este domingo?
8 La nueva temporada (empezar) _____ en una semana.

3 Lee los blogs. Lee y contesta las preguntas.

Antonio
La semana pasada organicé un partido de fútbol en el Estadio Nacional entre Los Tigres y Los Leones. Los espectadores se divirtieron mucho porque había mucha comida como pizza, perros calientes, hamburguesas y papas fritas. Durante el partido, hablé con mis amigos y comí un perro caliente. ¡Mi favorito! ¡El partido fue fenomenal!

Lionel
Ayer organicé un espectáculo en el Teatro Nacional. Fue magnífico porque los actores son muy buenos. Sirvieron tacos y tamales. Fueron deliciosos. Participé en el espectáculo y toqué la guitarra.

Gabriela
El mes pasado participé en el Carnaval de Barranquilla. Para mí, este es el mejor espectáculo del mundo. ¡Me encantó! Había mucha comida local como arepas, buñuelos y empanadas y todos comimos y bailamos en la calle. ¡La pasamos fenomenal! Me gustaría participar todos los años.

1 ¿Qué organizó Antonio la semana pasada?
2 ¿Quién jugó en el partido?
3 ¿Cómo la pasaron los espectadores?
4 ¿Por qué estuvo bien el espectáculo que organizó Lionel?
5 ¿Cómo participó Lionel en el espectáculo?
6 ¿Cuándo participó Gabriela en el Carnaval?
7 ¿Por qué le gusta tanto el Carnaval a Gabriela?
8 ¿Qué hizo Gabriela en la calle?

4 Escribe una entrada de blog. Describe una visita a un festival o carnaval.

- ¿Qué evento fue?
- ¿Cuándo y dónde fue el evento?
- ¿Qué tipo de comida había?
- ¿Qué hiciste?
- ¿Qué te pareció?

fue	bailé
fui	participé
había	me encantó
comí	me divertí
bebí	no me gustó

A ampliar

1 **Escribe frases.**

1 No me gusta esta falda café. Quiero comprar esa falda blanca.

1   this brown skirt [✗] – that white skirt [✓]
2   that red ball [✗] – that yellow ball over there [✓]
3   these green balloons [✗] – those pink balloons [✓]
4   this blue piñata [✗] – that yellow piñata over there [✓]
5   these blue lights [✗] – those orange lights [✓]
6   those yellow sweets [✗] – those red sweets over there [✓]

38

2 **Escucha. Para cada persona, escribe qué deporte(s) practica y qué hizo el fin de semana pasado.**

Camila

Anita

Paco

3 **Lee el correo electrónico. Lee las frases y escribe V (verdadero) o F (falso).**

Hola, Ernesto
¿Qué tal? Yo estoy bien. Estas vacaciones me estoy divirtiendo mucho. La semana pasada fui a un concierto a ver a mi cantante favorita en el Estadio Nacional. Fui con mis amigos y el espectáculo fue fantástico. ¡Me encantó! Mis amigos y yo cantamos y bailamos mucho y la pasamos genial. Después del concierto, fuimos a la heladería para comprar un helado. A mí me gustan todos los sabores pero el de chocolate es mi favorito.
Practico muchos deportes porque pienso que es importante estar en forma y me da confianza en mí misma. Me gusta mucho nadar en el mar y lo hago todos los fines de semana si puedo. También juego al básquetbol y estoy en el equipo del colegio. Últimamente, hay mucho interés en el ciclismo pero a mí no me gusta nada. ¿Qué deportes te gustan a ti? También estás en el equipo de básquetbol de tu colegio ¿verdad? Escríbeme pronto y dime qué haces en las vacaciones.
Besos
Pilar

1   Pilar fue a un concierto el verano pasado.
2   El espectáculo le gustó mucho.
3   Los amigos fueron a cenar después del concierto.
4   A Pilar solo le gusta el helado de chocolate.
5   Pilar es muy deportista.
6   Pilar practica la natación con frecuencia.
7   Últimamente, le interesa mucho el ciclismo.
8   Pilar y Ernesto juegan en el mismo equipo de básquetbol.

4 **Describe un viaje un festival en el pasado. Incluye:**
   ● adónde fuiste   ● qué hiciste
   ● con quién fuiste   ● tus opiniones

Talk about sports

Say what sports I do	*Practico el béisbol/básquetbol/ciclismo.*
Say why sport is important to me	*Juego al fútbol porque quiero estar en forma.*
Say what I get out of being active	*Me gusta hacer ejercicio porque me da confianza en mí mismo.*
Say what I want	*Quiero ser parte de un equipo.*
Say what I prefer	*Prefiero el béisbol al básquetbol.*
Ask if I can do something	*¿Puedo jugar contigo?*

Talk about shopping

Say where I shop	*Voy a la librería a comprar unas pegatinas.*
Say what items I buy from a shop	*Compro mis aretes en la joyería.*
Ask for someone's opinion on an item	*¿Qué te parece esta camisa?*
Give my opinion on an item	*Prefiero la camiseta morada.*
Ask for information in a shop	*¿Tiene este pantalón en otro color?*
Ask to try on an item	*¿Puedo probarme estos zapatos de deporte?*
Ask for a different size	*¿Tiene esta chaqueta en la talla mediana?*
Express preferences	*Me gusta esta camiseta verde pero prefiero aquella rosada.*

Talk about my favourite restaurant

Say when I eat out	*Normalmente, tomo el desayuno en un café con mi familia los domingos.*
Say where I go to eat	*Me gusta comer en un restaurante tradicional/de comida rápida/con terraza.*
Say what type of food I prefer	*Prefiero la comida mejicana.*
Say I'm hungry/thirsty	*Tengo hambre/sed.*
Request a table	*Una mesa para dos, por favor.*
Request a menu	*¡Mesero! ¡Tráigame la carta, por favor!*
Ask for the bill	*La cuenta, por favor.*
Describe the food	*Las enchiladas estaban sabrosas/demasiado saladas/muy picantes.*

Deal with invitations

Give an invitation	*¿Quieres venir a mi fiesta este sábado?*
Accept an invitation	*¡Claro que sí! ¡Gracias!*
Decline an invitation	*Lo siento, no puedo. Tengo que estudiar.*
Thank someone	*Gracias por la invitación/el regalo.*
Say I really enjoyed myself	*Me divertí mucho.*
Start a written reply	*Querido/a …*
End a written reply	*Saludos/Besos/Un abrazo*

Talk about the different events

Say I have tickets	*Tengo boletos para el concierto/teatro.*
Say what an event was like	*La obra fue excelente/aburrida.*
Say whether I enjoyed something	*La pasé genial/muy mal.*
Describe an event in the past	*El delantero marcó un gol.*

Los deportes — Sports

Juego al …	I play …
básquetbol	basketball
críquet	cricket
hockey	hockey
tenis	tennis
voleibol	volleyball
Practico …	I …
el atletismo	do athletics
el ciclismo	go cycling
la gimnasia	do gymnastics
el karate	do karate
la natación	go swimming
la vela	go sailing
Hago …	I do …
canotaje	canoeing
ejercicio	exercise
ejercicios aeróbicos	aerobics
Ando en patineta	I skateboard
Entreno en el gimnasio	I train in the gym
competir	to compete
conocer gente nueva	to get to know new people
empezar	to start
estar activo	to be active
estar al aire libre	to be in open air
estar en forma	to be fit
ganar	to win
hacer ejercicio	to exercise
marcar un tanto/gol	to score a point/goal
Me da confianza en mí mismo.	It gives me self-confidence.
Me divierto mucho.	I enjoy myself a lot.
perder	to lose
relajarse	to relax
ser (futbolista) profesional	to be a profesional footballer
ser parte de un equipo	to be part of a team
Soy bueno en …	I'm good at …
terminar	to finish
el campeón	champion
el campeonato	championship
la carrera	race
la competencia	competition
el delantero	forward, striker
el entrenador	trainer
el equipo	team
los espectadores	spectators
el estadio	stadium
un evento deportivo	a sporting event
los hinchas	fans
los Juegos Olímpicos	the Olympic Games
el partido	match
la piscina	swimming pool
el torneo	tournament

Las tiendas — Shops

la dulcería	sweet shop
la floristería	florist's
la heladería	ice-cream parlour
la joyería	jeweller's
la librería	bookshop
la pastelería	cake shop
la panadería	bakery
la tienda de departamentos	department store
la tienda de ropa	clothes shop
la zapatería	shoe shop

Los artículos — Items

un anillo	ring
unos aretes	some earrings
un DVD	DVD
un estuche (para el celular)	phone case
un juego de mesa	board game
un libro	book
el maquillaje	make-up
un pastel	cake
unas pegatinas	some stickers
una pelota	ball
unas pinzas de pelo	some hair clips
un videojuego	video game

La ropa — Clothes

los bluejeans	jeans
los calcetines	socks
la camisa	shirt
la camiseta	t-shirt
la chaqueta	jacket
la chaqueta con capucha	hoodie
la corbata	tie
el pantalón	trousers
el pantalón deportivo	joggers
la ropa deportiva	sports clothes
los shorts	shorts
la sudadera	sweatshirt
el vestido	dress
los zapatos	shoes
los zapatos de deporte	trainers

La comida — Food

el arroz blanco/frito	white/fried rice
el batido de vainilla/fresa	vanilla/strawberry milkshake
el burrito	burrito
el café	coffee/café
la carta	menu
la cena	dinner
el cereal	cereal
la comida de la calle	street food
la comida rápida	fast food
la cuenta	the bill
los dulces	sweets

la enchilada	enchilada
los frijoles	beans
la gaseosa/limonada	lemonade
la hamburguesa	hamburger
el helado	ice-cream
los huevos	eggs
el jamón	ham
el jugo de naranja	orange juice
el mesero/la mesera	waiter/waitress
el pan	bread
las papas fritas	fries
el perro caliente	hot dog
el pollo asado/frito	roast/fried chicken
un pícnic	picnic
la pizza	pizza
el queso	cheese
un restaurante tradicional	traditional restaurant
un restaurante de comida rápida	fast-food restaurant
el sándwich	sandwich
los tacos	tacos
los tamales	tamales
el té	tea
Tengo hambre/sed.	I'm hungry/thirsty.
comer en casa/en el restaurante	to eat at home/in a restaurant
asqueroso/a	revolting, disgusting
delicioso/a	delicious
repugnante	revolting, disgusting
sabroso/a	tasty
salado/a	salty, savoury
demasiado caro/a	too expensive
muy barato/a	very cheap

Para mi fiesta / For my party

las decoraciones	decorations
los globos	balloons
las luces	lights
la música	music
la piñata	piñata
los regalos	gifts

Los eventos / Events

los boletos para …	tickets to …
el concierto	concert
la obra	play
el teatro	theatre
el cine	cinema
el circo	circus
el espectáculo de magia	magic show
la exposición de arte	art exhibition
Fue …	It was …
aburrido/a	boring
apasionante	thrilling
decepcionante	disappointing
divertido/a	fun
emocionante	exciting
fantástico/a	fantastic
fascinante	fascinating
interesante	interesting
Tengo miedo/prisa.	I'm scared/in a hurry.
Tengo suerte/sueño/frío.	I'm lucky/sleepy/cold.

Las invitaciones / Invitations

Querido/a	dear
Besos/Un abrazo	love
Hasta pronto	See you soon
Saludos	Best wishes

Adverbios útiles / Useful adverbs

fácilmente	easily
frecuentemente	frequently
generalmente	generally
lentamente	slowly
rápidamente	quickly

Expresiones de tiempo / Time expressions

ahora	now
anoche	last night
anteayer	the day before yesterday
ayer/hoy/mañana	yesterday/today/tomorrow
siempre	always
ya	already

Prueba 1

1 Empareja las preguntas y respuestas.

1 ¿Cómo estás?
2 ¿Cómo eres?
3 ¿Cómo es tu mascota?
4 ¿De qué color son los ojos de tu madre?
5 ¿Vas a ir a la fiesta de Ariana?
6 ¿Cuándo es su cumpleaños?
7 ¿Adónde vas a ir este sábado?
8 ¿Qué hacen los fines de semana?

a Son verdes claros.
b Voy a ir al parque.
c Vamos a la playa o de compras.
d Creo que es el 20 de junio.
e Soy baja con el pelo rizado y castaño.
f No sé. ¿Cuándo es?
g Pues, un poco cansado.
h Es amarilla con una cola larga.

2 Lee los textos y contesta las preguntas.

¡Hola! Soy Jorge y tengo dieciséis años. Me gustan los deportes. Practico el karate después del colegio y en mis ratos libres, juego al fútbol con mis amigos. Los fines de semana voy al polideportivo grande de mi barrio. El sábado pasado nos reunimos todos allí y jugamos un partido. También hice ejercicio en el gimnasio. Me encanta hacer ejercicio porque me da confianza en mí mismo.

Mi nombre es Ángela y tengo 15 años. Cada sábado voy al club juvenil para jugar al básquetbol. Voy en carro porque el club está lejos de mi casa. Me encanta el básquetbol y un día me gustaría competir en los Juegos Olímpicos. La semana pasada entrené por cinco horas. Después por la tarde, fui al centro para comprar un pantalón deportivo con mi mejor amiga Isabel.

1 What after-school activities does Jorge do?
2 What does he do in his free time?
3 What did he do last Saturday?
4 Why does he like working out?

5 Where does Ángela go every Saturday?
6 Why does she go to the club by car?
7 What's her ambition?
8 What did she buy last week?

3 Escucha. Copia y completa el cuadro. (1–4)

39

Nombre	¿Dónde vive?	¿Cómo es su barrio?	
		☺	☹
1 Alejandro			
2 Rosita			
3 Marco			
4 Anita			

4 Escribe un párrafo sobre lo que haces en tus ratos libres. Incluye:

• qué haces para mantenerte en forma
• cómo te diviertes con tus amigos
• qué hiciste la semana pasada

Prueba 2

1 Copia y completa el cuadro. Escribe las palabras con el artículo correspondiente en la categoría correcta.

lavadora	equipo	taxi	tren	salado
anillo	caro	televisor	gimnasio	delicioso
barato	piscina	lámpara	bus	carro
torneo	nevera	videojuego	DVD	estuche para celular

La casa	El transporte	Los deportes	Artículos de regalo	Adjetivos

2 Lee el texto. Lee las frases y escribe las palabras que faltan.

El fin de semana pasado mi familia y yo fuimos al Parque Nacional para hacer un pícnic. Mi madre invitó a mis dos primas, mi tía y mis abuelos. Al llegar al parque, di un paseo con mi perrito Rover admirando los árboles y pájaros. Después, mis primas jugaron al tenis y mis abuelos y yo jugamos a las cartas. ¡Jugamos tres partidas y yo no gané ni una vez! Para mí, jugar a las cartas es aburrido pero a mis abuelos les encanta. Al mediodía, almorzamos. Mi mamá preparó demasiada comida. Había arroz frito con pollo asado, ensalada mixta, unas tortillas con guacamole, y de postre unos buñuelos, una torta de chocolate y fruta. ¡Fue un día fantástico y todos la pasamos muy bien!

1 La semana pasada, yo _____ al parque con mi familia.
2 También _____ mis primas, mi tía y mis abuelos.
3 Mi mascota y yo _____ un paseo por el parque al llegar.
4 Mis abuelos _____ a las cartas conmigo.
5 Yo no _____ al tenis con mis primas.
6 Mis abuelos _____ todas las partidas.
7 Había demasiada comida y yo _____ muchos buñuelos de postre.
8 Fue un día fantástico y todos nos _____ mucho.

3 Escucha. ¿Qué cosas necesitan comprar? Escribe las cosas y las tiendas dónde las compran.

40

4 Escribe un párrafo sobre ti mismo/a. Usa conjunciones (*y, pero, también*) para dar los detalles. Incluye:

- dónde vives y cómo es tu barrio
- lugares locales de interés
- tus actividades favoritas
- tus comidas preferidas

Prueba 3

 1 **Escucha. Lee las frases y escribe V (verdadero) o F (falso). (1–2)**

41

1 El partido de fútbol empieza a las siete y media de la tarde.

2 Se va a jugar en el polideportivo.

3 Los boletos cuestan treinta dólares.

4 Después del partido van a ir a comprar helado.

5 Óscar y Rosita van a ver una competencia.

6 El domingo Óscar trabaja hasta las ocho de la noche.

7 El concierto va a tener lugar en el Polideportivo Nacional.

8 El grupo ganó un premio hace cinco años.

2 **Corrige los diez errores gramaticales.**

1 ~~gusta~~ gustan

> Soy Enrique y me ~~gusta~~ los deportes. Cada fin de semana, participo en diferentes deportes. Estoy bueno en críquet, karate, patineta y canotaje. Normalmente, practico estos deportes en el polideportivo. Para mí, es importante ser activo porque me da confianza en sí mismo y me ayuda a estar en forma. Ayer, juego un partido de críquet con mis compañeros de clase y ganamos el torneo. Nos divertí mucho. Mucha gente piensan que el karate es aburrido, pero de hecho esta deporte nos ayuda a concentrarnos. Entreno dos o tres veces a la semana porque quiero conocer a gente nuevo y me gusta represento a mi colegio en torneos contra otras colegios.

3 **Túrnate con tu compañero/a. Describe a las personas.**

Señorita Hernández Argentina 28 – 5/5

Señor Urena Colombia 50 – 14/1

Victoria Perú 15 – 12/6

Anton Barbados 17 – 13/12

Señora Marley Jamaica 60 – 23/3

Señor Álvarez Venezuela 24 – 10/10

> La señorita Hernández es argentina. Tiene 28 años. Su cumpleaños es el 5 de mayo.

4 **Traduce las frases.**

1 This lamp is very dirty.

2 I love the amusement park because it's a lot of fun.

3 It is important to do sports to keep fit.

4 The stadium is far from the restaurant.

5 The problem is I can't play hockey.

6 I like doing yoga because it relaxes me.

Prueba 4

1 Escucha. Copia y completa el cuadro. (1–4)

42

Nombre	¿Dónde?	¿Cuándo?	Lo mejor fue/ fueron	Opinión
Martín				
Anabel				
Cristina				
José				

2 Lee y contesta las preguntas.

Me llamo Álvaro y me encantan las fiestas familiares porque siempre son una experiencia gastronómica. Normalmente, cuando hay un aniversario o un cumpleaños, mi familia y yo vamos a celebrarlo en un restaurante. Nos gusta probar diferentes comidas típicas de los países del mundo y cada uno puede elegir el restaurante cuando es su día especial. El año pasado fuimos a un restaurante francés para el cumpleaños de mi madre, y a uno italiano para el de mi padre. Mi abuela nos sorprendió cuando eligió un restaurante chino porque normalmente le gusta la comida tradicional. ¡A todos nos encantó la comida china! ¡Qué sabrosa! De vez en cuando, a mí me gustan las hamburguesas y las papas fritas y para mi santo elegí ir a un restaurante de comida rápida. Mis padres no querían ir porque no les gusta la comida chatarra. Pero como era mi día, tuvieron que respetar mi decisión y al final disfrutamos todos.

1 ¿Cómo celebra las ocasiones especiales la familia de Álvaro?
2 ¿A qué tipo de restaurante les gusta ir?
3 ¿Quién elige adónde van a comer?
4 ¿Qué restaurante eligió el padre de Álvaro para su cumpleaños?
5 ¿Cómo los sorprendió la abuela?
6 ¿A quién le gusta la comida rápida?

3 Escribe sobre ti y tus amigos. Incluye:
- qué les gusta hacer
- adónde van
- qué hicieron el verano pasado
- una descripción de un evento especial al que asistieron

A mis amigos y a mi nos gusta …

4 Habla con tu compañero/a.

¿Por qué es importante pasar el rato con amigos?

Es importante porque …

3 MI vida

- Say what I do at school
- Give my opinion on school life
- Use negatives

3.1 ¡Estoy muy ocupada!

1 Escucha y completa el horario.

	9–10	10–11		11.15–12.15	12.15–13.15		14.00–15.00
lunes	informática	1	el recreo	español	música	el almuerzo	2
martes	historia	tecnología		3	4		teatro
miércoles	arte	español		ciencias	5		6
jueves	geografía	educación física		religión	7		8
viernes	9	francés		10	historia		matemáticas

2 Copia y completa el cuadro con las asignaturas de la Actividad 1.

el	la	las
arte		

3 Mira el horario de la Actividad 1 y habla con tu compañero/a.

¿Qué estudias el lunes a las once y cuarto?

Estudio español.

4 Escucha y escribe las letras. Escribe también por qué no estudian las asignaturas. (1–5)

a ✓ ✗ Bonjour!
el inglés   el francés

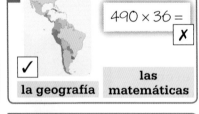

b 490 × 36 = ✗
✓
la geografía   las matemáticas

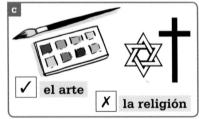

c ✓ el arte   ✗ la religión

d ✓ ✗
la educación física   las ciencias

e Bonjour! ✓
el inglés el francés
✗
la historia

¡Nota!
Note when the article is used with school subjects.
Estudio historia.
No estudio ni el arte ni la geografía.
Prefiero estudiar el inglés.
Me gustan las ciencias.

1 e – La historia es aburrida.

5 Lee la carta de Selena y contesta las preguntas.

Hola amigos

Soy estudiante de primer año en Kissimmee High School en Estados Unidos. Estudio las asignaturas obligatorias normales, por ejemplo lengua y literatura inglesa, ciencias, matemáticas y ciencias sociales. También estudio español. ¡Tenemos que escribirles en español para practicar! Todos tenemos que hacer clases de educación física. A nadie en mi clase le gusta practicar atletismo, pero a todos nos encantan los deportes en equipo como el béisbol y el básquetbol. En Estados Unidos, se pueden elegir asignaturas optativas como por ejemplo las artes plásticas, el periodismo y los idiomas. No me gustan nada las artes plásticas porque no soy fuerte en ellas. En el futuro, quiero ser programadora, así que elegí estudiar las ciencias de computación que incluyen la codificación, el diseño gráfico y la creación de sitios web. ¡Eso nunca es aburrido para mí!

Saludos

Selena

1 Which subjects are compulsory in the US?
2 What other subjects does Selena study?
3 What optional subjects can Selena's peers choose to study?
4 Why doesn't Selena like plastic arts?
5 What does she want to be in the future?
6 What is covered in her information technology class?

¡Nota!

Me *gusta* el arte.
Me *gustan* las ciencias.

Gramática

You can usually just put *no* before a verb to make a sentence negative.

Me *gusta* el español.	I like Spanish.
No me *gusta* el español.	I don't like Spanish.

Other negatives can be used to give more detail.

No hago *nada* durante el recreo.	I don't do anything at break time.
Las matemáticas *no* le *gustan* a *nadie*.	Nobody likes maths.
No me *gusta* *ni* la química *ni* la física.	I don't like chemistry or physics.

Some negatives don't need *no*.

A nadie le *gusta* el francés.	Nobody likes French.
¡El teatro *nunca* es aburrido!	Drama is never boring!

6 Completa las frases con *nada, nunca o nadie.*

1 No me gusta _____ la música.
2 A mi amigo no le gusta _____ el inglés.
3 La profesora de ciencias no le gusta a _____.
4 _____ voy a clases de educación física.
5 No aprendo _____ en las clases de historia.
6 A _____ le gustan los exámenes de fin de año.

7 Escribe unas frases sobre tus asignaturas. Incluye:

● qué estudias
● qué te gusta y qué no te gusta
● qué le gusta más a la clase y qué no le gusta mucho a nadie

Estudio/En mi colegio no estudiamos …
Me gusta mucho …
No me gusta nada …
A mi amigo/a (no) le gusta …
A nadie le gusta …

8 Busca los nombres de los clubs. Después, escucha y escribe los números en orden.

45

las animadoras
el básquetbol
el teatro
la informática
el arte
el cine
la música
el periodismo

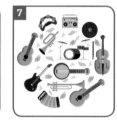

9 ¿Qué club le recomiendas a cada estudiante?

1 Me gusta escribir y siempre estoy informado de lo que pasa en el cole.

2 Toco el piano y me gustaría participar en conciertos de vez en cuando.

3 Quiero ser diseñador de sitios web.

4 Me encantan las películas. Quiero encontrar a otras personas que comparten mi pasión.

5 Me encanta dibujar y pintar pero en clase no hay tiempo suficiente.

Gramática

Use *me gustaría* + **infinitive** to say what you'd like to do.

Me gustaría jugar al básquetbol.	I'd like to play basketball.
Me gustaría ser animadora.	I'd like to be a cheerleader.
¿Te gustaría unirte al club de ciencias?	Would you like to join the science club?
A Belén le gustaría ir al club de teatro.	Belén would like to go to the drama club.

10 Trabaja en grupos. Habla con tus compañeros.

me gusta leer
quiero ser director(a) de cine
quiero conocer a amigos con los mismos intereses que yo
quiero hacer ejercicio y mantenerme en forma

¿A qué club te gustaría ir, Felipe?

Me gustaría ir al club de ciencias porque me encanta pasar tiempo en el laboratorio.

A Felipe le gustaría ir al club de ciencias porque le encanta pasar tiempo en el laboratorio.

11 Lee el folleto y contesta las preguntas.

Los clubs de deporte

¿Eres deportista?

¿Te gustaría representar a tu colegio?

Hay pruebas para todos los clubs de deporte este viernes después del cole – para chicos y chicas. ¡Anímate!

Entrenamiento

atletismo	lunes, miércoles, en el campo de atletismo
básquetbol	viernes, en las canchas
béisbol	martes, jueves en el campo de béisbol
gimnasia	sábado por la mañana, en el gimnasio
tenis	martes, en las canchas de tenis
voleibol	miércoles, en el gimnasio
fútbol	lunes, martes, miércoles, jueves en el campo

1 ¿Qué clubs entrenan dos veces a la semana?
2 ¿Qué deporte tiene entrenamiento con mucha frecuencia?
3 ¿Qué clubs solo se reúnen una vez a la semana?
4 ¿Qué clubs se reúnen en un campo?
5 ¿Qué deportes se juegan en una cancha?
6 Si juegas fútbol, ¿qué otro deporte puedes hacer después del colegio?

¡Anímate! Come on!/ Have a go!

12 Escucha. Lee las frases y escribe V (verdadero) o F (falso).

46

1 Manolo wants to do both basketball and volleyball.
2 If Manolo does both sports, he'll have training nearly every day after school.
3 He's worried about the impact on his studies.
4 Clara wants to do tennis so she has enough time for her homework.
5 Manolo's height would give him an advantage in basketball.
6 Manolo picks basketball because he doesn't want to spend much time on homework.

13 Habla con tu compañero/a.

lunes– viernes	1 x semana	sábado por la mañana	2 x semana	martes, jueves

¿A qué club te gustaría ir después del colegio?

¿Cuántas veces entrenan a la semana?

¿Dónde se reúnen?

14 Diseña un folleto para los clubs de tu colegio.

3.2 Tiempo para mí mismo

- Describe my room
- Talk about my free time
- Use exclamations

1 Empareja las palabras con las imágenes.

1 una cama
2 un armario
3 una cómoda
4 una lámpara
5 una mesa
6 un espejo
7 aire acondicionado
8 un altavoz portátil
9 un póster
10 una estantería

2 Escucha. Copia y completa el cuadro. (1–5)

47

	¿Qué hay en la habitación?	¿Qué no hay?
1	una cama,	una mesa,
2		

3 Habla con tu compañero/a. Pregunta y contesta qué hay en la habitación.

¿Qué hay en la habitación?   En la habitación hay una mesa.

¿Qué hay encima de la mesa?   Hay …

un tapete	unos estantes
una computadora	un televisor
un cuadro	una ventana

4 Escribe lo que hay y no hay en tu habitación.

En mi habitación hay … pero no hay …

5 Empareja las preposiciones con las imágenes.

1 debajo de
2 entre
3 detrás de
4 al lado de

5 en
6 sobre
7 enfrente de
8 delante de

  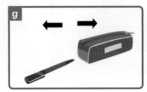 

6 Lee el texto y dibuja la habitación.

Mi habitación es bastante pequeña pero me gusta mucho. Las paredes son amarillas y hay una cama debajo de la ventana. A la derecha hay un armario y una cómoda blancos. Encima de la cómoda hay un altavoz portátil y una lámpara pequeña. Hay un espejo en la puerta del armario. A la izquierda hay unos estantes para mis libros y las fotos de mis amigos. En las paredes hay unos pósteres de mi actor favorito. ¡Qué guapo! No hay un televisor porque la habitación es demasiado pequeña.
Rosa

7 Pon las frases en el orden para describir la habitación.

1, ...

1 Mi habitación es muy
2 todos los días. Hay un
3 grande y dos cómodas
4 grande porque tengo que compartirla
5 música. No hay aire acondicionado
6 pequeñas. Hay dos mesas y dos
7 azules y hay dos camas, una a la
8 izquierda y otra a la derecha. Hay un armario
9 sillas donde hacemos las tareas
10 televisor y unos altavoces. Nos encanta escuchar
11 con mi hermano. Las paredes son
12 y siempre hace mucho calor.

8 Traduce el texto de la Actividad 7.

9 Describe tu habitación.

10 Escucha y escribe las letras. (1–10)

48

11 Busca los verbos en la serpiente de palabras.

tocar, ...

12 Escucha otra vez. Escribe las actividades que hacen en sus habitaciones.

48

> **Gramática**
>
> When two verbs are used together, the second one is usually in the infinitive form.
>
> *Tengo que hacer las tareas.*   I have to do my homework.
> *Le gusta escuchar música.*   She likes to listen to music.
>
> The infinitive is also used after prepositions like *para*.
> *No tengo tiempo para jugar videojuegos.*   I don't have time to play video games.

13 Escribe las verbos que faltan. Usa unos verbos de la Actividad 11 en la forma correcta.

1 Me gusta _____ un rato antes de dormirme.
2 Quiero unirme al club de música pero no sé _____ un instrumento.
3 A mis amigos les gusta _____ videojuegos.
4 Mi amiga viene a mi casa porque no tenemos tiempo para _____ en el cole.
5 Prefiero _____ música que ver la televisión.
6 Pablo siempre quiere _____ por Internet. Es su pasatiempo favorito.

14 Escucha. Indica cómo se sienten Roberto y Alba: positivo 😊 **o negativo** 😠 **.**

Roberto 1 😠

1 (not) sharing a bedroom

2 playing videogames

3 reading

4 listening to music

5 having a computer

 15 Escucha otra vez. ¿Qué exclamaciones usan Roberto y Alba? Escribe los números.

1 ¡Qué delicioso!
2 ¡Qué sorprendente!
3 ¡Qué rápido!
4 ¡Qué molesto!
5 ¡Qué cheveré!
6 ¡Qué aburrido!
7 ¡Qué emocionante!
8 ¡Qué divertido!
9 ¡Qué bien!
10 ¡Qué interesante!

> **Gramática**
>
> You can use *Qué* + adjective to express your feelings. Remember: the punctuation comes before and after the phrase.
> **¡Qué** bien!   That's great!
> **¡Qué** susto!   What a fright!

> Use these exclamations to make your Spanish sound confident and fluent.

16 Trabaja en grupo. Haz un sondeo sobre el tiempo libre.

Nombre	Actividad	Opinión del grupo
Miranda	*escuchar música*	*¡Qué chévere!*

¿Qué te gusta hacer en casa en tu tiempo libre?

Cuando estoy en casa, me gusta estar sola y escuchar música.

¡Qué chévere!

17 Escribe un párrafo sobre lo que te gusta hacer en casa en tu tiempo libre.

> **¡Nota!**
> Include some exclamations when giving your opinion.

dibujar	leer
escuchar música	navegar por Internet
hablar por teléfono	tocar el violín
hacer ejercicio	tocar la guitarra
hacer las tareas	tomar una siesta
hornear tortas y	ver mis series
galletas	favoritas
jugar videojuegos	no hacer nada

Cuando tengo tiempo libre, ...

- Describe personal characteristics
- Describe how I get on with people
- Use connectives

1 Lee las características de los signos del zodiaco. Contesta las preguntas.

♈ ARIES	**Aries (21 marzo – 19 abril)** Eres *seguro de ti mismo*, pero a veces puedes ser *agresivo* y *egoísta*.	♉ TAURUS	**Tauro (20 abril – 20 mayo)** Eres *amable* y *responsable*. Sobre todo, eres *trabajador* y *sensato*.	♊ GEMINI	**Géminis (21 mayo – 20 junio)** Eres una persona *inteligente*. De vez en cuando eres *gracioso* y a veces eres demasiado *hablador*.
♋ CANCER	**Cáncer (21 junio – 22 julio)** Siempre eres *leal*, sin embargo, a veces eres *celoso*. Además eres muy *cariñoso*.	♌ LEO	**Leo (23 julio – 22 agosto)** Eres *sociable*, *simpático* y *optimista*. Nunca eres *maleducado*.	♍ VIRGO	**Virgo (23 agosto – 22 septiembre)** Naturalmente, eres *comprensivo*. A veces puedes ser *tímido* pero nunca eres *antipático*.
♎ LIBRA	**Libra (23 septiembre – 22 octubre)** Siempre eres *agradable* y eres muy *popular*. De vez en cuando eres bastante *tonto*.	♏ SCORPIO	**Escorpio (23 octubre – 21 noviembre)** Eres una persona *activa* y *extrovertida*. A veces puedes ser *tonto*.	♐ SAGITTARIUS	**Sagitario (22 noviembre – 21 diciembre)** ¡Qué *generoso* eres! Nunca eres *desagradable*. También eres muy *deportista*.
♑ CAPRICORN	**Capricornio (22 diciembre – 19 enero)** Eres una persona muy *práctica*, sin embargo eres *tímido* y demasiado *pesimista*. Acuario (20 enero – 18 febrero)	♒ AQUARIUS	**Acuario (20 enero – 18 febrero)** Eres una persona *alegre*. Te gusta ser *creativo*, pero a veces eres muy *serio*.	♓ PISCES	**Piscis (19 febrero – 20 marzo)** Tienes *un buen sentido del humor* pero de vez en cuando eres *sensible*. Eres *perezoso a menudo*.

Which star sign is …

1 practical?
2 self-confident?
3 funny?
4 sensitive?
5 loyal?
6 serious?
7 outgoing?
8 generous?
9 sensible?
10 nice?
11 understanding?
12 never rude?

¡Nota!

Be careful of false friends! Some adjectives may look like cognates but don't mean what you think.

comprensivo	understanding
gracioso	funny
sensible	sensitive

2 Escucha y completa las frases con características apropiadas.

1 Según Jaime, en vez de ser seguro de sí mismo, es muy _____.
2 Cuando se enfada, a veces es _____.
3 Jaime dice que nunca es _____.
4 Jaime piensa que lo que dice el horóscopo es _____.
5 Jaime dice que Alicia es muy _____ y _____.
6 Alicia cree que es _____ de vez en cuando.

3 Habla con tu compañero/a. Lee las características de tus signos del zodiaco. ¿Son correctas?

¡Nota!

Exclamations to use in response:

¡Qué tonto!	How silly!
¡Qué raro!	That's weird!
¡Qué va!	No way!
¡Ay, Dios mío!	Oh my God!

¿Cómo eres?

Mi horóscopo dice que soy alegre, creativo y serio.

Creo que eres alegre y creativo pero serio ¡qué va!

4 Empareja los antónimos.

1	optimista	a	serio
2	simpático	b	pesimista
3	alegre	c	perezoso
4	extrovertido	d	inteligente
5	activo	e	tímido
6	tonto	f	antipático

> Learning adjectives in pairs of opposites will help you remember them.

5 Elige los adjetivos.

1 Mi madre es muy **cariñoso / cariñosa**. Tiene muchos amigos porque es una persona **sociable / sociables**.
2 Mi padre es demasiado **serio / seria**. De vez en cuando puede ser **estricto / estricta** pero es muy buena persona.
3 Mi hermano menor me molesta mucho. A veces es muy **maleducado / maleducada** y **tonto / tonta**. Sin embargo es una persona **leal / leales**.
4 Mi abuelita es bastante **extrovertido / extrovertida**. Siempre cuenta historias de cuando era niña. Es muy **gracioso / graciosa**.
5 Mi abuelito es muy **práctico / práctica**. Trabajaba como carpintero. Sin embargo también es **pesimista / pesimistas**.

6 Escucha y describe a Leila y David.

51

Leila: thinks she has a good sense of humour, …

7 Escribe los adjetivos con las terminaciones correctas. Escucha otra vez y comprueba.

51

Leila

Mis amigos dicen que tengo un buen sentido del humor. Creo que soy bastante (1) **inteligent___**. También soy (2) **trabajad___**. (3) Nunca soy **tímid___** pero a veces soy (4) **celos___**.

David

Creo que soy (5) **segur___** de mí mismo, pero mis amigos dicen que soy (6) **egoíst___**. De vez en cuando soy (7) **seri___**. Nunca soy (8) **maleducad___**.

8 Describe tu carácter.

Creo que soy …
pero mis amigos dicen que soy …
De vez en cuando soy …
Nunca soy …

9 Habla con tu compañero/a. Elige personas famosas y descríbelas. ¿Estás de acuerdo con su descripción?

Creo que … es bastante seria y antipática.

No estoy de acuerdo. En mi opinión es agradable y comprensiva.

10 Pon las características de un buen amigo en el orden de importancia para ti.

Un buen amigo ...

1 es cariñoso y comprensivo cuando tengo un problema

2 es popular y sociable

3 es leal y me da confianza

4 sabe guardar un secreto

5 es gracioso y siempre me hace reír

6 Nunca es egoísta

7 es seguro de sí mismo y nunca es celoso

8 me pone alegre cuando estoy triste

11 Escucha y completa las descripciones.

52

¿Qué es un buen amigo?

Andrés
Nunca es _____.Tiene que ser _____ y hacerme reír.
Sin embargo, no me gustan nada las personas _____.

Ana
Pues, para mí una buena amiga es _____ y _____ cuando tengo un problema. También es una persona que sabe guardar un secreto.

Alfredo
Un buen amigo para mí es _____ y nunca es _____.
Es una persona _____ que me da confianza en mí mismo.

Ariana
Para mí un buen amigo es _____ y _____. También es una persona que me pone _____ cuando estoy _____.

12 Escribe tu opinión, usando las frases de la Actividad 11.

Un buen amigo es ...

Try to use a range of conjunctions to join sentences together to make your writing and speaking more interesting. How many of these do you use?
naturalmente, no obstante, o, pero, por eso, por supuesto, porque, sin embargo, sobre todo, tal vez, también, y

13 Lee el texto y corrige los diez errores.

¡Hola! Me llamo Julia y yo soy una aries típico. Soy bastante egoísta y a veces puedo ser agresivo. Sin embargo, mi mejor amiga no soy así. Sobre todo es muy generosa o siempre me escucha cuando tengo un problema. Evidentemente, ¡le cuento todos mis secretos! Es graciosa, extrovertida y popular, pero nunca es un poco celosa. Yo tengo novio y a ella no le gusta cuando salgo con él. No obstante, somos muy buenos amigas. ¡Amigas para nunca, por supuesto! 👻 🧑🏿

Mi novio es Virgo y es comprensivos y cariñoso. Es tímido en un grupo. No obstante cuando estamos solos es más extrovertido. Son muy leal y me da confianza en mí mismo. 💜

14 ¿Cómo se dice en español? Busca en las frases.

Me llevo muy bien con mi mejor amigo porque nos interesan las mismas cosas.

Ben me molesta porque no es sensato ni responsable.

Barbara me molesta porque nunca me escucha. Es muy egoísta.

Juan y yo nos llevamos bien porque los dos somos extrovertidos.

Mi novia no se lleva bien con mi mejor amigo. En su opinión es demasiado agresivo.

Confío en Faye porque es leal.

1 I get on very well with
2 we get on well
3 he/she is far too
4 we're both
5 he isn't sensible
6 he/she doesn't get on well with
7 in his/her opinion
8 I trust …
9 we're interested in the same things
10 … annoys me

15 Trabaja en grupo. Escribe frases aliteradas. ¿Cuántas pueden escribir?

No me llevo bien con Ana porque es agresiva.

Ricardo me molesta porque no es responsable.

16 Escucha y contesta las preguntas.

53

1 ¿Qué dice Carolina de su grupo de amigos?
2 Describe a Carolina.
3 Describe a Gaia.
4 Describe a Belén.
5 ¿Las chicas siempre se llevan bien?
6 ¿Por qué razón se pelean?
7 ¿En quién confía más Carolina?
8 ¿Por qué no confía mucho en Gaia?

> Remember to read the questions before listening to help you predict the kind of language your will hear

17 Habla con tu compañero/a sobre tus amigos.

¿Con quién te llevas o no te llevas bien? ¿Por qué?

¿En quién confías más/ menos? ¿Por qué?

¿Quién te molesta? ¿Por qué?

3.4 Cuando era más joven

- Say what I used to be like
- Compare my life now
- Use the imperfect tense

1 Empareja las fotos y los bocadillos. Después, escucha y comprueba. (1–6)

54

1 Elisa

2 Javi

3 Mariana

4 Benito

5 Sandra

6 Samuel

a Tenía el pelo castaño, corto y rizado.

b Tenía el pelo muy largo con un flequillo.

c Era pelirroja y tenía el pelo muy largo.

d Tenía el pelo bastante largo y muy rizado.

e Tenía el pelo castaño y bastante largo.

f Tenía el pelo rubio y rizado.

2 Escribe las palabras que faltan.

1 **2** **3**

Gramática

The imperfect tense is used for descriptions in the past.

Tenía el pelo largo y liso.
I had long, straight hair.

negro   largo   rizado
rubio   castaño
liso   corto

1 Cuando era niña, tenía el pelo _____ y _____.
2 Cuando era niña, tenía el pelo _____, _____ y _____.
3 Cuando era niño, tenía el pelo _____ y _____.

3 Habla con tu compañero/a. Describe e identifica a las personas de la Actividad 1.

Tenía el pelo largo y castaño.　　¿Es Mariana?　　Sí.

4 Lee el texto. Lee las frases y escribe V (verdadero) o F (falso).

Cuando tenía ocho años, vivía en las afueras de Lima con mis padres. Tenía el pelo negro, largo y liso. Todos los días escuchaba música pop y cantaba en mi habitación. Era muy extrovertida. Me gustaban mucho los rompecabezas – mi favorito tenía una imagen de una princesa en su castillo. No me gustaba nada la carne, sin embargo comía mucha fruta y verduras – básicamente, ¡era vegetariana!

1 When Gloria was eight she lived in the centre of Lima.
2 She had long, straight, black hair.
3 She didn't like music.
4 She sang in her room every day.
5 She was very shy.
6 She loved doing puzzles.
7 Her favourite puzzle had a picture of a prince on it.
8 She used to like eating meat but is now vegetarian.

Gramática

The imperfect tense is used to describe things you used to do in the past – things that continued for a long time or were a habit.
(Compare the preterite tense, which describes completed actions.)

hablar	comer	vivir	
hablaba	comía	vivía	I
hablabas	comías	vivías	you (informal sing)
hablaba	comía	vivía	he/she/you (formal sing)
hablábamos	comíamos	vivíamos	we
hablaban	comían	vivían	you (pl)/they

No comía pescado.   I didn't use to/didn't eat fish.
Siempre estaba feliz.   I was always happy.
ser is irregular in the imperfect: *era, eras, era, éramos, eran.*

5 Elige los verbos y escribe el texto. Escucha y comprueba.

55

Cuando **soy / era** niña, **tengo / tenía** el pelo largo y ondulado. **Soy / Era** bastante baja y **llevo / llevaba** gafas. **Me gustan / gustaban** las princesas y **escucho / escuchaba** música clásica. **Vivimos / Vivíamos** en México así que **como / comía** muchos tamales. Ahora, **tengo / tenía** el pelo corto y rizado. Todavía **soy / era** bastante baja pero ya no **llevo / llevaba** gafas – prefiero los lentes de contacto. Me **gusta / gustaba** la moda y **escucho / escuchaba** más hip-hop que música clásica. Todavía **como / comía** tamales porque me **encantan / encantaban**.

6 ¿Cómo eras de niño/a? Escribe un párrafo. Usa el texto de la Actividad 5 como modelo.

Tenía el pelo …

7 Haz una presentación a tu clase. ¿Cómo eras de niño/a y cómo eres ahora?

Cuando era niño/a …		Ahora …	
era	llevaba	soy	llevo
tenía	me gustaba	tengo	me gusta
vivía	me gustaban	vivo	me gustan

3.4 Cuando era más joven

8 Escucha y escribe las letras. (1–8)

56

9 Empareja las frases.

1	Veía	a	los peluches.
2	Practicaba	b	muñecas.
3	Mi padre me leía	c	una camiseta de rayas.
4	Jugaba	d	ballet.
5	Me encantaban	e	cuentos de hadas como Blancanieves.
6	Pintaba	f	con carritos.
7	Llevaba	g	pinturas para mis padres.
8	Tenía muchas	h	los dibujos animados en la tele.

10 Escribe las palabras que faltan.

practicaba	pintaba	jugaba	encantaba	veía	gustaban	tenía	leía

1 _____ en el patio.
2 _____ animales.
3 _____ los dibujos animados.
4 Me _____ los dinosaurios.
5 Mi madre me _____ cuentos de hadas.
6 Me _____ mi oso panda de peluche.
7 _____ ballet.
8 _____ el pelo corto y rizado.

11 Traduce las frases de la Actividad 10.

12 Trabaja en grupo. Haz un sondeo de las actividades que hacían cuando eran niños.

Nombre	hacer deporte	pintar	leer	jugar con	ver
Elsa		✓		✓	✓

¿Qué hacías cuando eras niño/a?

Cuando era niña, pintaba, jugaba con mis muñecas y veía los dibujos animados.

13 Lee el texto de Simón. Busca y escribe los cognados.

Cuando era niño, tenía el pelo castaño y corto. Llevaba gafas y tenía una mochila que ¡era más grande que yo! De carácter era bastante tímido y sensible, pero muy activo. Me encantaba el deporte. Practicaba atletismo porque era muy rápido, sin embargo, odiaba el fútbol – no podía marcar goles y no sabía ser miembro de un equipo. Mi mejor amiga se llamaba Lidia, éramos muy amigos. Cada día después de la escuela, jugábamos juntos en el parque. Mi juguete favorito era mi figura de acción pero también me gustaba mi oso de peluche.

Ahora todavía tengo el pelo castaño, pero es bastante largo. Ya no tengo que llevar gafas –

prefiero los lentes de contacto. De vez en cuando puedo ser tímido pero ahora soy más seguro de mí mismo y tengo mucha más confianza. Todavía me encanta el deporte pero dejé de practicar atletismo cuando tenía once años. ¡Ahora soy un poco más lento pero soy más fuerte! Hoy en día juego al fútbol para el colegio y marco muchos goles – además ¡soy el capitán del equipo! Lidia y yo fuimos a colegios diferentes así que ya no es mi mejor amiga, no obstante chateamos por Internet de vez en cuando. Tengo un grupo de amigos del cole y nos gusta ir al cine o al polideportivo los fines de semana.

Simón

14 Lee otra vez. Contesta las preguntas.

1 What did Simón look like when he was younger?
  Q Which verb for physical appearance? Which tense?
2 What was he like?
  Q Which verb for character? Which tense?
3 Why did he use to do athletics?
  Q Which verbs for sport? Which tense?
4 What did he think about football?
  Q Which verbs for opinions? Which tense?
5 What did he do with Lidia after school?
  Q Look for the time phrase. Which verb ending for 'we'?
6 What was his favourite toy?
  Q Which verb? Which tense?
7 What does Simón look like now?
  Q Which verb for physical appearance? Which tense?
8 What is he like?
  Q Which verb for character? Which tense?
9 Does he still do athletics? Why?
  Q Which verbs for sport? Which tense?
10 Is he still good friends with Lidia? Why?
  Q Look for 'we' form verbs again. Which tense?

This page is designed to help you practise strategies to improve your reading skills. Use the clues to help you.

15 Escribe sobre tu vida. Usa el texto de la Actividad 13 para ayudarte.

Cuando era niño/a	Ahora
Tenía …	Tengo …
Vivía …	Vivo …
De personalidad, era …	De personalidad, soy …
Mi mejor amigo/a se llamaba …	Me mejor amigo/a se llama …
Me encantaba/encantaban …	Me encanta/encantan …
Jugaba …	Juego …

16 Entrevista a tu compañero/a. Nota cómo era en el pasado y cómo es ahora. Habla a tu grupo sobre tu compañero/a.

3.5 Hace tiempo

- Say how people lived in the past
- Say what people did in the past
- Use different past tenses

1 Escucha y escribe las letras en el orden correcto.

57

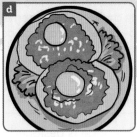

2 Empareja las frases con las imágenes de la Actividad 1.

1 Preparaba el desayuno.
2 Compartía un habitación con mis padres y mi hermana.
3 Jugaba con mi amiga.
4 Me bañaba en el río.
5 Me levantaba muy temprano.
6 Lavaba la ropa.
7 Vivía en el campo con mi familia.
8 Mi primo iba al colegio.
9 Tenía que compartir una cama con mi hermana.
10 Me acostaba bastante temprano.

Gramática

The imperfect is used to talk about habits and regular events in the past. Reflexive verbs have the usual imperfect tense endings.

levantarse
me levantaba   I
te levantabas   you (informal sing)
se levantaba   he/she/you (formal sing)
nos levantábamos   we
se levantaban   you (pl)/they

Me levantaba muy temprano. I used to get up very early.

3 Imagina que eres una persona mayor. Escribe respuestas a las preguntas.

1 ¿Dónde y con quién vivías?
2 ¿A qué hora te levantabas?
3 ¿Quién preparaba la comida?
4 ¿Dónde te bañabas?
5 ¿Quién lavaba la ropa?
6 ¿Ibas al colegio?
7 ¿Tenías que compartir tu habitación?
8 ¿A qué hora te acostabas?

4 Contesta las preguntas.

Mi abuelo

Cuando mi abuelo era niño, vivía en Buenos Aires con su familia. Era una familia bastante rica así que vivían en un apartamento de lujo en el centro de la ciudad. Mi bisabuelo trabajaba en un banco y mi bisabuela era ama de casa. Mi abuelo era hijo único y tenía su propia habitación. El apartamento de sus abuelos estaba en el mismo edificio pero no vivían juntos.

Cada mañana se despertaba a las seis y media, se levantaba a las siete menos cuarto, desayunaba en el comedor con sus padres y luego se bañaba y se vestía. Iba al colegio a pie a las ocho y media. Después del colegio hacía deporte casi todos los días. Jugaba al rugby y al tenis y practicaba natación. ¡Era muy deportista! Llegaba a casa sobre las seis y luego cenaba con su madre. Su padre trabajaba hasta tarde todos los días, entonces él cenaba solo hasta que se jubiló. Por la tarde mi abuelo leía libros de aventura, tocaba el piano o hacía sus tareas. Se acostaba a las diez.

Lilia Gutiérrez

1 ¿Cómo era la familia del abuelo de Lilia?
2 ¿Qué hacían sus padres?
3 ¿Cuántos hermanos tenía?
4 ¿A qué hora se despertaba los días de colegio?
5 ¿Cómo iba al colegio?
6 ¿Qué deportes hacía?
7 ¿Cenaba con sus padres?
8 ¿A qué hora se acostaba?

5 Habla con tu compañero/a sobre los abuelos.

1
grandfather	mother housewife
Medellín, Colombia	get up 6:00
parents + 2 sons	help father
house in country	eat dinner at home
father farmer	go to bed 9:00

2
grandmother	mother waitress
San Francisco, Estados Unidos	get up at 7:30
	do ballet
parents + 1 daughter	eat dinner in restaurant
apartment in city	go to bed 10:30
father chef	

 ¿Dónde nació tu abuelo?   Nació en Medellín.

Mi abuelo/abuela vivía en …
Iba/No iba al colegio.
Se despertaba/levantaba/
  acostaba …
Desayunaba/almorzaba/
  cenaba …
Se bañaba …
Era/Trabajaba en …
Le gustaba …

6 Escribe una descripción de la vida diaria de tu abuelo o abuela cuando era niño/a.

7 Lee y resume el texto.

¿Lo sabías?
Luis Fonsi nació el 15 de abril de 1978 en San Juan, Puerto Rico.
Empezó el colegio en Orlando, Florida en 1989.
Se graduó de la escuela de música de la Universidad Estatal de Florida en 1998.
Se casó con Adamari López en 2006 pero se divorciaron en 2010.
Se casó de nuevo con su segunda esposa, Águeda López en 2014.
Tuvieron una hija en 2011 y un hijo en 2016.
En 2017 lanzó su canción más famosa *Despacito* con Daddy Yankee.

Luis Fonsi: born 17/4/78, ...

Gramática

To talk about the past:

- use the **preterite tense** to describe completed actions

Nació en 1978.	He was born in 1978.
Fue a Europa en 1996.	She went to Europe in 1996.
Se jubiló en 2010.	She retired in 2010.

- use the **imperfect** to describe repeated or habitual actions in the past and to talk about previous characteristics or opinions

Vivía con mi madre.	I used to live/lived with my mother.
Iba a Europa cada verano.	She used to go/went to Europe every summer.
Mis abuelitos eran graciosos.	My grandparents were funny.

58

8 Escucha las frases. Decide para cada una si es en el pretérito (P) o el imperfecto (I). (1–9)

58

9 Escucha otra vez y escribe los detalles sobre la vida de Gloria Estefan.

10 Elige las formas correctas.

1 La reina de la salsa, Celia Cruz **nació / nacía** el 21 de octubre de 1925 en La Habana, Cuba.
2 De niña, siempre **escuchó / escuchaba** música.
3 **Cantó / Cantaba** en la radio casi todos los días.
4 **Grabó / Grababa** su primera canción en 1947.
5 Se **hizo / hacía** ciudadana estadounidense en 1961.
6 Se **casó / casaba** con Pedro Knight en 1962.

11 Completa las frases con las formas correctas del verbos.

1 Pedro (nacer) _____ el 5 de noviembre de 1982.

2 A los cinco años, (vivir) _____ con su familia en un apartamento grande.

3 Su padre (ser) _____ peluquero.

4 Su mejor amigo (llamarse) _____ Valentín.

5 (Trabajar) _____ en una agencia de viajes.

6 (Casarse) _____ con Elena en 2002.

7 (Tener) _____ hijos gemelos en 2004.

8 Cuando eran pequeños, sus hijos (ser) _____ rubios.

12 Traduce las frases.

1 Camila Cabello was born on 3rd March 1997 in Cojimar, Cuba.

2 She used to listen to Latin music by artists like Celia Cruz.

3 She was a member of the group Fifth Harmony.

4 In 2015 she worked with Shawn Mendes and in 2017 with Major Lazer.

5 Her song *Havana* was very popular.

13 Investiga y escribe un reportaje sobre tu estrella de pop preferida. Incluye:

● su fecha de nacimiento

● dónde vivía cuando era niño/a

● dónde estudiaba

● la música que escuchaba

● cuando tuvo su primer hit

14 Trabaja en grupo. Haz una presentación sobre las estrellas pop preferidas de tu grupo.

A mí y a Elsa nos encanta …

A Sergio le gusta …

NUEVAS
RAÍCES

Welcome to
FLORIDA
HE SUNSHINE STATE

Soy de Florida, pero mis padres vienen de la región de San Pedro de Macorís en la República Dominicana. Vinieron a vivir a Estados Unidos hace quince años. Mis padres creen que Estados Unidos les ofreció muchas oportunidades, sin embargo los comienzos fueron difíciles. No entendían el idioma, ni conocían a mucha gente, por lo que se sentían solos. Además, las costumbres eran diferentes, y **echaban** mucho **de menos** el clima y la vida tan sociable de su país natal. Antes de venir a Florida, la familia de mi padre tenía una **parcelita** donde cultivaban mangos y **aguacates** pero no daba suficiente dinero y por eso mi padre decidió emigrar. Al principio los dos tuvieron dificultad para encontrar trabajo, pero **a medida que** aprendieron inglés tenían más oportunidades. Hoy día mi padre es **dueño** de un garaje y mi madre trabaja **llevando las cuentas** de una tienda. Los dos echan de menos aún el ritmo de vida tranquilo de la República Dominicana, a los familiares y los amigos, pero pueden disfrutar de todo cuando van de vacaciones. Están felices en Florida y **orgullosos de** las oportunidades que les dieron a sus hijos.
Jeannette

1 Contesta las preguntas.

1 ¿De dónde es la familia de Jeannette?
2 ¿Qué piensan sus padres de Estados Unidos?
3 ¿Por qué fueron difíciles los comienzos en Estados Unidos?
4 ¿Por qué razón decidió emigrar el padre de Jeannette?
5 ¿De qué disfrutan los padres de Jeannette cuando van a la República Dominicana de vacaciones?
6 Para los padres de Jeannette, ¿cuál es el aspecto más positivo de vivir en Estados Unidos?

echar de menos	to miss
la parcelita	small plot of land
el aguacate	avocado
a medida que	as
el/la dueño/a	owner
llevar las cuentas	to do the accounts
orgulloso/a de	proud of

¡SOMOS FELICES!

Un sondeo realizado en 2016 que analiza el **bienestar** emocional de las personas identificó a Paraguay como el país más positivo del mundo y no por primera vez. Situarse más de una vez en los 10 primeros puestos de una lista de más de 142 países es todo un **éxito**. En el sondeo se utilizaron preguntas concretas como '¿Fue **tratado** con respeto durante el día de ayer?' o '¿Sonrió o se rio mucho ayer?', mientras que para reconocer experiencias negativas, se preguntó sobre el dolor físico, el estrés y las sensaciones de tristeza o enojo. Algo aún más interesante es que entre los 10 países más positivos de la lista, varios eran países latinoamericanos de la zona del Caribe. ¡Debe haber algo mágico en las aguas caribeñas! **Entre** los factores que contribuyen a la sensación de bienestar, se identificaron la satisfacción laboral, la seguridad económica y la educación. Sin embargo, un elemento **determinante** era la capacidad de las personas de **enfocarse en** los aspectos positivos. ¡Seguro que el clima favorable también ayuda!

2 **Lee las frases y escribe V (verdadero) o F (falso).**

1 El sondeo de 2016 fue el primero que se realizó para analizar el bienestar emocional del mundo.

2 Ese año, Paraguay ocupó el primer puesto de la lista por primera vez.

3 Las preguntas se referían a experiencias positivas y negativas que las personas sentían en esos días.

4 El sondeo concluyó que el bienestar era debido al mar Caribe.

5 Los paraguayos resultaron estar satisfechos con los niveles de trabajo y educación en su país.

6 Según el sondeo, el clima es lo que determina la actitud positiva de los paraguayos.

el bienestar	wellbeing
el éxito	success
tratado/a	treated
entre	among
determinante	key
enfocarse en	to focus on

Mi mundo, tu mundo

Talk to people who emigrated to your country. Find out what types of things they found difficult at first and what they feel they've gained by living there.

Research which countries feature at the bottom of happiness lists and what circumstances influence the results.

Otra vez

A reforzar

1 Completa las frases con las formas correctas de los adjetivos.

1 Mi madre no es nunca (activo) _____.
2 Mis hermanos son muy (serio) _____.
3 Mi abuela es (generoso) _____.
4 Mi padre y mi tío son (egoísta) _____.
5 Creo que soy bastante (responsable) _____.
6 Mis hermanastras son (maleducado) _____.

2 ¿Qué haces en …? Escribe una frase para cada lugar.

En mi habitación …

En la cocina …

En el salón …

En el jardín …

desayuno   meriendo   preparo la cena   tomo una siesta

escucho música   veo la televisión   navego por Internet   juego al fútbol

leo   descanso   dibujo   toco la guitarra   hago la tarea

3 Empareja las frases.

1 El arte
2 Me encantan
3 No me gusta nada
4 El español es
5 En mi opinión
6 Las ciencias

a la música.
b la religión es interesante.
c mi asignatura favorita.
d son muy útiles.
e es aburrido.
f las matemáticas.

4 Habla con tu compañero/a.

¿Cómo eras cuando eras niño/a?
Tenía el pelo …

¿Cómo eras de carácter?
Era …

el pelo …
  largo/corto
  rizado/liso
cariñoso/a
fuerte
débil
lento/a

rápido/a
seguro de mí
  mismo/a
serio/a
sociable
tímido/a
extrovertido/a

¿Cómo eres ahora?
Tengo … Soy …

A practicar

1 Escucha. Lee las frases y escribe V (verdadero) o F (falso).

59

1 Cuando Hilda tenía cinco años, tenía el pelo rizado y rubio.
2 Era tímida.
3 Le gustaba ver las películas de Disney.
4 Ahora todavía tiene el pelo rizado pero es castaño.
5 Cree que las canciones de las películas de Disney son infantiles.
6 Toca la guitarra en un grupo de rock.

2 Escribe las formas correctas.

Cuando mi padre (1) **es / era** niño, (2) **vivían / vivía** con sus padres en un apartamento en Barcelona, España. (3) **Era / Eras** un apartamento bastante grande con un balcón. (4) **Viven / Vivían** cerca de la playa. El apartamento (5) **tenían / tenía** tres habitaciones, un salón, una cocina, un comedor y un cuarto de baño. Ahora yo (6) **tenía / tengo** que compartir mi habitación con mi hermano, pero mi padre no (7) **tiene / tenía** que compartir porque es hijo único. ¡Qué suerte! Le (8) **gusta / gustaba** su apartamento. Me (9) **encantaba / encanta** escuchar las historias de mi papá sobre su infancia.

3 Pon los eventos de la vida en orden cronológico.

1 Se jubiló.
2 Se graduó.
3 Nació.
4 Se casó.
5 Empezó la escuela primaria.
6 Tuvo un hijo.
7 Se divorció.
8 Empezó a trabajar.
9 Fue a la universidad.
10 Se casó de nuevo.

4 Habla con tu compañero/a.

jugar con trenes
hacer ballet
ver los dibujos animados
dibujar

¿Qué te gustaba hacer cuando eras niño/a?

Cuando era niña, me gustaba jugar con trenes.

A ampliar

1 ¿Pretérito o imperfecto? Completa el texto con las formas correctas de los verbos.

Cuando tenía siete años, (1) (vivir) _____ en Inglaterra con mi familia. Mi padre (2) (nacer) _____ allí y su familia es de Londres. Cada día me (3) (levantar) _____ temprano y me (4) (preparar) _____ para ir a la escuela. En la escuela (5) (estudiar) _____ desde las ocho y media hasta las tres y media y luego (6) (regresar) _____ a casa a pie con mi madre. Mi madre y yo (7) (volver) _____ a Venezuela hace seis años cuando mis padres (8) (divorciarse) _____.

60

2 Escucha. Lee las frases y escribe V (verdadero) o F (falso).
1 Javi comparte su habitación.
2 Su habitación tiene vista a las montañas.
3 La ventana está entre las camas.
4 La cama de su hermano está a la izquierda.
5 Hay un armario pero no tienen una cómoda.
6 La mesa está al lado del espejo.
7 Los hermanos estudian en la habitación.
8 A los dos le encanta el fútbol.

3 Traduce las frases.
1 I go to science club once a week, on Mondays after school.
2 Next year, I'd like to join the basketball club because I'm sporty and sociable.
3 I never go to music club on a Friday because I have gymnastics.
4 My friend Paula goes to journalism club, but I prefer drama club because I want to be an actor.
5 I'm not very sporty but I like games, especially chess.
6 I never used to do activities but last year I went to swimming club and I loved it.

4 Túrnate en grupo. Describe una semana típica.
- tus actividades extraescolares
- qué haces en casa después del cole
- los clubs a los que te gustaría ir en el futuro

Talk about my school subjects

Say what subjects I study	*Estudio arte y geografía.*
Say when I have a subject	*Tengo inglés a las diez.*
Ask what someone studies	*¿Qué estudias?*
Say what subjects I like	*Me gustan las ciencias.*
Say what subjects I don't like	*No me gusta ni la historia ni la religión.*
Say what subjects nobody likes	*A nadie le gusta la educación física.*
Use adjectives to give an opinion	*El teatro nunca es aburrido.*

Talk about my extracurricular activities

Say I want to go to a club	*Quiero ir a un club.*
Say what I'd like to do	*Me gustaría jugar al básquetbol.*

Talk about frequency

Say how often I do something	*Voy al club de cine todos los viernes.*
Say how often something happens	*Hay entrenamiento una vez a la semana.*

Talk about my bedroom

Say what there is in my bedroom	*En mi habitación hay una cama.*
Say what there isn't	*No hay un espejo.*
Describe my bedroom	*Mi habitación es bastante pequeña.*
Say where something is	*La computadora está al lado de la lámpara.*
Say I have to share my bedroom	*Tengo que compartir mi habitación.*

Talk about my free time

Say what I enjoy doing at home	*En mi habitación, escucho música*
Say what I don't enjoy doing	*No me gusta estar solo.*
Describe how I feel about something	*Tengo muchas tareas. ¡Qué molesto!*

Talk about what I'm like

Say what I'm like	*Soy inteligente./Creo que soy tímida.*
Describe characteristics I don't have	*Nunca soy celoso.*
Ask someone what they are like	*¿Cómo eres (de carácter)?*
Tell someone what he/she is like	*Eres muy alegre.*
Say what someone else is like	*Es egoísta.*

Talk about what I used to be like

Say what I used to look like	*Cuando era niña, tenía el pelo largo.*
Say what I used to be like	*Era bastante hablador(a).*
Say what I used to do	*Jugaba al tenis.*
Say what time I used to get up	*Me levantaba a las seis y media.*

Talk about life events

Talk about a past event in my life	*Nací el seis de abril de 2002.*
Talk about other people's lives in the past	*Mis padres se casaron en el 2000.*

Las asignaturas

el arte
las ciencias
la educación física
el español
el francés
la geografía
la historia
la informática
el inglés
las matemáticas
la música
la religión
el teatro
la tecnología
Estudio idiomas.

School subjects

art
science
physical education
Spanish
French
geography
history
IT
English
maths
music
religious studies
drama
technology
I'm studying languages.

Las actividades extraescolares

Me gustaría ir / unirme al club de …
animadoras
básquetbol
periodismo

Extracurricular activities

I'd like to go to / join the … club
cheerleaders
basketball
journalism

Mi habitación

Hay …
aire acondicionado
un altavoz portátil
un armario
una cama
una cómoda
una computadora
un espejo
una estantería
unos estantes
una lámpara
una mesa
un póster
un tapete
un televisor
una ventana
Tengo que compartir mi habitación.

My bedroom

There's …
air conditioning
a portable speaker
a wardrobe
a bed
a chest of drawers
a computer
a mirror
a bookcase
some shelves
a lamp
a table
a poster
a rug
a television
a window
I have to share my bedroom.

Mi tiempo libre

Me gusta …
chatear
dibujar
escuchar música
hablar por teléfono
jugar videojuegos
leer
navegar por Internet
tocar la guitarra/el violín

My free time

I like …
to chat (online)
to draw
to listen to music
to talk on the telephone
to play video games
to read
to surf the internet
to play the guitar/violin

tomar una siesta
No me gusta no hacer nada.
(No) tengo tiempo para aburrirme.

to have a nap
I don't like doing nothing.
I (don't) have time to get bored.

¿Cómo eres?

Creo que soy …
activo/a
agradable
agresivo/a
alegre
amable
antipático/a
cariñoso/a
celoso/a
comprensivo/a
contento/a
creativo/a
débil
deportista
desagradable
egoísta
tonto/a
extrovertido/a
fuerte
generoso/a
gracioso/a
hablador(a)
inteligente
leal
lento/a
maleducado/a
optimista
perezoso/a
pesimista
popular
práctico/a
rápido/a
responsable
serio/a
sensato/a
seguro/a de mí mismo/a
sensible
serio/a
simpático/a
sociable
tímido/a
tonto/a
trabajador(a)
De vez en cuando soy perezosa.
Nunca soy maleducado.
Tengo buen sentido del humor.

What are you like?

I think I'm …
active
nice
aggressive
happy
kind
unfriendly
caring
jealous
understanding
happy
creative
weak
sporty
unpleasant
selfish
silly
outgoing
strong
generous
funny
chatty
intelligent
loyal
slow
rude
optimistic
lazy
pesimistic
popular
practical
quick
responsible
serious
sensible
self-confident
sensitive
serious
nice
sociable
shy
stupid
hardworking
Sometimes I'm lazy.

I'm never rude.
I have a good sense of humour.

Las exclamaciones

¡Ay!
¡Dios mío!
¡Qué aburrido!
¡Qué interesante!
¡Qué molesto!
¡Qué susto!

Exclamations

Oh dear!
Oh God!
How boring!
How interesting!
How annoying!
What a fright!

Las opiniones

Es mi mejor amigo/a.

Es mi novio/a.

Lo importante es …
Me molesta la gente egoísta.
(no) confío en …
No importa.
(No) me gusta estar solo/a.
(No) me llevo bien con mi primo.
Un buen(a) amigo/a debe ser leal.
Le cuento todos mis secretos.
Mi grupo favorito es …
evidentemente
no obstante
o
pero
porque
por eso
por supuesto
sin embargo
sobre todo
tal vez
también
y

Opinions

He's/she's my best friend.
He's my boyfriend./ She's my girlfriend.
The important thing is …
Selfish people annoy me.

I (don't) trust …
It doesn't matter.
I (don't) like being on my own.
I (don't) get on well with my cousin.
A good friend should be loyal.
I tell him/her all my secrets.
My favourite group is …
obviously
nevertheless
or
but
because
that's why/for that reason
of course
however
above all
maybe
also
and

Cuando era joven

Cuando tenía cinco años, …
tenía el pelo muy rizado
tenía el pelo bastante largo
llevaba gafas/lentes de contacto
escuchaba música pop

hacía ballet
jugaba con trenes
jugaba en el patio

me gustaban los dibujos animados

When I was young

When I was five, …

I had very curly hair
I had quite long hair

I used to wear glasses/ contact lenses
I used to listen to pop music
I used to do ballet
I used to play trains
I used to play in the playground
I used to like cartoons

me interesaban los dinosaurios
me encantaba mi oso panda de peluche
mi madre me leía cuentos de hadas
no comía pescado
(no) era bueno/a en deportes
pintaba animales
vivía en Venezuela

I used to be interested in dinosaurs
I used to love my cuddly panda
my mum used to read me fairy tales
I didn't use to eat fish
I wasn't good at sport

I used to paint animals
I used to live in Venezuela

La rutina diaria

acostarse
bañarse
cenar
despertarse
estar
hacer los quehaceres
ir
levantarse
preparar
salir
ser
trabajar
vivir

a menudo
a veces
de vez en cuando
dos veces a la semana
los viernes
todos los días
una vez a la semana

Daily routine

to go to bed
to have a shower/bath
to have dinner
to wake up
to be
to do the chores
to go
to get up
to prepare
to go out
to be
to work
to live

often
sometimes
from time to time
twice a week
on Fridays
every day
once a week

Los eventos de la vida

casarse
empezar la escuela/ el colegio
graduarse
jubilarse
nacer
tener un hijo

Life events

to get married
to start school/ secondary school
to graduate
to retire
to be born
to have a child

- Discuss features of a holiday
- Express preferences
- Use near future tense

4.1 ¿Adónde vas a ir?

 1 Escucha y escribe los cuatro países. ¿Dónde están en el mapa?

61

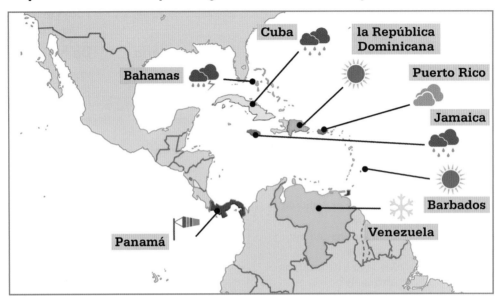

Cuba
la República Dominicana
Bahamas
Puerto Rico
Jamaica
Barbados
Panamá
Venezuela

 2 Escucha otra vez y escribe las frases correctas.

61
1 Arturo prefiere ir a **la playa / las montañas**.
2 Paco pasa las vacaciones **de verano / de Pascua** en Panamá.
3 A Paco y su familia les gusta Panamá porque **hace viento / hace sol**.
4 Cuando va de vacaciones, Ana prefiere **hacer surf / esquiar**.
5 A Mariela **no le gusta el sol / le gustan los deportes acuáticos**.
6 Mariela va de vacaciones **a Venezuela / la República Dominicana**.

 3 Escucha y empareja los lugares con los símbolos del tiempo.

62
1 Barbados   3 Venezuela   5 Panamá
2 Puerto Rico   4 Jamaica

   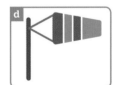 

4 Mira el mapa de la Actividad 1. Habla con tu compañero/a.

¿Qué tiempo hace en Panamá?

En Panamá, hace viento.

hace calor	hay un huracán
hace fresco	hay niebla
hace frío	hay tormenta
hace sol	llueve
hace viento	nieva

5 ¿Quién habla? Lee la conversación. Lee las frases y escribe los nombres.

Diego:	Roberto, ¿adónde vas a pasar tus vacaciones este agosto?
Roberto:	Quiero ir a Cuba porque hay muchas cosas para hacer al aire libre y prefiero las vacaciones al sol y activas. Puedo hacer turismo y tomar el sol en la playa.
Diego:	¡Qué bueno, Roberto! ¿Y tú, Margarita? ¿Dónde prefieres ir en el mes de agosto?
Margarita:	Prefiero visitar Argentina porque no hace sol durante agosto. Odio el calor. En agosto hace frío y adoro el invierno. Puedo esquiar en la nieve en las montañas. ¿Y tú, Diego?
Diego:	Pues, me gustan las vacaciones de tipo cultural. Quiero visitar Perú. Hay muchos monumentos y edificios históricos allá. También, quiero probar la comida típica.
Roberto:	¿Y tú, Carla? ¿Adónde quieres ir?
Carla:	A ver, yo quiero ir a Venezuela porque me gustan las vacaciones exóticas. Puedo sacar fotos del paisaje maravilloso.

1 Me gusta visitar los museos y sitios interesantes.
2 No me gustan las vacaciones al sol.
3 Prefiero nadar en el mar y hacer excursiones afuera.
4 También me gusta comer en restaurantes típicos.
5 Prefiero hacer deporte en la montaña.
6 No me gusta quedarme en casa. Me gusta la naturaleza.

6 Escribe las formas correctas del verbo *preferir*.

1 Ana y María _____ ir a la playa.
2 Mis amigos y yo _____ nadar.
3 La gente caribeña _____ estar al aire libre.
4 Yo _____ tomar el sol.
5 ¿Ustedes _____ la playa o las montañas?
6 ¿Y tú, Cristina? ¿ _____ visitar sitios históricos o hacer deportes acuáticos?

> **Gramática**
>
> *preferir* (to prefer) is a stem-changing verb. It is followed by the infinitive.
>
> | | |
> |---|---|
> | *prefiero* | I |
> | *prefieres* | you (informal sing) |
> | *prefiere* | he/she/you (formal sing) |
> | *preferimos* | we |
> | *prefieren* | you (pl)/they |
>
> *Prefiero visitar Punta Cana.* I prefer to visit Punta Cana.
> *¿Prefieres ir a Jamaica o Guyana?* Do you prefer to go to Jamaica or Guyana?

7 Escucha. Lee las frases y escribe V (verdadero) o F (falso).

1 After finishing his studies, Leon wants to visit his friends.
2 He wants to go to Cuba, Jamaica and Puerto Rico.
3 It rains a lot in Cuba in August.
4 He likes active holidays.
5 In Cuba he's going to play football on the beach.

8 **Lee la conversación y contesta las preguntas.**

Pablo: ¿Adónde vas para tus vacaciones este verano, Julia?

Julia: Voy a Santa Marta, Colombia.

Pablo: ¡Ah! ¡Qué bueno! ¿Y cuándo vas?

Julia: Voy el viernes.

Pablo: ¿Qué vas a hacer allí?

Julia: Al llegar, voy a jugar al béisbol con mis amigos y visitar muchos monumentos históricos. También quiero comprar recuerdos en un museo para mis compañeros de clase.

Pablo: ¿Qué tiempo hace en Colombia normalmente?

Julia: En este momento hace mucho sol.

Pablo: Bueno. ¿Hay muchas actividades en Santa Marta?

Julia: Sí, puedes hacer excursiones, nadar en el mar, sacar fotos del paisaje bonito y tomar el sol en la playa.

Pablo: ¡Qué chévere! Yo sé que vas a divertirte, Julia.

1 Where will Julia spend her summer holidays?

2 When is she going there?

3 What activities is she going to do?

4 Where is she going to buy souvenirs for her classmates?

5 What is the weather like there now?

6 Name two other activities you can do there.

las vacaciones ...
activas
exóticas
al sol
de tipo cultural
en las montañas
en la nieve

¡Nota!

Remember: question words have accents.
¿Adónde?
¿Con quién?
¿Dónde?
¿Qué?
¿Por qué?

9 **¿Qué prefieres hacer en las vacaciones? Elige y habla con tu compañero/a.**

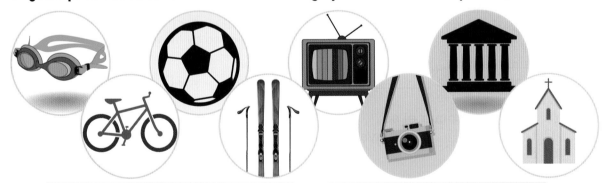

Me gusta nadar en el mar. ¿Y tú?

Prefiero montar en bicicleta.

Gramática

The near future tense is formed using *ir + a +* infinitive

voy	I	*Voy a nadar en el mar.*
vas	you (informal sing)	I'm going to swim in the sea.
va	he/she/you (formal sing)	*¿Vas a sacar fotos?*
vamos	we	Are you going to take photos?
van	you (pl)/they	

10 Lee y escribe el tiempo: presente, pasado o futuro.

1 Esta tarde voy a nadar en el mar.
2 Ayer hizo sol y fui a volar mi cometa.
3 Hoy no visito los sitios históricos porque hay tormenta.
4 La semana que viene mi madre va a esquiar en las montañas.
5 Los niños van a ir a jugar en el parque.
6 Fernando y su primo hacen turismo hoy porque hace sol.

11 Escucha. Escribe los detalles en inglés para cada uno. (1–4)

64

- location
- type of holiday
- activities

12 Completa las frases con los verbos apropiados en el futuro próximo.

| nadar | sacar | visitar | esquiar | comprar | volar |

1 Belén no _____ su cometa mañana.
2 El sábado, mi familia y yo _____ en la piscina.
3 Yo _____ fotos el fin de semana.
4 Mi amigos y yo _____ recuerdos de la Plaza.
5 ¿Tú _____ en las montañas en las vacaciones de Navidad?
6 No _____ sitios de interés porque no me siento bien.

13 Estás de vacaciones. Mira las imágenes y escribe las frases que faltan.

*1 voy a
sacar fotos*

17 de octubre

Hola Alberto,
¿Cómo estás? Estoy de vacaciones en Ecuador con mi
familia. El país es muy bonito con un paisaje maravilloso.
Hoy voy a visitar los monumentos históricos y ① _____.
Mañana, mi hermana y yo (2) _____ en el mar. El sábado por la
mañana, mi hermana (3) _____ pero yo (4) _____ con mi mamá.
Por la tarde, todos (5) _____ y después
(6) _____ en una calle cerca del hotel.
Hasta pronto.
un abrazo
María

14 ¿Y tus vacaciones? Habla con tu compañero/a.

¿Cuándo?   ¿Con quién?   ¿Qué vas a hacer?   ¿Dónde vas a hospedarte?   ¿Cuánto tiempo vas a estar?   ¿Prefieres ... o ...?

¿Adónde vas a ir de vacaciones?   Voy a ir a Colombia de vacaciones.

4.2 Hacer una reservación

- Discuss an itinerary
- Book a holiday at a travel agent
- Use *querer* + infinitive

1 Escucha y contesta las preguntas.

Jamaica

Chile

1 Where does Dad want to go?
  a Barbados   **b** Jamaica   **c** Chile
2 Why don't the children want to go there?
  a It's too hot.   **b** It rains a lot there.   **c** It's cold.
3 How will they travel to their destination?
  a by plane   **b** by car   **c** by boat
4 What type of holiday does Pedro like?
  a active   **b** cultural   **c** in the mountains
5 What does Mum want to do on holiday?
  a sunbathe   **b** take photos   **c** go shopping
6 What typical dish does Marta want to eat?
  a fried rice   **b** fried fish   **c** fried chicken

> **Los meses**
> enero   julio
> febrero   agosto
> marzo   septiembre
> abril   octubre
> mayo   noviembre
> junio   diciembre
>
> Note: months do not have a capital letter.
> *el cinco de mayo de 2021*

2 Empareja las palabras con las fotos.

1 el carro
2 el helicóptero
3 el bus
4 el taxi
5 la moto
6 el barco
7 el tren
8 el ferry
9 el avión

3 Escribe las formas correctas del verbo *querer*.

1 Yo _____ visitar Cuba para comprar recuerdos preciosos.
2 Roberto y yo _____ ir a Venezuela de vacaciones.
3 Mi hermana menor _____ cambiar diez dólares americanos.
4 Mis abuelos _____ viajar al puerto en taxi.
5 ¿Tú _____ visitar los monumentos históricos hoy?
6 Mi padre _____ comprar un boleto.

> **Gramática**
>
> *querer* (to want) is a stem-changing verb. It can be followed by a noun or a verb in the infinitive.
>
> quiero   I
> quieres   you (informal sing)
> quiere   he/she/you (formal sing)
> queremos   we
> quieren   you (pl)/they
>
> *Quieren hacer deportes acuáticos.*
> They want to do water sports.

4 Escucha y escribe las letras de los relojes en orden.

66

> Son las ...
> nueve de la mañana
> tres de la tarde
> diez de la noche
> doce horas

¿Sabes ...?
El autobús and *la guagua* are also used in some Spanish-speaking countries in the Caribbean for bus.

5 Lee el horario de los trenes. Contesta las preguntas.

Horario de trenes						
Salida	Llegada	Precio		Duración	Origen	Destino
		Adultos	Niños			
13:00	14:05	$12	$ 6	1 hr 5 min	San José	San Juan
16:30	17:15	$5	$3	45 min	Santiago	La Horqueta
19:00	21:00	$22	$15	2 hr	Asunción	Mérida
22:00	22:40	$10	$6	40 min	San José	San Juan

1 ¿A qué hora sale el tren más rápido a San Juan?
2 ¿A qué hora sale el tren de Asunción a Mérida?
3 ¿Cuánto cuesta el boleto desde Santiago a la Horqueta para un adulto.
4 ¿Cuándo llega el tren de Asunción a Mérida?
5 ¿Qué viaje es el más barato?
6 ¿Cuánto cuesta el tren de las 22:00 horas desde San José a San Juan para una familia de dos adultos y tres niños?

 6 Escucha y escribe los detalles.

67

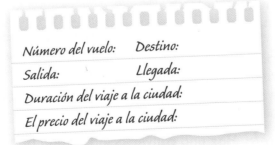

Número del vuelo: Destino:
Salida: Llegada:
Duración del viaje a la ciudad:
El precio del viaje a la ciudad:

7 Trabaja en grupo. Crea un itinerario. Incluye:
- qué lugar quieres visitar
- a qué hora sale el vuelo
- a qué hora llega el vuelo
- la duración del vuelo
- la duración del viaje del aeropuerto a la ciudad
- el precio

¡Nota!
Vamos en avión.

8 Lee la conversación en la agencia de viajes y contesta las preguntas.

● Buenos días, señor. ¿En qué puedo servirle?

● Buenos días. Quiero visitar Costa Rica por dos semanas.

● ¿Cuándo quiere ir?

● Quiero ir el cinco de julio.

● ¿Quiere viajar en avión o en ferry?

● ¿Cuánto tiempo lleva el ferry?

● Diez horas. Y el avión solo dos horas.

● Pues, prefiero viajar en avión.

● Hay vuelos a las catorce horas cincuenta o a las veinte horas quince.

● A ver … las catorce cincuenta, por favor. Quiero un boleto de ida y vuelta.

● ¿Cuánto cuesta?

● Cuesta dos mil pesos. ¿Tiene su pasaporte?

● Sí, mire, aquí lo tengo.

● Bueno, todo está bien.

● ¿Cuál es la moneda de Costa Rica?

● El colón. También puede usar dólares. ¿Quiere comprar?

● ¡Claro que sí! ¿Puede cambiarme 20 mil pesos?

● Claro, señor.

1 Where does the customer want to visit and for how long?
2 When does he want to go?
3 How does he want to travel and why?
4 What is the cost of the ticket?
5 What documents does he need to travel?
6 How much money does he want to change?

9 ¿Cómo se dice en español? Busca las frases en la conversación.

1 How can I help you?
2 How long does it take?
3 by plane.

4 How much is it?
5 a return ticket.
6 Yes, of course!

10 Escucha y corrige el error en cada frase.

68

1 La familia quiere visitar Bolivia.
2 Van a ir el 5 de julio.
3 Van a viajar en barco.
4 Prefieren comprar boletos solo de ida.
5 Los boletos son para siete personas.
6 Cuesta catorce mil pesos.

> When when you're trying to think what to say in Spanish, use expressions like these. This will also make you sound more like a native speaker.
>
> *bueno, mira, pues, a ver, es que, ¿sabes?*

11 Túrnate con tu compañero/a. Haz una conversación en una agencia de viajes. Usa la conversación de la Actividad 8 para ayudarte.

¿Para cuándo? ¿Cómo ir? ¿Cuántas personas? ¿Cambiar dinero? Solo de ida ¿Cuánto tiempo? ¿Visa/ Pasaporte?

12 ¿Dónde se queda cada persona? Lee y empareja las frases con las imágenes.

un apartamento en la playa

un hotel

un camping

un albergue juvenil

una pensión

una casa de campo

1 Me gusta pasar las vacaciones al aire libre porque trabajo en una oficina.
2 Soy estudiante y quiero hacer amigos nuevos. No tengo mucho dinero.
3 No me gusta hacer nada, ni cocinar ni limpiar. Necesito una piscina y un restaurante exótico.
4 Quiero una habitación barata. Y me gusta comer antes de salir por la mañana.
5 No hay mucho tráfico y el paisaje es bonito.
6 Quiero tomar el sol y jugar al voleibol.

13 Escucha y escribe dónde se quedan. (1–4)

69

14 Escucha otra vez y elige las respuestas.

69

1 La señora Aguirre alquiló una casa
  a en la ciudad   **b** en el campo   **c** al lado del hotel
2 La señora Aguirre recibe
  a una lista de hoteles   **b** unas llaves   **c** un mapa de la ciudad
3 La familia Sandoval tiene que pagar el hotel
  a al irse   **b** al llegar   **c** al registrarse
4 Cuando llegan al albergue, los jóvenes quieren
  a ir a la playa   **b** salir a bailar   **c** comer y dormir
5 La familia Álvarez hizo la reservación
  a el año pasado   **b** hace un mes   **c** en agosto
6 La familia Álvarez viajó
  a en avión   **b** en tren   **c** en carro

15 Habla con tu compañero/a.

Buenos días. Tengo una reservación a nombre de Ana Martínez.

A ver, sí, aquí está. Una habitación individual por una noche.

¿Puedo registrarme ahora?

¡Claro que sí! ¿Tienes el pasaporte?

4.3 En la oficina de turismo

- Ask for information
- Ask for directions
- Use *para* and *por*

1 Empareja las frases con las imágenes.

1 ¿Cuándo sale el tren para Caracas?
2 Busco un lugar bueno para comer por aquí.
3 Estoy de vacaciones y quiero ver el museo y la catedral.
4 Quisiera información sobre las calles principales en la ciudad.

una lista de restaurantes

un plano de la ciudad

un folleto de los sitios históricos

un horario

2 Escucha y escribe las cuatro cosas que quiere el turista.

70

3 Pon la conversación en orden.

1 Muchas gracias, señor.
2 La Iglesia de San Francisco y el Museo Nacional son muy interesantes.
3 Buenos días, ¿En qué puedo servirle?
4 Claro que sí. Aquí los tiene.
5 Estoy de vacaciones por cinco días. ¿Qué hay de interés en la ciudad?
6 Buenos días, señor.
7 De nada.
8 ¿Tiene un folleto y un plano de la ciudad?

4 Trabaja con tu compañero/a. Escribe una conversación en una oficina de turismo.

¿Tiene … ?   ¿Me puede dar … ?   Necesito …

Gramática

The prepositions *por* and *para* both mean 'for'.

por	
movement	*Ana camina por la ciudad.* Ana walks through the city.
duration	*¿Por cuántos días?* For how many days?
exchange	*¿Cuánto pagaste por el boleto?* How much did you pay for the ticket?
para	
destination	*Este tren va para Santiago.* This train is for Santiago.
recipient	*Este folleto es para ti.* This brochure is for you.
purpose	*Voy a Perú para visitar los museos.* I'm going to Peru to visit the museums.

5 Elige *por* o *para*.

1 El turista da un paseo **por** / **para** el parque.
2 ¿A qué hora sale el bus **por** / **para** Managua?
3 Voy a ir a la estación de tren **por** / **para** ver los horarios.
4 Compré la guía turística **por** / **para** veinte dólares.
5 El plano de la ciudad es **por** / **para** mi hermana.
6 **¿Por** / **Para** quién es el boleto?

6 Mira el póster y escribe unas frases sobre una visita al museo.

¿Cuándo abre/cierra?	¿Qué quieres ver en el museo?
¿Cuánto cuesta?	¿Con quién vas a ir?

7 Mira el póster. Escribe un correo electrónico a tu amigo/a sobre una visita al parque de atracciones.

delante de
detrás de
enfrente de
a la izquierda de
a la derecha de
al lado de
cerca de
lejos de
entre … y …

¡Nota!
Remember: *de + el = del*
El museo está cerca del teatro.

8 Escucha y elige las respuestas correctas.

71

1 El Museo de Historia Natural está

    a a dos minutos en carro   **b** a dos minutos a pie   **c** lejos de aquí

2 El museo está

    a enfrente del hospital   **b** enfrente de la iglesia   **c** fuera de la ciudad.

3 El museo abre

    a a las ocho de la mañana   **b** a las cinco de la tarde   **c** a las ocho de la tarde

4 Para visitar el museo

    a no hace falta reservar   **b** hay que reservar   **c** no hay que pagar

5 La entrada al museo

    a no cuesta nada   **b** es gratis   **c** cuesta cinco dólares

9 Mira el plano. Lee las frases y escribe V (verdadero) o F (falso).
Corrige las frases falsas.

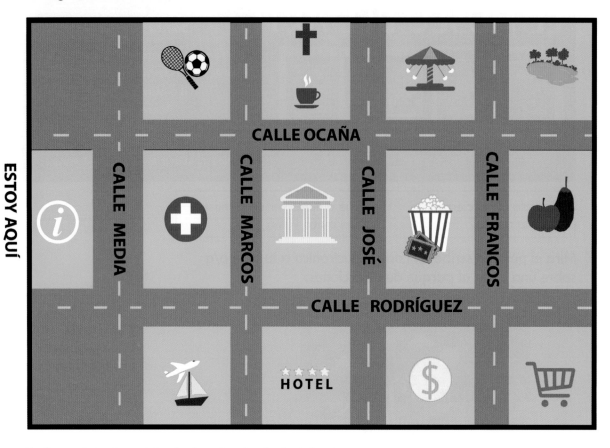

1 La cafetería está a la izquierda de la iglesia.
2 El hotel está entre la agencia de viajes y el museo.
3 El hospital está entre el polideportivo y la agencia de viajes.
4 El supermercado se encuentra a la derecha del mercado.
5 El museo está detrás del cine.
6 El hospital está lejos del polideportivo.
7 El Parque de atracciones está al lado del Parque Nacional.

10 Empareja las frases con las indicaciones.
1 Pase el semáforo.
2 Cruce la calle.
3 Gire a la derecha.
4 Gire a la izquierda.
5 Tome la tercera
   calle a la derecha.
6 Siga todo recto.

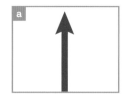
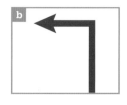

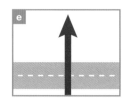
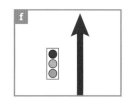

11 ¿Adónde van? Escucha e identifica los lugares en el plano de la Actividad 9. (1–3)

72

Gramática

The imperative form is used to give orders and instructions. There are different forms, depending on who you're speaking to.

	singular	plural
mirar	mira (informal) mire (formal)	miren
comer	come (informal) coma (formal)	coman
subir	sube (informal) suba (formal)	suban

Key irregular verbs:

	singular	plural
ir	ve (informal) vaya (formal)	vayan
salir	sal (informal) salga (formal)	salgan
seguir	sigue (informal) siga (formal)	sigan

12 Elige las formas correctas del imperativo.

1 Señor Mendoza, **tome / toma** la primera calle a la derecha.
2 Daniela, **sube / suba** la calle Rómulo.
3 ¡Chicas! **Salgan / Sal** del hotel, crucen el puente y vayan todo recto hasta el final de la calle.
4 Damas y caballeros, **tome / tomen** la tercera a la izquierda.
5 ¡Hola, Arturo! **Pasa / Pase** la casa blanca y la farmacia está al final.
6 María, **cruza / cruce** la plaza y el centro comercial está al lado del parque.

13 Escribe las formas correctas del imperativo.

1 Señora María, (ir) _____ a la farmacia que está aquí a la derecha.
2 Ana, (tomar) _____ la tercera calle y la oficina está al lado del banco.
3 Luis y Paco, (salir) _____ del hotel y crucen la Avenida Principal.
4 Chicas, (tomar) _____ el bus y la iglesia está allí antes del semáforo.
5 Señor Marco, (seguir) _____ todo recto hasta la Plaza de Armas.
6 Mateo, (pasar) _____ el semáforo y el hospital está al final de la calle.

14 Habla con tu compañero/a. Usa el plano de la Actividad 9.

¿Por dónde se va a la cafetería?

Sube por la Calle Rodríguez, toma la primera a la izquiera y cruza la Calle Ocaña. Está a la derecha.

4.4 ¿Cómo estuvo?

- Talk about local food
- Complain about a problem
- Use the preterite: *ser, ir, estar*

1 Copia y completa el cuadro.

cereal	pollo frito con papas
espaguetis	atún con ensalada
huevos y pan	arroz con frijoles
fruta con yogur	bacalao guisado
panqueques	bistec a la parrilla

Desayuno	Almuerzo
cereal	

2 Lee las reseñas del restaurante. Contesta las preguntas.

¿Vas a comer fuera? ¡Lee primero las reseñas aquí!

Patricia
Cuando estuve en Panamá, visité un restaurante italiano con mis amigos. Recomiendo el plato de espaguetis porque estuvo muy sabroso. Lo sirvieron con queso y una ensalada mixta excelente de tomate, pepino y lechuga. Me gustó mucho.

Donald
La semana pasada, pedí el mejor bistec del mundo en el Restaurante Patagonia cuando estuve de vacaciones. Tenía un sabor excelente. La comida estuvo rica y me divertí mucho con mi familia.

Carlos
Pedí arroz frito con pollo del Restaurante Gran Muralla. El arroz estaba un poco picante, pero excelente. Lo sirvieron bien caliente y me gustó mucho. No me gusta el arroz frío. Fue una buena experiencia para mí.

1 What does Patricia recommend in the Italian restaurant?
2 What was served with it?
3 How does Donald describe his food?
4 Who did Donald eat with? Did he enjoy it?
5 How was Carlos's rice?
6 What does he say about his trip to the restaurant?

bueno/a	picante
caliente	rico
excelente	sabroso/a
fresco/a	salado/a
frío/a	

3 ¿Cómo se dice en español? Busca en las reseñas.
1 It was very tasty.
2 They served it with cheese.
3 I liked it a lot.
4 The food was delicious.
5 I had a really good time.
6 It was a good experience.

4 Ayer comiste en un restaurante. Habla con tu compañero/a.

¿Qué restaurante?

¿Qué pediste?

¿Cómo estuvo?

¿A qué restaurante fuiste?

Fui a un restaurante típico.

5 Escucha las experiencias en un restaurante. Elige la frase correcta para cada una. (1–3)

73

1 a Daniela pidió tamales y enchiladas de plato principal.
 b Para el postre, comió fruta.
 c El postre le encantó.

2 a Javier cenó con su familia para celebrar la Pascua.
 b Tuvo una mala experiencia.
 c Tuvo que esperar una hora para sentarse.

3 a Donna y Marco probaron el plato del día.
 b Tomaron jugo de manzana.
 c Le gustó la comida pero fue cara.

> el plato principal
> el plato del día
> el postre

6 Escribe las formas correctas del pretérito del verbo *ir* o *ser*.

1 El verano pasado, mis amigos y yo _____ a Cuba.
2 Anoche, disfrutamos de la comida porque _____ barata y sabrosa
3 El mes pasado, yo _____ a Guatemala para probar la comida.
4 Anteayer, los estudiantes _____ al hotel para cenar.
5 Marta, ¿adónde _____ a comer bacalao y vegetales?
6 El servicio en el restaurante _____ una buena experiencia.

Gramática

ir, *ser* and *estar* are irregular in the preterite tense.
Note that *ir* and *ser* have exactly the same forms.

ir (to go)
ser (to be)   *estar* (to be)
fui   estuve   I
fuiste   estuviste   you (informal sing)
fue   estuvo   he/she/you (formal sing)
fuimos   estuvimos   we
fueron   estuvieron   you (pl)/they

---

7 Lee las frases, mira el imágen y escribe.

un vaso
un plato
un cuchillo
un tenedor
una cuchara

Gramática

faltar behaves like *gustar*.

Me falta un tenedor.
I don't have a fork./
There's no fork.

Nos faltan los cuchillos.
We don't have knives./
There are no knives.

1 Ayer corté la torta de María con un _____.
2 Comí una ensalada mixta con un _____.
3 Ana cortó la torta y la puso en unos _____.
4 Los niños pidieron un _____ de agua.
5 El hombre enfermo tomó la sopa con una _____.
6 Me falta un _____ para cortar la carne.

8 Escribe una reseña sobre tu experiencia en un restaurante.

4.4 ¿Cómo estuvo?

9 Empareja las frases con las imágenes.

1 La nevera está vacía.
2 Faltan las toallas.
3 La cama está sucia.
4 El ventilador es muy ruidoso.

5 No hay agua caliente en el lavamanos.
6 El televisor no funciona.
7 La ducha y la tina están dañadas.
8 La ventana está rota.

10 Escribe las palabras que faltan.

Estimado señor Álvarez,

Estuve en su hotel este fin de semana y quiero quejarme sobre la habitación 305. Había muchos problemas:

— No había (1) _____ caliente.
— La mesita estaba (2) _____.
— Las lámparas (3) _____ sucias.
— Las cortinas (4) _____ muy viejas.
— La cama (5) _____ demasiado pequeña.
— El aire acondicionado era muy (6) _____.

En espera de su respuesta.

Atentamente

Pedro Ramírez Santos

estaban
eran
rota
ruidoso
agua
era

Gramática

ser and estar both mean 'to be'.

ser	
permanent characteristics	*La habitación es demasiado pequeña.* The room is too small.
estar	
location	*El hotel está cerca de la playa.* The hotel is near the beach.
temporary states	*La habitación estaba sucia.* The room was dirty.

11 Escucha. Escribe las dos quejas de cada turista sobre el hotel. (1–4)

74 *1 room only has a single bed, …*

12 Empareja las quejas con las imágenes.

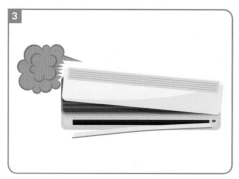

a No puedo lavarme el pelo.

c Los niños no pueden ir al baño.

b Juan no puede ver su programa favorito.

d Voy a abrir las ventanas porque hace calor.

13 Túrnate en grupo. Haz una cadena.

Hay muchos problemas con mi habitación. La radio no funciona.

Hay muchos problemas con mi habitación. La radio no funciona y no hay bastante papel higiénico.

> el agua caliente
> la cortina
> el champú
> las toallas
> el papel higiénico
> el ventilador
> el aire condicionado
> la radio/el televisor

14 Pon la conversación en orden.

1 Quiero quejarme sobre mi habitación.
2   La habitación está sucia y el televisor está roto.
3 Buenos días. ¿En qué puedo servirle?
4 Voy a llamar a la mucama y al técnico inmediatamente.
5 ¿Cuál es el problema?
6 Gracias.
7 Buenos días, señora.

15 Trabaja con tu compañero/a. Crea una conversación entre un/una cliente y un/una recepcionista del hotel. Preséntala a la clase.

- Talk about favourite holidays
- Describe holiday problems
- Use the preterite: regular verbs

1 ¿Qué tiempo hizo? Mira las fotos y escribe las frases.

> Hizo viento.   Hubo tormenta.   Llovió.
> Hizo sol.   Nevó.

2 Habla con tu compañero/a sobre las vacaciones del año pasado.

¿Adónde fuiste?

¿Qué tiempo hizo?

¿Qué tipo de tiempo prefieres?

¿Adónde fuiste de vacaciones el año pasado?

El año pasado fui a …

3 ¿Cómo pasaron sus vacaciones? Escucha a Marinela, Diego y Alberto. Para cada uno, anota el país, cuándo fue y su actividad favorita. (1–3)

75

4 Escucha otra vez. Lee las frases y escribe V (verdadero) o F (falso).

75

1 Marinela visitó muchas playas en Panamá.
2 Compró libros en el mercado al aire libre.
3 Diego fue a la iglesia.
4 Hizo deportes acuáticos en Santo Domingo.
5 Alberto visitó la casa de su tía.
6 Bebió un batido de chocolate.

5 Lee el texto y contesta las preguntas.

Soy Roberto y tengo dieciséis años. Hace tres años, pasé mis vacaciones en Puerto Rico con mi familia y me divertí mucho. Pasamos dos semanas allí y me gustó mucho. En el mes de agosto, hizo mucho sol e hicimos muchas actividades. Fuimos a la playa para nadar, tomamos el sol y jugamos al voleibol. Antes siempre jugaba al voleibol con mis amigos pero ya hace un año que no lo practico. Mi padre sacó fotos del paisaje bonito y mi mamá se relajó.

Después de la playa visitamos el museo. Vimos muchas pinturas y dibujos. Luego, fuimos a un restaurante para comer comida china. ¡Era deliciosa! Nos divertimos mucho. El año que viene, me gustaría ir a Costa Rica para unas vacaciones de ensueño.

1 Where did Robert spend his vacation three years ago?
2 Who did he spend it with?
3 How long did they spend there?
4 What three things did they do on the beach?
5 What type of restaurant did they eat at?
6 Describe the food.
7 Where would Roberto like to go next year?

Gramática

Use *hace* + the *preterite* to say how long ago something happened.

Hace seis meses, viajé a Argentina.
Six months ago I travelled to Argentina.

Use *hace … que* + the preterite to say how long it is since you did something.

Hace una semana que la vi.
It's been a week since I last saw her.

6 Copia y completa el cuadro con las formas correctas del pretérito.

	visitar	comer	recibir
yo	*visité*		
tú			
él/ella/usted			*recibió*
nosotros/as			
ustedes/ellos/ellas		*comieron*	

7 Habla con tu compañero/a.

¿Qué hiciste en tus vacaciones?

Fui de compras y …

Hice deporte.
Hice excursiones.
Jugué al tenis.
Nadé en el mar.
Saqué fotos.

Me relajé.
La pasé muy bien.
Me divertí mucho.
Me gustó mucho./
No me gustó nada.

8 Escríbele un correo electrónico a tus primos de unas vacaciones pasadas que te gustaron.

9 Lee el texto. ¿Por qué es una experiencia horrible para los compañeros de clase?

El verano pasado, fui de vacaciones a Madrid con mis compañeros de clase por dos semanas. Era la una de la mañana cuando llegamos al aeropuerto y ¡qué experiencia más horrible! Al llegar al aeropuerto, esperamos una hora para chequear nuestro equipaje porque había mucha gente. ¡La cola era muy larga! Nos quejamos a un agente de la aerolínea. Fue muy amable pero no pudo ayudarnos. Justo llegábamos a la puerta de abordaje cuando anunciaron un retraso de tres horas. Por lo menos el vuelo no fue cancelado. Estábamos muy cansados cuando por fin llegamos a Madrid.

10 ¿Cómo se dice en español? Busca en el texto de la Actividad 9.
1 on arrival at the airport
2 to check in our luggage
3 the queue was very long
4 the boarding gate
5 a three-hour delay
6 at least

11 Lee el texto otra vez y contesta las preguntas.
1 ¿Adónde fueron los compañeros de clase de vacaciones?
2 ¿A qué hora llegaron al aeropuerto?
3 ¿Cuánto tiempo esperaron en la cola?
4 ¿Cómo fue el agente cuando se quejaron?
5 ¿Qué pasó cuando llegaron a la puerta de abordaje?
6 ¿Cómo se sentían los jóvenes al final del viaje?

12 Elige las formas correctas.
1 Anoche, **comía / comí / como** en un restaurante exótico.
2 Cuando **era / fui / soy** joven, visitaba a mis abuelos en el campo.
3 **Hacía / Hizo / Hace** dos años que no practico el fútbol.
4 El año pasado, vi una película romántica y no me **gusta / gustó / gustan**.
5 El vuelo **llegó / llega / llegan** tarde ayer.
6 La habitación **es / está / están** muy sucia.
7 **Había / Habían / Hace** una tormenta en el país.
8 Manuel **perdí / perdió / perdieron** su pasaporte.

Gramática

Preterite or imperfect?

Preterite
for completed actions or events
Anoche preparé la cena. Last night I made dinner. *El año pasado visité Madrid.* Last year I visited Madrid.

Imperfect
for ongoing actions or events
El sábado había mucha gente en la playa. On Saturday there were lots of people on the beach. *Jugaba al fútbol cuando era niña.* I used to play football when I was a child.

13 Haz un sondeo. Después, escribe unas frases.

Nombre	Dónde	Mala experiencia	Buena experiencia
Andrés	Cancún	vuelo cancelado	playa muy bonita

¿Qué experiencias tuviste en las vacaciones?

Pues, el vuelo fue cancelado, pero …

Andrés fue a Cancún. Su vuelo fue cancelado, pero la playa era muy bonita.

14 Escribe las palabras que faltan. Después, escucha y comprueba.

76

me dijo	me quejé	tomé	funcionaba	estaba	perdió	llegar	eran

(1) _____ las diez de la mañana cuando empezó a llover. Tuve que salir de casa inmediatamente para (2) _____ al aeropuerto y chequear mi equipaje. Al llegar al aeropuerto, el agente (3) _____ que tenía que tomar el próximo vuelo porque el avión (4) _____ lleno. Finalmente, llegué a mi destino pero mi equipaje se (5) _____.
(6) _____ a un representante de la aerolínea. Escribió la información en un libro y también me dio un cupón de descuento. (7) _____ un taxi para ir al hotel. En el hotel, mi habitación estaba sucia y el televisor no (8) _____. Tres días más tarde, llegó el equipaje. ¡Qué horror! No voy a viajar con esta aerolínea otra vez.

15 Empareja las frases.

1 Perdió   **a** mala experiencia.
2 La cola   **b** su pasaporte.
3 El vuelo no fue   **c** retraso de dos horas.
4 Esperamos   **d** cancelado.
5 Anunciaron un   **e** era muy larga.
6 Fue una   **f** una hora.

> **Gramática**
>
> *tener* has the same endings as *estar* in the preterite tense.
>
> | | |
> |---|---|
> | *tuve* | I |
> | *tuviste* | you (informal sing) |
> | *tuvo* | he/she/you (formal sing) |
> | *tuvimos* | we |
> | *tuvieron* | you (pl)/they |

16 Escucha otra vez y escribe en inglés los cuatro problemas.

76

17 Escribe un blog sobre unas vacaciones malas.

Mis vacaciones a Puerto Rico fueron las peores de mi vida. Los problemas empezaron en el aeropuerto cuando ...

El vuelo se retrasó/fue cancelado.
Perdí el equipaje/pasaporte.
La piscina estaba sucia.
Llovió todo el tiempo.
El agente no era simpático.
Había demasiados turistas.

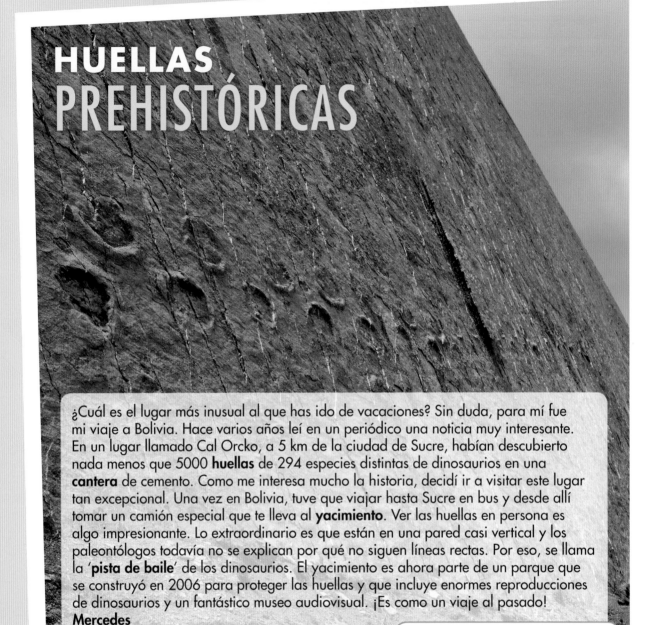

HUELLAS
PREHISTÓRICAS

¿Cuál es el lugar más inusual al que has ido de vacaciones? Sin duda, para mí fue mi viaje a Bolivia. Hace varios años leí en un periódico una noticia muy interesante. En un lugar llamado Cal Orcko, a 5 km de la ciudad de Sucre, habían descubierto nada menos que 5000 **huellas** de 294 especies distintas de dinosaurios en una **cantera** de cemento. Como me interesa mucho la historia, decidí ir a visitar este lugar tan excepcional. Una vez en Bolivia, tuve que viajar hasta Sucre en bus y desde allí tomar un camión especial que te lleva al **yacimiento**. Ver las huellas en persona es algo impresionante. Lo extraordinario es que están en una pared casi vertical y los paleontólogos todavía no se explican por qué no siguen líneas rectas. Por eso, se llama la '**pista de baile**' de los dinosaurios. El yacimiento es ahora parte de un parque que se construyó en 2006 para proteger las huellas y que incluye enormes reproducciones de dinosaurios y un fantástico museo audiovisual. ¡Es como un viaje al pasado!
Mercedes

la huella	track, footprint
la cantera	quarry
el yacimiento	site
la pista de baile	dance floor

1 **Empareja las frases.**

1 Cal Orcko está
2 Expertos descubrieron una gran cantidad
3 Lo inusual es que el yacimiento
4 Para llegar al yacimiento
5 Las huellas siguen
6 Las líneas de las huellas recuerdan a

a unos pasos inexplicables.
b hay que tomar varios medios de transporte.
c de huellas de varias especies.
d una pista de baile.
e en las afueras de Sucre.
f está en una cantera de cemento.

¡Viajemos cuidando EL MEDIOAMBIENTE!

El año pasado por fin hice el viaje de mis sueños: visitar los glaciares de mi país, Argentina, y la región de Patagonia. Organicé la ruta con un amigo. Para los dos era muy importante respetar el medioambiente, no contaminar y reducir la huella de carbono en el viaje. Por eso decidimos no tomar el avión y viajamos en bus. El viaje fue muy largo, de varios días, pero durante el camino pudimos ver el paisaje maravilloso del sur de Argentina. ¡Fue terriblemente cansado, pero valió la pena! Por fin llegamos a Calafate, llamada la capital de los glaciares. Desde allí visitamos el Parque Nacional de los Glaciares, que contiene un enorme campo de hielo y más de 200 glaciares, entre ellos el famoso glaciar de Perito Moreno, uno de los pocos glaciares que todavía avanzan. Luego, fuimos al Parque Nacional de Torres del Paine, en la región de Patagonia de Chile, donde realizamos caminatas a pie y observamos fauna como los ñandús y los guanacos. La belleza de este lugar excepcional me impresionó tanto que más tarde decidí colaborar con la campaña 'Tu Mejor Huella' para reparar los senderos del parque afectados por la erosión.

Juan Pablo

2 Lee el texto. Lee las frases y escribe V (verdadero) o F (falso).

1 Juan Pablo y su amigo tienen ideas diferentes sobre los viajes.
2 Los amigos eligieron trasportes poco contaminantes.
3 Piensan que fue una mala decisión ir en bus porque el viaje fue muy largo.
4 El glaciar de Perito Moreno se hace cada vez más pequeño.
5 Los amigos vieron animales cuando caminaban.
6 Juan Pablo contribuyó a trabajos voluntarios para la conservación de los guanacos.

la huella de carbono	carbon footprint
valer la pena	to be worth it
el campo de hielo	ice field
el sendero	track

Mi mundo, tu mundo

Write a short account explaining what made you visit an unusual place and what you liked about it.
List five ideas of how people can help the environment when they travel.

Otra vez

A reforzar

1 **¿Qué tipo de vacaciones prefieren? Lee y escribe una frase para cada persona.**

1 Juan Martín prefiere las vacaciones en la nieve.

| al sol | activas | en la nieve | exóticas | en las montañas | de tipo cultural |

> No me gusta el calor.
> Quiero viajar en diciembre.
> ¡Me encanta esquiar!

Juan Martín

> Me gusta viajar a diferentes países en el Caribe para ver los monumentos históricos.

Diego

> Me gusta relajarme y tomar el sol en la playa cuando no hace frío.

Guillermo

> No nos gustan las actividades aburridas. Queremos hacer turismo, hacer excursiones y hacer deportes acuáticos.

Juanita y Ronaldo

> Me gusta hacer caminatas al aire libre.

Reseda

> Me gusta conocer muchos países lejanos y probar las comidas típicas.

Carlos

2 **Empareja. Después, escribe en orden de tu preferencia.**

En las vacaciones, quiero …

1 comer		**a** recuerdos
2 sacar		**b** en el mar
3 hacer		**c** deportes acuáticos
4 nadar		**d** el Museo Nacional
5 comprar		**e** en las montañas
6 esquiar		**f** al voleibol en la playa
7 jugar		**g** fotos de la ciudad
8 visitar		**h** comida típica

3 **Habla con tu compañero/a. ¿Por dónde se va a …?**

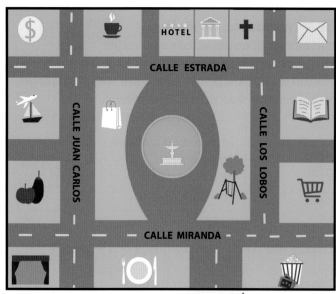

> ¿Por dónde se va al supermercado?

> Mire, siga todo recto, gire a la derecha y tome la primera calle a la izquierda.

| pase | al final de |

| vaya | cruce | tome |

| la primera/segunda/tercera calle |

A practicar

1 Escucha las experiencias de Valerie y Guillermo. Lee las frases y escribe
V (verdadero) o F (falso).

1 Valerie waited half an hour for her food.
2 Her chicken was cold but her salad was fresh.
3 She enjoyed her outing to the restaurant.
4 Guillermo had lunch at Coral Rosa Restaurant.
5 His meal was good.
6 He enjoyed everything.

2 Escribe las formas correctas.

1 Ayer mi amigo **visité / visitó / va a visitar** un restaurante exótico.
2 Los estudiantes **preferimos / prefieren / prefiero** hacer deportes acuáticos.
3 ¿**Quiere / Quiero / Queremos** un boleto de ida y vuelta?
4 La semana pasada, mi familia y yo **vamos / fuimos / voy** a la playa.
5 – Señor, ¿por dónde se va al banco?
  – **Siga / Seguir / Sigamos** todo recto y está a la derecha de la farmacia.
6 Anoche comí en un restaurante y la comida **estaba / está / estás**
  muy picante.
7 Mi padre **prefiero / prefiere / preferimos** esquiar en las montañas.
8 – Juan, ¿hay un lugar de interés por aquí?
  – Sí, **tomo / toma / tomen** la segunda calle y está al lado del hospital.

3 Lee y anota las ocho quejas.

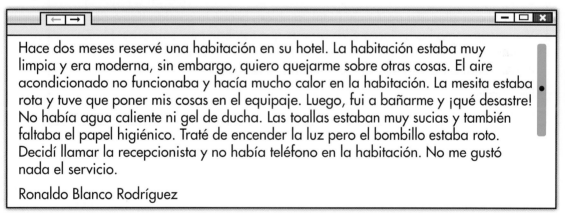

Hace dos meses reservé una habitación en su hotel. La habitación estaba muy
limpia y era moderna, sin embargo, quiero quejarme sobre otras cosas. El aire
acondicionado no funcionaba y hacía mucho calor en la habitación. La mesita estaba
rota y tuve que poner mis cosas en el equipaje. Luego, fui a bañarme y ¡qué desastre!
No había agua caliente ni gel de ducha. Las toallas estaban muy sucias y también
faltaba el papel higiénico. Traté de encender la luz pero el bombillo estaba roto.
Decidí llamar la recepcionista y no había teléfono en la habitación. No me gustó
nada el servicio.

Ronaldo Blanco Rodríguez

1 The air conditioning unit was not working.

4 Escribe una reseña sobre unas vacaciones recientes.

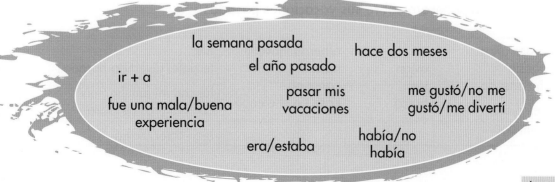

la semana pasada

hace dos meses

el año pasado

ir + a

fue una mala/buena
experiencia

pasar mis
vacaciones

me gustó/no me
gustó/me divertí

era/estaba

había/no
había

A ampliar

1 **Escribe las formas correctas. Las frases hablan del pasado.**

   1 Ayer, mis amigos y yo (ir) _____ al parque.

   2 No (haber) _____ teléfono en la habitación.

   3 (hacer) _____ dos años fui a Cuba.

   4 Mis compañeros y yo (comprar) _____ recuerdos del museo.

   5 Cuando (ser) _____ niña, nadaba en el mar.

   6 Anteayer, mi abuela (volar) _____ su cometa en el parque.

   7 El año pasado (estar) _____ en Chile.

   8 Las comidas y las bebidas (ser) _____ deliciosas.

2 **Escucha y contesta las preguntas para cada persona. (1–3)**

   a What two problems did he/she have?

   b What did he/she like?

3 **Lee el correo electrónico y contesta las preguntas.**

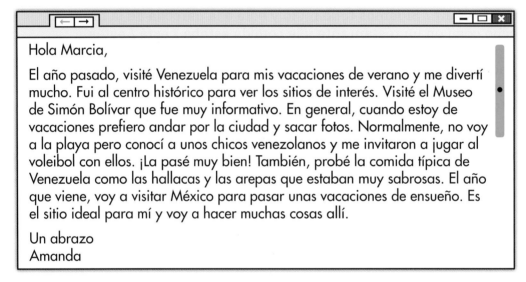

Hola Marcia,

El año pasado, visité Venezuela para mis vacaciones de verano y me divertí mucho. Fui al centro histórico para ver los sitios de interés. Visité el Museo de Simón Bolívar que fue muy informativo. En general, cuando estoy de vacaciones prefiero andar por la ciudad y sacar fotos. Normalmente, no voy a la playa pero conocí a unos chicos venezolanos y me invitaron a jugar al voleibol con ellos. ¡La pasé muy bien! También, probé la comida típica de Venezuela como las hallacas y las arepas que estaban muy sabrosas. El año que viene, voy a visitar México para pasar unas vacaciones de ensueño. Es el sitio ideal para mí y voy a hacer muchas cosas allí.

Un abrazo
Amanda

   1 ¿Cuándo fue de vacaciones Amanda?

   2 ¿Adónde fue?

   3 Describe su visita al Museo de Simón Bolívar.

   4 ¿Qué actividades prefiere hacer normalmente cuando está de vacaciones?

   5 ¿Qué hizo en la playa?

   6 ¿Con quién?

   7 ¿Dónde quiere visitar el próximo año?

4 **Habla con tu compañero/a sobre sus vacaciones pasadas.**

| hace dos años
en agosto
el año pasado

quince días
una semana | en …
avión
tren
barco | albergue juvenil
hotel
camping
casa en el campo | fue …
terrible/divertido porque

fui con mi familia/mis compañeros de clase

hizo calor/llovió |

Talk about going on holiday

Express holiday preferences	*Prefiero ir a la playa.*
Say what type of holiday I like	*Me gustan las vacaciones de tipo cultural.*
Say what I'm going to do on holiday	*Voy a visitar sitios históricos.*
Express likes and dislikes	*Me gusta el sol. No me gustan los deportes.*
Say what the weather is like	*Hace fresco. Hay un huracán.*

Make a holiday reservation

Say where I want to go	*Quiero ir a Cuba.*
Say how I'm going to get there	*Voy a ir en avión./Quiero ir en barco.*
Say what I want to do	*Quiero visitar el museo.*
Ask how much a ticket costs	*¿Cuánto cuesta el boleto?*
Ask about the currency	*¿Cuál es la moneda de Panamá?*
Ask about changing money	*Quiero cambiar 20 mil pesos.*
Ask about documentation	*¿Necesito pasaporte/visa?*
Say where I want to stay	*Quiero quedarme en un albergue juvenil.*
Use filler words	*Pues, a ver, prefiero ir la segunda semana de julio.*

Request information

Ask for information	*Quisiera información sobre los monumentos de la ciudad.*
Ask about opening times	*¿A qué hora abre/cierra el museo?*
Ask for directions	*¿Por dónde se va al teatro?*
Give directions	*Siga todo recto y tome la primera calle a la izquierda.*
Say where things are	*La farmacia está al lado del hotel.*
Ask what there is to do	*¿Hay algo ideal para adolescentes?*
Mention places of interest	*Está el Museo Nacional.*
Use *por* and *para*	*Quiero ir a las montañas para esquiar. Se va por la Calle Miguel.*
Give the time	*Son las trece y quince.*

Talk about a meal out

Say what I'd like to eat	*Quiero probar la comida típica.*
Say how the food was	*El bacalao estuvo delicioso.*
Say that something is missing	*Me falta un tenedor.*
Describe an event in the past	*El mes pasado, fui a un restaurante exótico.*
Say how long ago something happened	*Hace dos años fui a México.*

Make a complaint

Say I want to complain	*Quiero quejarme sobre la habitación.*
Say that something is broken	*La cama está rota./La ducha está dañada.*
Say that something doesn't work	*El televisor no funciona.*
Say there isn't enough of something	*No hay bastantes toallas.*

Talk about my dream holiday

Say where I want to go	*Quiero ir a Costa Rica el año que viene.*
Talk about a bad experience	*Ayer, perdí mi pasaporte.*
Describe the weather in the past	*El mes pasado llovió mucho.*
Say what you did in the past	*Compré un recuerdo en el mercado.*
Use the imperfect tense	*Cuando era joven, visité Buenos Aires.*

Talk about problems on holiday

Describe what went wrong	*El vuelo llegó tarde./Perdí el equipaje.*
Describe problems with the journey	*Había mucha cola en el aeropuerto.*
Describe accommodation problems	*El hotel era horrible y estaba sucio.*

Palabras y frases – Unidad 4

¿Qué tiempo hace? — What's the weather like?

Hace buen tiempo.	The weather's fine.
Hace mal tiempo.	The weather's bad
Hace fresco.	It's cool.
Hace frío.	It's cold.
Hace sol.	It's sunny.
Hace viento.	It's windy.
Hay niebla.	It's foggy.
Hay un huracán.	There's a hurricane.
Hay tormenta.	There's a storm.
Llueve.	It's raining.
Nieva.	It's snowing.

Mis vacaciones — My holiday

vacaciones …	… holiday
activas	active
exóticas	exotic
al aire libre	outdoor
al sol	in the sun
de verano	summer
de Pascua	Easter
de Navidad	Christmas
de tipo cultural	cultural
en las montañas	in the mountains
en la nieve	in the snow
La pasé muy bien.	I had a really good time.
Me divertí mucho.	I really enjoyed myself.
Me gustó mucho.	I liked it a lot.
No me gustó nada.	I didn't like it at all.

Las actividades de vacaciones — Holiday activities

¿Qué vas a hacer allí?	What are you going to do there?
Me gusta/Prefiero …	I like/I prefer to …
Voy a …	I'm going to …
probar comida típica	eat local food
comprar recuerdos	buy souvenirs
enviar una tarjeta postal	send a postcard
esquiar	ski
estar al aire libre	be outdoors
hacer deportes acuáticos	do water sports
hacer excursiones	go on trips
hacer turismo	go sightseeing
ir a la playa	go to the beach
jugar al tenis/voleibol	play tennis/volleyball
nadar en el mar	swim in the sea
relajarme	relax
sacar fotos (del paisaje)	take photos (of the landscape)
tomar el sol	sunbathe
visitar los sitios históricos	visit historical sites

En la agencia de viajes — At the travel agent's

¿En qué puedo servirle?	How may I help you?
el aeropuerto	airport
el agente de viajes	travel agent
el boleto de ida	one-way ticket
el boleto de ida y vuelta	return ticket
cambiar dinero	to change money
cancelado/a	cancelled
¿Cuánto cuesta?	How much is it?
el equipaje	luggage
la moneda	currency
el pasaporte	passport
el puerto	port
la reservación	reservation
el retraso	delay
la visa	visa
el vuelo (directo)	(direct) flight
El vuelo se retrasó.	The flight was delayed.

Los meses — Months

enero, febrero,	January, February,
marzo, abril,	March, April,
mayo, junio, julio, agosto,	May, June, July, August,
septiembre, octubre,	September, October,
noviembre, diciembre	November, December

Quiero ir … — I want to go …

en avión	by plane
en barco	by boat
en bus	by bus
en carro	by car
en ferry	by ferry
en helicóptero	by helicopter
en taxi	by taxi
en tren	by train

Quiero quedarme en … — I want to stay in …

un albergue juvenil	a youth hostel
un apartamento	an apartment
un camping	a campsite
una casa de campo	a house in the country
un hotel	a hotel
una pensión	a bed and breakfast

En la oficina de turismo — At the tourist office

Quisiera …	I'd like …
un folleto	a brochure
un horario de buses	a bus timetable
una lista de hoteles	a list of hotels
un plano de la ciudad	a map of the city
información sobre …	information on …
la catedral	the cathedral
la iglesia	the church
los monumentos	the monuments

el mercado	the market		
el parque de atracciones	the amusement park		
¿Algo más?	Anything else?		
Aquí tiene.	Here you are.		
El museo abre/cierra a las diez.	The museum opens/closes at ten.		
Hoy está cerrado/abierto.	It's closed/open today.		
¿Hay que reservar entrada?	Do you need to book in advance?		
La entrada es gratis/cuesta $10.	Entry is free/costs $10.		

Las indicaciones — Directions

¿Por dónde se va a …?	How do you get to …?
¿Dónde está …?	Where's …?
Está al final de la calle.	It's at the end of the street.
Hay que cruzar el puente.	You need to cross the bridge.
Pase el semáforo.	Go past the traffic lights.
Siga todo recto.	Go straight on.
Tome la primera calle allí.	Take that first street there.
Gire a la derecha/izquierda.	Turn right/left.
cerca de	near
delante de	in front of
detrás de	behind
entre … y …	between … and …
lejos de	far from
al lado de	next to
a la derecha/izquierda	on the right/left

El desayuno — Breakfast

los cereales	cereal
la fruta	fruit
los huevos	eggs
el jamón	ham
el queso	cheese

El almuerzo / La cena — Lunch / Dinner

el arroz frito	fried rice
el atún	tuna
el bacalao	cod
el bistec	steak
la ensalada	salad
los espaguetis	spaghetti
los frijoles	beans
el pan	bread
la pasta	pasta
el pescado	fish
el plato del día	set menu
el pollo asado/frito	roast/fried chicken
el postre	dessert
la sopa	soup
los vegetales	vegetables

En el restaurante — At the restaurant

Estaba …	It was …
bueno/a	good
caliente	hot
fresco/a	fresh
frío/a	cold
picante	spicy
rico/a	delicious
sabroso/a	tasty
salado/a	salty
la cuchara	spoon
el cuchillo	knife
el plato	plate
el tenedor	fork
el vaso	glass

Quiero quejarme — I want to complain

el champú	shampoo
la nevera	fridge
el papel higiénico	toilet paper
el ventilador	fan
Está …	It's …
dañado/a	broken/not working
roto/a	broken
sucio/a	dirty
vacío/a	empty
No funciona.	It doesn't work.
Es muy ruidoso/a.	It's very noisy.
No hay agua caliente.	There's no hot water.
Faltan las toallas.	There are no towels.
El agente no era amable.	The rep wasn't nice.
Había demasiados turistas.	There were too many tourists.

Las muletillas — Conversational filler words

a ver	let's see
es que	the thing is
mira/mire	ok, look
pues	well
¿sabe(s)?	you know?

Prueba 1

 1 Escucha y contesta las preguntas para cada persona en la oficina de turismo. (1–4)

- ¿Adónde quiere ir?
- ¿Dónde está el lugar?
- ¿Qué piden?

2 Trabaja con tu compañero/a. Crea un horario escolar. Después, compara el horario con otros compañeros.

¿Qué asignaturas estudian, qué días y a qué hora?

Estudiamos matemáticas los lunes y a las nueve.

3 Lee las opiniones de los clientes. Lee las frases y escribe V (verdadero) o F (Falso).

@fed22 ★★★★★

Las vacaciones en las montañas en Chile fueron las mejores de mi vida. Había muchas actividades para hacer al aire libre. Se podía esquiar, hacer snowboard y sacar fotos del paisaje magnífico. Es increíble respirar el aire puro en las montañas y estas vacaciones ofrecen un descanso activo y relajante a la vez. No hay ninguna posibilidad de aburrirse. Me divertí muchísimo y les recomiendo estas vacaciones.

@gastrofan ★☆☆☆☆

¡No coman la comida de este restaurante! ¡Qué asquerosa! El Restaurante Diamante estaba sucio, y la comida estaba fría y malísima. El atún estaba demasiado picante y vino con unas verduras muy saladas. Los platos y las mesas no estaban limpios y el local era muy ruidoso. Además de todo, el servicio es muy malo y los meseros son antipáticos.

@viajomucho ★★★☆☆

Las habitaciones en el Hotel Océano son demasiado pequeñas, sin embargo, están bien equipadas con cosas como un televisor grande de pantalla plana, aire acondicionado, ducha, una nevera pequeña y wifi gratis. Hay muchas instalaciones como un gimnasio y una piscina, pero si quiere usarlas tiene que pagar. La comida del restaurante es muy sabrosa, pero nada barata. Personalmente, no me hospedaría allí otra vez porque prefiero una habitación más espaciosa.

---

1 Las vacaciones de @Fed22 fueron excelentes.
2 El aire en las montañas era muy frío y poco sano.
3 @Fed22 se divirtió mucho haciendo actividades en la nieve.
4 @gastrofan estuvo decepcionado con el Restaurante Diamante.
5 @gatrofan pidió vino porque el atún estaba demasiado picante.
6 Las habitaciones del Hotel Océano ofrecen muchas comodidades.
7 Hay muchas instalaciones gratuitas incluidas en el precio de la habitación.
8 Lo mejor del hotel es la comida barata del restaurante.

4 Describe tu propio carácter. Después elige y describe a alguien con quién te llevas bien y a alguien con quién no te llevas bien. Explica tus razones.

Prueba 2

1 Lee el texto y contesta las preguntas.

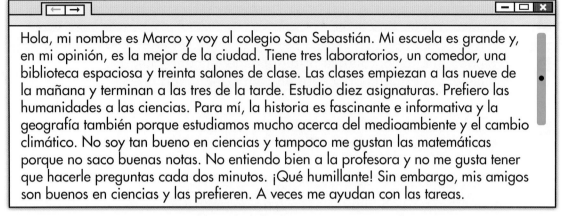

Hola, mi nombre es Marco y voy al colegio San Sebastián. Mi escuela es grande y, en mi opinión, es la mejor de la ciudad. Tiene tres laboratorios, un comedor, una biblioteca espaciosa y treinta salones de clase. Las clases empiezan a las nueve de la mañana y terminan a las tres de la tarde. Estudio diez asignaturas. Prefiero las humanidades a las ciencias. Para mí, la historia es fascinante e informativa y la geografía también porque estudiamos mucho acerca del medioambiente y el cambio climático. No soy tan bueno en ciencias y tampoco me gustan las matemáticas porque no saco buenas notas. No entiendo bien a la profesora y no me gusta tener que hacerle preguntas cada dos minutos. ¡Qué humillante! Sin embargo, mis amigos son buenos en ciencias y las prefieren. A veces me ayudan con las tareas.

1 What does Marco think of his school?
2 Describe his school.
3 Which subjects does he prefer?
4 What does he like about geography?
5 Why doesn't he like maths?
6 What subjects do his friends prefer?

2 Escucha. Lee las frases y escribe V (verdadero) o F (falso).

80

1 A los padres de Rubén les gustan las vacaciones al sol.
2 A Rubén le gustaban las vacaciones en la playa cuando era más joven.
3 Rubén prefiere ir a las montañas porque sabe esquiar.
4 Para esquiar en Chile es mejor ir en diciembre.
5 El viaje en bus es menos caro que el avión pero no llega tan pronto.
6 La familia tiene que levantarse temprano si quiere ir en un vuelo barato.
7 Rubén va a hacer deportes acuáticos con su hermana.
8 A Rubén no le interesan unas vacaciones activas en la playa.

3 Escribe un párrafo sobre lo que hacías los fines de semana cuando eras joven.

4 Habla con tu compañero/a. ¿Qué actividades te gusta hacer cuando hace buen/mal tiempo.

 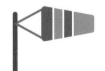  

¿Qué te gusta hacer cuando hace sol?

Cuando hace sol, me gusta jugar al tenis con mi mejor amiga.

Prueba 3

1 Lee las indicaciones y dibuja los mapas.

1 Vaya todo recto, cruce el puente y está cerca del Parque Nacional.

2 Salga del museo, tome la primera calle a la derecha, pase el supermercado y está enfrente del hospital.

3 Baje por la Avenida Carlos, pase la iglesia, gire a la izquierda y está al final de la calle.

4 Salga del Hotel Esmeralda, pase el semáforo y se encuentra al lado del estadio.

5 Hay que cruzar la plaza. Después tome la segunda calle a la izquierda. La oficina de turismo se encuentra detrás del museo.

2 Escucha. Lee las frases e identifica quién habla: el señor Rodolfo, la señora Nacha o los dos.

81

1 Jugábamos al críquet.
2 No jugaba bien pero me gustaba participar.
3 Se estaba más cómodo fuera.
4 Vendía naranjas con mi madre.
5 Los precios de las naranjas eran bajos.
6 Me gustaban los mangos.
7 Cantábamos.
8 Bailábamos.

3 Traduce las frases.

1 When I was young, I swam in the sea with my older brother.
2 I have to read this book before next week.
3 I'm going to visit historical sites and buy souvenirs.
4 I didn't study French last year.
5 I like doing sports because it makes me confident.
6 I'm not good at drawing. However, I love art class.
7 What's your Spanish teacher like?
8 You're always tired. Go to bed earlier!

4 Habla con tu compañero/a. Comparen sus habitaciones.

¿Cómo es tu habitación?

Mi habitación es grande. Hay dos camas, una mesa, …

Prueba 4

1 **Escucha la conversación en la agencia de viajes. Contesta las preguntas.**

82

1 ¿Por qué está enojado el señor?
2 ¿De qué aspectos de las vacaciones se quiere quejar?
3 ¿Fueron unas vacaciones baratas o caras?
4 ¿Cuál era el problema con la habitación?
5 ¿Qué va a tener que hacer la agencia de viajes?
6 ¿Cómo era la comida del restaurante?
7 ¿Por qué no fueron a otro restaurante?
8 ¿Qué le ofrece la agencia al señor como compensación?

2 **Habla con tu compañero/a de tu rutina diaria.**

> durante la semana

> los fines de semana

> cuando ibas a la escuela primaria

> ¿Qué haces durante la semana?

> Durante la semana, voy al club de música y …

3 **Lee el texto y contesta las preguntas.**

Serena Williams es una tenista estadounidense que nació el 26 de septiembre de 1981 en Michigan. Cuando era joven, jugaba al tenis con su hermana mayor Venus y las dos entrenaban todos los días. Su padre reconoció el talento de sus dos hijas y se dedicó a entrenarlas. Las dos tuvieron mucho éxito en sus carreras, a veces compitiendo una contra la otra en la final individual femenina y otras veces como parejas de dobles, incluso ganando la medalla de oro en más de unas Olimpiadas. Serena ganó su primer Grand Slam en el Abierto de Estados Unidos en 1999 cuando tenía diecisiete años.

En 2017 tuvo un bebé, poco después de ganar su título de Grand Slam número veintitrés. Tiene asegurado su lugar en la historia como una de las mejores tenistas del mundo.

1 Who did Serena train with when she was young?
2 How often did they train?
3 Who first identified that they had the potential to be successful in tennis?
4 In addition to her Grand Slam success, which other event has Serena won several times?
5 Which was her first Grand Slam win?
6 How many Grand Slams had Serena won before she had a baby?

4 **Escribe un blog de viajes. Incluye:**
● adónde vas normalmente y qué te gusta hacer
● adónde fuiste recientemente y qué hiciste
● adónde vas a ir y que vas a hacer

- Talk about the technology I use
- Say what I use it for
- Use direct object pronouns

5.1 ¡Sigamos en contacto!

1 Mira las fotos y escribe las palabras. Después, escucha y comprueba. (1–8)

83

la consola	el celular	la cámara	el portátil
la tableta	el televisor	el teléfono fijo	la computadora

2 Escucha e identifica los aparatos y cuántas horas los usan. (1–5)

84

3 Escribe unas frases. ¿Cuántas horas al día o a la semana usas los aparatos de la Actividad 1?

Uso la tableta dos horas al día.

4 Trabaja en grupo. Haz un sondeo y luego contesta las preguntas.
1 ¿Cuál es el aparato más popular?
2 ¿Cuál es el aparato menos popular?
3 ¿Quién usa más y menos cada aparato?
4 ¿Cuál es el promedio de horas que se usa cada aparato?

5 Mira los aparatos y completa las frases.

el parlante
los audífonos
la pantalla
el cargador
el ratón
el teclado

1 Los _____ son fantásticos para escuchar mi música.
2 Por las noches, uso los _____ para no despertar a nadie.
3 El _____ inalámbrico es más fácil de mover con la mano.
4 El _____ también es inalámbrico y se puede posicionar mejor.
5 Puedo usar el _____ para cargar el celular directamente de la computadora.
6 Mi computadora nueva tiene una _____ grande.

6 Completa las frases.

| mensajes Internet número llamadas |
| teléfono grandes inteligentes teclado |

1 El _____ fue inventado en 1876 por Alexander Bell en Estados Unidos.
2 Los primeros teléfonos tenían un disco para marcar el _____ y un receptor.
3 Ahora los teléfonos fijos tienen _____.
4 Los primeros teléfonos celulares eran muy _____.
5 Al principio, solo podías hacer y recibir _____.
6 Luego introdujeron los _____ de texto.
7 Los teléfonos _____ con pantallas táctiles son como una computadora.
8 Ahora se puede acceder al _____ y hacer todo desde el celular.

7 Traduce las frases de la Actividad 6.

8 Escribe unas frases sobre la evolución de los aparatos de música.

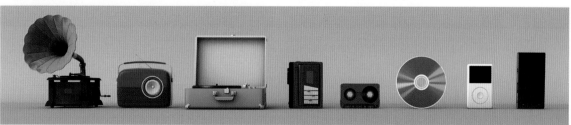

antiguamente	el gramófono	el CD
hoy en día	el radio	el celular
luego llegó/llegaron	el tocadiscos	
Mis padres tenían …	el casete	

9 Habla con tu compañero/a.

escribir trabajos del colegio
leer libros o las noticias
descargar y escuchar música
ver videos
mandar mensajes instantáneos
navegar por Internet
subir fotos a la nube
mantenerse en contacto con la familia
hacerse selfis

¿Para qué usas el portátil?

Lo uso para escribir trabajos del colegio.

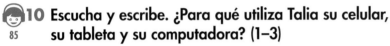 **10 Escucha y escribe. ¿Para qué utiliza Talia su celular, su tableta y su computadora? (1–3)**

85

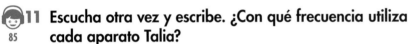 **11 Escucha otra vez y escribe. ¿Con qué frecuencia utiliza cada aparato Talia?**

85

a menudo
a veces
cada día
de vez en cuando
todos los días
una vez/dos veces a la semana

12 Empareja las frases del pasado con las del presente.

Antes ...

1 Las primeras computadoras eran enormes y muy lentas.
2 Antes de los años noventa, la gente no tenía acceso a Internet.
3 Si querías conocer detalles sobre algo, tenías que usar una enciclopedia.
4 Para reservar un vuelo o un hotel, tenías que llamar directo o ir a una agencia de viajes en persona.
5 En el pasado la gente escribía cartas a mano y las enviaba por correo.
6 Para compartir documentos, tenías que archivarlos en un disco duro.
7 Para ver las fotos en la cámara, tenías que llevar la película a revelar. ¡No podías archivarlas en la computadora o borrar las fotos malas!

Y ahora ...

a Podemos enviar mensajes instantáneos por SMS o por correo electrónico. No hay que esperar al cartero.
b Casi todos podemos acceder al Internet en todos los rincones del mundo.
c Es posible hacer reservaciones en Internet sin salir de casa.
d Podemos enviar documentos por correo electrónico o usar sitios especiales para transmitirlos.
e Ahora las hay portátiles y también las tenemos de mano en forma de una tableta o un celular. Son mucho más rápidas.
f Ahora podemos sacarlas con la cámara o con el celular. Podemos compartirlas en segundos y borrar las que no queremos.
g Podemos usar los buscadores para investigar todo.

13 Lee el texto. Escribe para lo que usa Emilio el celular.

La tecnología es muy importante para mí. ¡Estoy enganchado a mi celular! Lo utilizo para chatear con mis amigos y para enviar mensajes SMS a mis padres. También lo utilizo para sacar fotos y hacerme selfis. Veo videos en Internet y los comparto con mis amigos. Nunca descargo música en mi celular porque la escucho en una app de streaming.

Emilio

Gramática

The thing or person directly affected by the action of the verb is called the direct object. To avoid repetition, a pronoun can be used. Direct object pronouns agree in gender and number with the noun they replace.

	masculine	feminine
singular	lo	la
plural	los	las

They usually go before a conjugated verb or on the end of an infinitive.

Mi padre tiene un portátil. Lo utilizo para hacer las tareas. My dad has a laptop. I use it to do my homework.

Saco fotos con mi celular. Me gusta subirlas a Internet. I take photos with my mobile phone. I like to upload them to the internet.

---

14 Copia el texto reemplazando las palabras subrayadas con pronombres de objetos directos.

Tengo un portátil en mi habitación y utilizo el portátil todos los días. Utilizo el portátil para buscar información en Internet y para hacer las tareas. Recibo las tareas todos los días. ¡Qué pesado! Escucho música en streaming porque no me gusta descargar la música. Toco la guitarra y escribo mis propias canciones. Subo mis propias canciones a Internet muy a menudo y mis seguidores escuchan mis propias canciones.

15 Escribe un párrafo sobre tu uso de la tecnología.

Uso el portátil/la tableta/el celular para ...
escribir/leer/ver
descargar/subir
chatear/navegar/mandar

- Talk about how I use the internet
- Say what I'm doing now
- Use *soler* + infinitive

1 **Escucha y busca. Escribe los números en orden.**

86

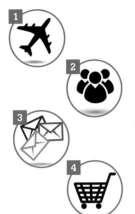

2 **Empareja las frases.**

1 para descargar
2 para comprar
3 para reservar
4 para buscar
5 para conectarme
6 para ver y compartir
7 para hacer
8 para enviar

a vuelos y hoteles
b con mis amigos o mi familia
c videos graciosos
d música y películas
e videollamadas
f correos electrónicos o mensajes instantáneos
g ropa, comida o regalos
h información para las tareas

3 **Habla con tu compañero/a.**

 tú   tu madre   tu padre   tu hermano/a   tu abuela

¿Para qué utiliza el Internet tu hermano?

Lo utiliza principalmente para jugar videojuegos.

4 **Escribe las palabras que faltan.**

| correo | app | sitios | usuario | comprar | contraseña | enviarles | enlace |

Hoy en día, se puede (1) _____ casi todo en línea. Yo tengo unos cuantos (2) _____ web favoritos que uso para comprar ropa. Los puedo acceder desde el portátil o incluso de una (3) _____ que descargué al celular. A veces, es un lío porque me olvido de mi nombre de (4) _____ y de la (5) _____ y no puedo entrar. Luego tengo que (6) _____ un (7) _____ electrónico para que me reenvíen mis datos. En realidad, es muy fácil buscar lo que quieres y con solo hacer clic en un (8) _____ y pagar, te envían tu compra a casa.

5 **Escribe un párrafo sobre tu uso de Internet.**

Paso mucho tiempo en el portátil/el Internet/la tableta. ...

Lo/La uso para ... y ...
comprar
descargar
buscar

conectarme a
compartir
enviar

6 Escucha. ¿A quién ayuda Cristina?
¿Qué quiere hacer el señor?

87

To say what is happening *right now* in Spanish, we use the present continuous tense. This is formed using the present tense of *estar* + the *gerundio* (the present participle/*–ing* form). The present participle is formed using the stem + *–ando* (*–ar* verbs) or *–iendo* (*–er* and *–ir* verbs).

¿Qué *estás haciendo*?
What are you doing?
Estoy introduciendo mi contraseña.
I'm entering my password.
Diego está subiendo fotos.
Diego is uploading photos.

7 Escucha otra vez. Pon el resumen de la conversación en orden.

87

1 Cristina's grandfather logs on with his user name and password.
2 Cristina looks for his inbox.
3 It's not working because he hasn't turned it on!
4 There's an email from Aunt Carolina who wants to come and visit.
5 Cristina searches for flights online.
6 Cristina's grandfather asks for help with the computer.

8 Completa las frases, cambiando los infinitivos por el gerundio.

1 chateando

1 Estoy (chatear) _____ con mis amigos.
2 Estamos (descargar) _____ música.
3 Mi mejor amigo está (mirar) _____ videos.
4 Mis padres están (reservar) _____ un viaje.
5 Estoy (comprar) _____ un regalo para mi madre.
6 Mi padrastro está (subir) _____ fotos de Navidad.

9 Trabaja con tu compañero/a. Representa una acción con mímica.
Tu compañero/a la adivina.

¿Estás descargando música?

¿Estás enviando un mensaje?

No, no estoy descargando música.

¡Sí! Estoy enviando un mensaje.

10 Escribe lo que están haciendo.

Raúl   Emilio y Elisa   Diego   yo   Ayanna y Juana   Marissa   Dominica y yo   Usain

11 Escucha. Empareja las personas con los aparatos.

88

12 Traduce las partes de un sitio web.

1 el buscador	**5** el enlace
2 la página de inicio	**6** el filtro
3 el carrito de la compra	**7** los favoritos
4 la dirección del sitio web	**8** iniciar/cerrar sesión

13 Ve a tu sitio web favorito y cambia la lengua al español.
Apunta el vocabulario que necesitas para navegar el sitio.

14 Lee y empareja las frases con las imágenes.

¿Qué sueles hacer en Internet?

1 Suelo hacer las operaciones bancarias en línea porque no puedo ir al banco durante el día laboral.

2 Suelo ver tutoriales de yoga en Internet porque estoy aprendiendo a hacerlo.

3 Suelo buscar a seguidores para mi cadena de videos porque quiero lanzar mi carrera en la música.

4 Suelo comprar ropa de segunda mano porque es menos cara que la nueva.

5 Suelo subir fotos de mis dibujos a un sitio para productos hechos a mano porque quiero venderlos.

6 Suelo escuchar la radio cuando estoy haciendo las tareas porque me ayuda a concentrarme.

Gramática

The verb *soler* + infinitive is used to talk about what you usually do. It is a stem-changing verb.

s*ue*lo   I
s*ue*les   you (informal sing)
s*ue*le   he/she/you (formal sing)
solemos   we
s*ue*len   you (pl)/they

Suelo transmitir música a mi celular.   I usually stream music on my phone.
Mis amigos y yo solemos compartir fotos.   My friends and I usually share photos.

---

15 Escribe unas frases sobre lo que sueles hacer en Internet.

16 Trabaja en grupo. Investiga para qué suelen usar tus compañeros el Internet. Escribe unas frases.

¿Qué sueles hacer en Internet?

Suelo descargar música.

Juanita suele descargar música.

5.3 Las redes sociales

- Talk about social media
- Discuss how to use social media safely
- Use a range of tenses

1 ¿Cómo se dice en español? Lee los textos sobre lo qué puedes hacer en diferentes redes sociales y busca las frases.

Puedo poner un límite en el tiempo de acceso a la foto, hacer videollamadas, enviar y recibir mensajes instantáneos con fotos o videos y hacer un selfi animado.

Puedo tomar una foto y modificarla con un filtro digital, explorar fotos de las celebridades, crear un perfil personal o una cuenta y agregar amigos o seguidores.

Puedo dar un 'me gusta', un 'me encanta', un 'me entristece' o un 'me sorprende' en los comentarios de mis amigos, participar en grupos de interés, compartir contenido en mi timeline y hacer comentarios.

Puedo seguir a alguien o a una empresa, enviar mensajes con un límite de 280 caracteres, leer las noticias de última hora y ver las tendencias en las redes sociales.

1 to read the latest news
2 to make video calls
3 to add followers
4 to see what's trending on social media
5 to send instant messages
6 to share content from my timeline
7 to create a personal profile
8 to follow someone

2 Escucha la conversación. Lee las frases y escribe V (verdadero) o F (falso).
89
1 Lourdes and her friends want to find out how to take photos using a filter.
2 She doesn't like the fact that you can send and receive messages instantly.
3 Sebastián likes taking selfies too.
4 He likes to follow breaking news as journalists update their reports.
5 He loves looking at photos of fast cars.
6 He has nearly a thousand followers.
7 Lourdes doesn't follow him.
8 He asks Lourdes to take a new profile picture of him.

3 Habla con tu compañero/a. ¿Qué apps usas?

¿Usas ...?.   Sí.

¿Por qué te gusta?   Me gusta porque puedo hacer selfis animados y compartirlos con mis amigos.

4 Prepara una entrada de blog sobre lo que estás haciendo. Usa el presente continuo.

Estoy en el centro comercial con mis amigos.
Estamos tomando batidos en … También …

5 Empareja las opiniones con las fotos.

1 **Para mí**, es fenomenal poder conectarse con personas de todas las nacionalidades y religiones.

2 **En mi opinión**, las redes sociales son útiles si tienes un problema. Puedes compartirlo con personas en la misma situación.

3 **Me interesa** usar las redes sociales para sensibilizar a la gente sobre las buenas causas como reduciendo la cantidad de plástico en el océano.

4 **Pienso que** ya no hacen falta los periódicos porque la gente usa las redes sociales para leer las últimas noticias.

5 **Una ventaja** de las redes sociales, **para mí, es que** puedo ver lo que están haciendo mis amigos y mantenerme en contacto con ellos.

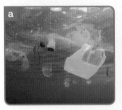 a
 b
 c
 d
 e

6 Traduce las expresiones en negrita de la Actividad 5.

7 Escucha y contesta las preguntas.

Who …
1 thinks that social media is a waste of time?
2 likes being able to share things with thousands of people at once?
3 uses social media to keep in touch with people in another country?
4 isn't interested in knowing what friends are having for dinner?
5 doesn't have many followers?
6 is interested in organising parties via social media?

8 Escribe cinco frases dando tu opinión sobre las redes sociales. Usa las expresiones de la Actividad 5.

poner un límite en el tiempo de acceso a la foto	Es …
hacer llamadas de voz o video	relajante
enviar y recibir mensajes instantáneos con fotos o videos	esencial
agregar amigos o seguidores	útil
participar en grupos de interés	divertido
seguir a una persona o una empresa	
sensibilizar a la gente sobre las buenas causas	
ver las tendencias en las redes sociales	

9 Lee el artículo. Escribe el título para cada párrafo y la letra de la foto correcta.

Los riesgos de las redes sociales

Las redes sociales tienen muchas ventajas pero también tienen un montón de peligros. Hay que tener cuidado.

La adicción
La piratería informática
La huella digital
Los desconocidos
El ciberacoso

1 _____

Parece un problema insignificante pero puede causar mucho estrés. Un buzón lleno de mensajes no solicitados o fraudulentos puede ser peligroso. Nunca debes hacer clic en un enlace en un correo electrónico no solicitado. Podría descargar un virus o software malicioso en tu aparato. Incluso simplemente usar una plataforma de compra y venta puede ser un riesgo para tu privacidad en línea.

2 _____

Engancharse al celular es muy común entre los jóvenes. ¿Revisas el celular cada cinco minutos por miedo de perderte algo? ¿No puedes vivir sin las redes sociales? La comunicación virtual domina la vida de todos pero también hay que conversar con los amigos cara a cara. ¡El contacto humano es importante!

3 _____

Acosar a alguien a través del Internet es peligroso e ilegal, pero pasa constantemente. Consiste en enviar mensajes amenazantes o dejar comentarios crueles en el timeline de una persona. Es fácil malinterpretar un mensaje electrónico, entonces hay que pensar antes de mandarlo. Causa humillación, ansiedad y estrés en las víctimas.

4 _____

¿Cuántos seguidores has agregado a tu perfil? Y ¿cuántos de ellos conoces? Nunca debes aceptar una solicitud de amistad de una persona desconocida. Además es superpeligroso quedar con un amigo virtual. Es fácil crear un perfil falso imitando a otra persona. Si sospechas de alguien, hay que bloquear al usuario.

5 _____

Todo lo que hacemos en las redes sociales queda guardado. Las fotos que subimos, la música que bajamos, los comentarios que hacemos. Si una persona quiere buscar información sobre nosotros, lo pueden hacer fácilmente en línea. Tu futuro jefe podrá encontrar tus páginas personales en las redes sociales. ¿Le va a gustar lo que lee o no?

10 ¿Cómo se dice en español? Busca en el artículo de la Actividad 9.

1 to click on a link

2 to download a virus

3 online privacy

4 to get hooked

5 for fear of missing out

6 to send threatening messages

7 to misunderstand

8 it causes humiliation, anxiety and stress

9 a stranger

10 to create a false profile

11 to block the user

12 saved

11 Lee los comentarios y decide qué problema de la Actividad 9 tiene cada persona.

peligros de Internet

1 El año pasado recibí una solicitud de amistad de un hombre que no conozco. Estaba preocupada así que hablé con mi madre. Rechacé su solicitud y lo bloqueé. Hay que tener mucho cuidado.

2 La semana pasada me llegó un correo electrónico sospechoso de un amigo. Hice clic en el enlace en el mensaje y descargué un virus a mi portátil. ¡Qué tonto! Mi amigo piensa que alguien robó su identidad para compartir el software malicioso. Nunca voy a abrir correos electrónicos sospechosos en el futuro.

3 Anoche un chico en nuestra clase dejó comentarios crueles en una foto en el timeline de mi mejor amiga. Hablamos con nuestro profesor y va a hablar con los padres del acosador. Si los comentarios continúan, vamos a llamar a la policía.

4 Mis padres confiscaron mi celular porque estaba muy enganchada en él. Estoy muy nerviosa porque no puedo acceder a mis redes sociales. Es verdad que estaba pasando demasiado tiempo en Internet y algunas de las cosas como los videos tontos que comparten mis amigos son una pérdida de tiempo.

12 Lee los comentarios de la Actividad 11 otra vez. Identifica los verbos en el pasado, en el presente y en el futuro.

13 Trabaja en grupo. Discutan las ventajas y desventajas de las redes sociales.

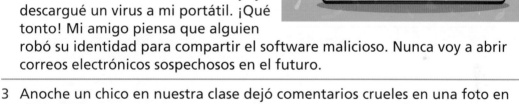

Para mí, mantenerse en contacto es una ventaja de las redes sociales.

Una desventaja es el ciberacoso. Te sientes muy mal si recibes mensajes amenazantes.

Sí, me gusta mucho poder ver lo que están haciendo mis amigos.

Estoy de acuerdo. El ciberacoso causa ansiedad y estrés en las víctimas.

5.4 Hablar por teléfono

- Use technology to communicate
- Have a conversation on the phone
- Use formal and informal verbs

1 Escucha. ¿Qué dicen al contestar al teléfono? (1–3)

91

¿Sabes ...?
There are lots of different ways of answering the phone in Spanish:
Aló (Venezuela, Colombia, Chile)
Bueno (Mexico)
Hola (All regions)
Sí/Diga (Spain)

2 Escucha otra vez e identifica quién llama a quién.

91

3 Escucha otra vez. Lee las frases y escribe V (verdadero) o F (falso).

91

Llamada 1	Llamada 2	Llamada 3
a Antonio's phone shows the caller ID.	a Patricia has sunstroke.	a Mary's dad answers her phone.
b Nathan's phone has run out of charge.	b Fátima tells Patricia she has to come to school anyway.	b She can't answer because she has a piano lesson.
c Antonio invites Nathan to his house for a barbecue.	c Patricia needs her art folder.	c Mary asks if Katia can call her later.
d The barbecue should start around 5 o'clock.	d Fátima can get it for her.	d The dad agrees to pass on the message.

4 Completa la conversación.

por eso	comunicaré	está	le	celular	dejar

¡Aló! Este es el (1) _____ de Ana.
- Hola, soy Lidia.
Hola, Lidia. Soy Simón. Mira, Ana (2) _____ jugando al básquetbol.
- ¡Vale! (3) _____ no contesta.
Exacto. ¿Quieres (4) _____ un mensaje?
- ¿(5) _____ dices si puede llamarme más tarde después de clase?
Vale. Se lo (6) _____.
- Gracias.

5 Pon la conversación en el orden correcto.

b, …

a Vale, se lo comunicaré después del partido.

b ¿Aló?

c ¿Quieres dejar un mensaje?

d No, lo siento, no está. Está jugando al tenis.

e Vale, adiós.

f Gracias. Volveré a llamar a las cinco.

g Chao.

h ¡Ah, sí!

i Llamo para invitarlo a una fiesta de pijama en mi casa esta noche.

j Aló, soy Erick. ¿Eres Jorge?

6 Practica la conversación de la Actividad 5 con tu compañero/a.

7 Trabaja con tu compañero/a. Escribe una conversación telefónica. Usa la conversación de la Actividad 5 para ayudarte.

8 Practícala y represéntala a la clase.

9 Empareja los comentarios con las respuestas.

1 La piscina ¿está abierta este fin de semana?

2 Estoy triste porque mi tableta no funciona.

3 ¡Qué restaurante más terrible! La comida estaba fría y costó mucho.

4 La pasé bien, fue una experiencia genial. Espero volver.

a Nos alegra que la pasó bien. El nuevo álbum empezará a transmitirse el próximo viernes. ¡No se lo pierda!

b Sentimos su mala experiencia en nuestro local. Le invitamos a volver a cenar gratis el fin de semana que viene.

c No, está cerrada porque hay una competencia de natación. Abrirá el lunes a las siete de la mañana.

d Puede contactar con el servicio de asistencia técnica cada día desde las ocho hasta las cinco. Use el formulario en nuestro sitio web para iniciar el chat.

10 Escribe un resumen de las respuestas.

a Glad she had a good time; new album streaming next Friday

Gramática

Remember: The *tú* form of the verb is used with children and people you know well. With adults you don't know and people in positions of authority, you use *usted* + the 3rd person form of the verb. Pronouns also change. Compare the statements below.

What's your name?	How many do you want?	Do you have your coat?
¿Cómo **te** llam**as**?	¿Cuántos quier**es**?	¿Tienes **tu** abrigo?
¿Cómo **se** llam**a**?	¿Cuántos quier**e**?	¿Tiene **su** abrigo?

¡Nota!

It's important to remember when to be informal or formal when communicating on social media. Read the messages and replies in Activity 9 and identify the features that make the messages formal.

---

11 Elige la forma formal de los verbos.

Hola. Quiero comprar los tenis en blanco y azul pero no quedan en mi número. ¿Cuándo los tendrán en stock de nuevo?

Buenos días, señor. Lo siento pero no están disponibles. Los tenemos en blanco y verde o blanco y rojo, si (1) **te / le** gustan estos colores. (2) **Te / Le** invitamos a comprarlos antes de medianoche para obtener un descuento de 15%. (3) **Tienes / Tiene** que introducir el código Tenis15 en la pantalla de compra. Si (4) **prefiere / prefieres** esperar un par de semanas, vamos a sacar unos modelos nuevos. Si (5) **quiere / quieres**, (6) **le / te** podemos enviar un mensaje.

12 Trabaja con tu compañero/a. Escribe un comentario sobre tu experiencia en un restaurante nuevo. Intercambia los comentarios y escribe una respuesta.

13 Escucha. Empareja los mensajes y las imágenes. (1–4)

14 Escucha otra vez y anota los detalles para cada persona. (1–4)

Nombre:
Información sobre:
Número de teléfono:

15 Escucha la conversación e identifica las ocho frases formales.

16 Escucha otra vez. Contesta las preguntas.
  1 What play does the caller want to see?
  2 When does she want tickets for?
  3 How many tickets does she want?
  4 What is the caller's name?
  5 What is her phone number?

17 Completa la conversación con las preguntas correctas.

> Buenos días, Aqualand. (1) _____
> ● Hola quiero reservar unas entradas para Aqualand para el sábado.
>   (2) _____
> ● Quiero tres, por favor.
>   (3) _____
> ● Me llamo Enrique Martín.
>   (4) _____
> ● Se escribe M–A–R–T–I–N.
>   M–A–R–T–I–N. Vale. (5) _____
> ● Sí, es el 0313 952 6772.
>   0313 952 6772. (6) _____
> ● ¿Puedo pagar con tarjeta de crédito al llegar?
>   Claro que sí. Bueno, tres entradas para Aqualand para el sábado
>   están reservadas para usted.
> ● Muchas gracias señor.
>   De nada. Adiós.
> ● Adiós.

18 Trabaja con tu compañero/a. Imagina que quieres reservar entradas
para un concierto. Escribe y actúa la conversación.

5.5 La publicidad

- Understand adverts
- Read critically
- Use the imperative

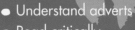

1 Escucha y escribe las letras. (1–4)

Limpia y protege

Calma la sed

agrio/a
delicioso/a
dulce
eficaz
fresco/a
perfumado/a
refrescante
sabroso/a

Con un sabor intenso y cremoso

Caliente y muy sabrosa

2 Completa las frases con un adjetivo adecuado. Después, elige otros productos y escribe cuatro frases más.

1 Este chocolate es _____.
2 Esta pizza es _____.
3 Este champú y acondicionador son _____.
4 Estas sodas son _____.

> torta   ensalada   postre   yogur   naranja   fruta   agua

Gramática

The demonstrative adjective agrees in number and gender with the noun it describes.

Este anuncio no es muy eficaz.   This advert isn't very effective.
Estos anuncios son eficaces.   Those adverts are effective.
Esta soda es demasiado dulce.   This soda is too sweet.
Estas sodas no son dulces.   These sodas aren't sweet.

3 Escribe las palabras que faltan.

> pídala   haga   cremoso   entrega   sabrosísima   elija   pruebe   disponible

1 _____ una de nuestras sodas tropicales.
2 _____ entre cuatro sabores refrescantes.
3 Compre nuestro nuevo champú y acondicionador, _____ en cuatro aromas.
4 Pizza caliente y _____.
5 Nuestra pizza es la mejor. _____ hoy.
6 _____ gratis si gasta más de veinte dólares.
7 Chocolate con sabor intenso y _____ .
8 _____ una pausa y coma nuestro chocolate.

4 Trabaja con tu compañero/a. Escribe un anuncio como los de la Actividad 1 para un producto nuevo. Preséntalo a la clase.

5 Escucha y escribe la letra de la pizza que piden.

95

¡Sabrosa y caliente!

a b c d

Entrega gratis si gasta $20+.
Llame al 202 678 8890.

There are two forms of the superlative.

1 To compare more than two things, use *el/la/los/las* + noun + *más/menos* + adjective
Este chocolate es el más delicioso.
 This chocolate is the most delicious.
Estas pizzas son las más sabrosas.
 These pizzas are the tastiest.

2 To make the adjective much stronger (describing things as 'really' or 'very'), add the *–ísimo/a/os/as* ending.
Adjectives ending in a consonant, add to the end: *facilísimo*
Adjectives ending in a vowel, drop the vowel and add: *pequeñísimo*, *grandísimo*
Esta naranja está agrísima.
 This orange is really sour.

6 Escucha otra vez. Copia y completa el cuadro.

95

Pizza	Opiniones
margarita	
pepperoni	
pollo a la parrilla	
jamón	

7 Escribe las frases cambiando los adjetivos al superlativo.

1 Esta sudadera con capucha es cómoda.
2 Estas zapatillas de deporte son elegantes.
3 Este celular es fácil de usar.
4 Estos cascos son de tecnología moderna.
5 Estas gafas de sol son caras.
6 Este chocolate es bueno.

8 Completa las frases con una forma del superlativo.

1 Prueba este chocolate. Es (delicioso) _____ .
2 Me gusta esta soda. ¡Es (refrescante) _____ !
3 Prefiero esos champús porque son (perfumado) _____ .
4 ¿Y esas pizzas? ¿Son (sabrosas) _____ ?
5 ¡No compre aquel yogur! Es (agrio) _____ .
6 Nos encanta esta fruta. Es (dulce) _____ .

9 Túrnate en grupo.

¿Qué pizza prefieres?   Prefiero la de pepperoni porque es deliciosísima.

¡Puaj! La odio. Para mí la de jamón es la más deliciosa.

10 Lee los anuncios y contesta las preguntas.

1 ¿Qué heladería es la más cara?
2 ¿Qué anuncio es el más atrayente? ¿Por qué?
3 ¿Qué heladería produce los helados de mejor calidad?
4 ¿A qué heladería te gustaría ir? ¿Por qué?

11 Lee los anuncios de camisetas y contesta las preguntas.

Ropa de colores

Camisetas cómodas a precios bajos

Pídalas hoy para entrega gratis mañana.
¡Compre dos, pague por una! $6/camiseta.

Camisetas singulares

¿Por qué comprar una camiseta aburrida?

¿Quiere comprar un regalo especial?
¿Organiza una fiesta o una excursión?
Personalizamos camisetas para cualquier ocasión.
Envíenos el texto y las imágenes que quiere y crearemos una camiseta única.
Nuestras camisetas tardan siete días en llegar por correo. ¡No se lo pierda!
¡Pídala hoy!
$10/camiseta. Hay descuento para pedidos al por mayor.

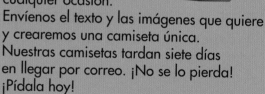

1 ¿Cuánto cuestan las camisetas de los dos anuncios?
2 ¿Cuál de las dos camisetas llegará primero si la pides hoy?
3 ¿Qué descuentos se ofrecen?
4 ¿Cuál es el eslogan más efectivo en tu opinión?
5 ¿Qué camiseta te gustaría comprar y por qué?

> **Gramática**
>
> Adverts generally use the formal form of the imperative: *¡Pruébelo! ¡No se lo pierda! ¡Cómprelo!*
>
> Regular verbs form the imperative as follows:
>
> | | Informal | Formal |
> |---|---|---|
> | probar | ¡prueba! | ¡pruebe! |
> | comer | ¡come! | ¡coma! |
> | abrir | ¡abre! | ¡abra! |
>
> Some verbs have irregular imperative forms:
>
> | | Informal | Formal |
> |---|---|---|
> | hacer | ¡haz! | ¡haga! |
> | ir | ¡ve! | ¡vaya! |
> | ser | ¡sé! | ¡sea! |

12 Busca las formas formales del imperativo en los anuncios de las Actividades 10 y 11.

13 Lee los anuncios. Lee el texto y escribe las palabras que faltan.

compartimentos	reembolso	colores	venta flash
resistentes	baratas	garantía	

Equipaje elegante

La única mochila que necesita

Mochilas resistentes para llevar de todo. Compartimentos separados para el portátil/la tableta, el celular y una botella. Con garantía de un año – si se rompe, devuélvala para un reembolso. $35. Pídala hoy para entrega gratis.

MochiMochilas

Mochilas magníficas para el regreso a clases.

Elija entre diez colores de mochila.
$25.99

¡Venta Flash! Pida hoy para recibir un descuento del 25%*

*Las mochilas compradas en la venta Flash no pueden devolverse.

Las mochilas de Equipaje Elegante son más (1) _____ que las mochilas de Mochimochilas. Tienen muchos (2) _____ para llevar todo tipo de artículos. Tienen una (3) _____ si se rompen dentro de un año y es posible obtener un (4) _____. Las mochilas de Mochimochilas son más (5) _____ y hay más variedad de (6) _____. Además hay una (7) _____ para pedidos de hoy. En mi opinión las mochilas de (8) _____ son las mejores.

14 Usa el texto de la Actividad 13 para escribir un análisis de los anuncios de helados en la Actividad 10.

15 Escribe unas frases con un imperativo para cada producto.

16 Elige uno de los productos de la Actividad 15 y diseña un anuncio. Incluye:

el precio

las horas de entrega

las ofertas

la política de devoluciones

verbos en el imperativo

¡Nota!
Remember to use the formal imperative.

Hablar como un nativo

A veces el español que se escucha en la calle es un poco distinto al que se aprende en los libros. Hay muchas variedades de español, **ya que** se habla en varios países y los idiomas siempre reflejan la cultura nativa. Hoy en día, también está la influencia del inglés, que por su uso a nivel internacional, ha **dado lugar al** 'Spanglish'.

Es una **mezcla** de inglés y español que resulta en unos términos extraños como 'guachimán' para guardia. (Intenta pronunciar 'watch man' con acento español.) Muchos estudiantes de español se sorprenden cuando llegan a países como Venezuela o la República Dominicana y escuchan palabras y expresiones que no conocían antes. Por ejemplo, '¿Quihubo?' es una forma comprimida de '¿Qué hubo?', que simplemente es otra forma de decir '¿Qué tal?' Los regionalismos complican la historia aún más. Un 'pelado', en algunos países hispanohablantes, significa alguien sin pelo. Sin embargo, en otros se usa para referirse a una persona joven en general. En vez de 'genial', en algunos países dicen 'bacano' así que si escuchas 'ese pelado es un bacano', es buena **señal**. Parece complicado, ¿verdad? No hay que olvidar que ayuda mucho el contexto y la manera de expresarse para entender lo que alguien está diciendo.

Ana Milena

1 Contesta las preguntas.

1 Why is Spanish so varied throughout Spanish-speaking countries?
2 Why has Spanglish developed?
3 What is Spanglish?
4 What can help you understand Spanglish words?
5 What are *regionalismos*?
6 What things can help with comprehension?

ya que	since, given that
dar lugar a	to give rise to
la mezcla	mix
señal	sign

UNA CUESTIÓN DE ETIQUETA

Entender las costumbres sociales de otras culturas puede ser un poco complicado al principio pero es una parte importante de la comunicación. Por ejemplo, ¿cuál es la forma **adecuada** de **saludar** a alguien? ¿Qué es lo correcto? ¿**Dar un beso**, o dos? ¿O **dar la mano**? Si conoces las costumbres de cada país, estarás seguro de no ofender. Por ejemplo en Latinoamérica, en general, si saludas a los amigos o la familia, lo normal es besar en la mejilla. Se da un solo beso, a diferencia de España donde se dan dos, uno en cada lado. Sin embargo, entre hombres es más habitual **darse un abrazo** y también de forma más informal entre jóvenes, **'chocar los cinco'**. Por otro lado, si estás en una situación más formal como en el trabajo, es **corriente** dar la mano.

Si vas a un país desconocido, está bien informarse sobre costumbres como si dar **propina** a un mesero o a un taxista. También, si viajas a partes más remotas, es bueno conocer algunas de las costumbres como si es aceptable o no regatear en mercados como este de Otavalo en Ecuador.

Javier

adecuado	appropriate
saludar	to greet
dar(se) un beso	to kiss (each other)
dar(se) la mano	to shake hands
dar(se) un abrazo	to hug
chocar los cinco	to high-five
corriente	normal
la propina	tip

1 Lee el texto. Lee las frases y escribe V (verdadero) o F (falso).

1 Entender la etiqueta social es parte de la comunicación con otras culturas.

2 En Latinoamérica un hombre y una mujer que son amigos se saludan con un beso.

3 En España dos mujeres que se conocen se saludan con dos besos en la misma mejilla.

4 Entre hombres, se prefiere un abrazo a un beso.

5 La costumbre de dar propina es igual en todas partes.

6 Siempre es apropiado regatear.

Mi mundo, tu mundo

Research 10 regionalisms used in Latinamerican countries.
What social customs might people not be familiar with when they visit your country?

A reforzar

1 Empareja las frases.

1 Escucho música
2 Saco fotos
3 Hago selfis
4 Escribo trabajos del colegio
5 Juego videojuegos
6 Hago clic en los enlaces

a con el celular.
b en el portátil.
c en la consola.
d por los audífonos.
e con el ratón.
f con mi cámara.

2 Completa las frases con las formas correctas de *estar*. Tradúcelas.

1 _____ descargando canciones a mi celular.
2 Mi madre _____ leyendo las noticias en su tableta.
3 Mi mejor amigo y yo _____ escribiendo mensajes.
4 Mis hermanos _____ jugando con la consola.
5 ¿Qué _____ haciendo, Emilio?
6 Mis abuelos nos _____ llamando por Skype.

3 ¿Ventajas o desventajas? Categoriza las frases.

a mantenerse en contacto con amigos
b conectar con una persona desconocida
c buscar información
d descargar un virus
e sufrir ciberacoso
f concientizarse sobre problemas globales
g recibir mensajes no solicitados
h hacerse adicto
i buscar apoyo

4 Pon la conversación en orden. Después, añade unas frases más y practícala con tu compañero/a.

1 Hola, Jorge. Llamo para invitarte a mi fiesta.
2 Me gustaría venir.
3 ¿Aló?
4 ¡Qué bien! ¿Cuándo es?
5 Mañana a mediodía.
6 Hola, soy Jorge.

terminar las tareas   ¿Dónde es?

¿A qué hora es?   gracias por llamar

A practicar

96

1 Escucha y elige las tres frases correctas según lo que dice Andrés.

1 Andrés' parents don't like social media.
2 They're worried about cyberbullying.
3 Andrés thinks it's fun.
4 You can chat with your friends and see what they are up to.
5 You can also share funny videos.
6 As long as you're careful, there shouldn't be a problem.

2 Cambia los verbos en el presente a las formas correctas de *soler* + infinitivo.
1 Descargo música.
2 Compro ropa y maquillaje.
3 Mi hermano chatea con sus amigos.
4 Mis padres leen las noticias.
5 Mi abuela y yo hacemos llamadas de video.
6 ¿Transmites música?

3 Escribe frases para describir los productos con el adjetivo demostrativo y el superlativo con *más*.
1 Estos tenis son los más baratos.

1 tenis – barato
2 perfume – perfumado
3 camiseta – bonito
4 chocolate – cremoso
5 flores – caro
6 bebidas – refrescante

4 Túrnate con tu compañero/a.
¿Qué sueles hacer en el Internet?

Suelo descargar música.
Me gusta sobre todo el rap.

descargar	chatear
comprar	jugar
ver	enviar
leer	compartir

5 Escribe un blog sobre un artículo que compraste. Incluye:
- el precio
- fue caro/barato
- el color
- la calidad
- el descuento
- la venta flash

A ampliar

1 **Completa las frases con la forma formal del imperativo en singular.**

1 ¡(Escuchar) _____ estas instrucciones!
2 ¡(Subir) _____ la foto!
3 ¡(Tener) _____ cuidado con los desconocidos.
4 ¡(Ver) _____ el video!
5 ¡(Hacer) _____ clic en el enlace!
6 ¡No (leer) _____ los comentarios!

2 **Escucha. Lee las frases y escribe V (verdadero) o F (falso).**

97

1 You can unlock the phone with your fingerprints.
2 The photo quality is very good.
3 It takes five hours to charge.
4 It has the latest apps.
5 You need to save photos, videos and music to the cloud because it doesn't have much memory.
6 It is really affordable.

3 **Traduce las frases.**

1 A tablet has a touchscreen.
2 My grandparents watched black and white TV programmes.
3 They didn't have a radio.
4 I usually save my photos to the cloud.
5 Last week I broke the LCD screen on my laptop.
6 I use social media to make people aware of good causes.

4 **Escribe tu opinión sobre las redes sociales. Incluye:**

● para qué las usas
● las ventajas
● los riesgos
● lo que hiciste en una red social la semana pasada

Talk about technology

Talk about internet access	*Podemos usar los buscadores para investigar todo.*
Say what I use my devices for	*Saco fotos en mi celular.*
Ask someone what they use a device for	*¿Para qué usas la tableta?*
Say how often I use my devices	*Uso la tableta dos veces al día.*
Ask someone what they use the internet for	*¿Para qué utilizas el Internet?*
Say what I use the internet for	*Uso el Internet para descargar música.*
Name the parts of a web page	*Este es un enlace.*
Use direct object pronouns	*La uso para leer las noticias.*

Use a range of tenses

Say what happened	*Recibí una solicitud de amistad de una persona que no conozco.*
Say what I'm doing now	*Estoy introduciendo la contraseña.*
Ask someone what he/she is doing now	*¿Qué estás haciendo?*
Say what I usually do	*Suelo ver vídeos.*

Talk about social media

Give my opinion on social media	*En mi opinión, las redes sociales son una pérdida de tiempo.*
Give my opinion in different ways	*En mi opinión, para mí, pienso que …*
Say what I'm (not) interested in	*Lo que (no) me gusta/interesa es …*
Talk about the advantages of social media	*Sensibilizan a la gente sobre las buenas causas.*
Talk about the disadvantages of social media	*Los jóvenes se enganchan al celular.*
Talk about a recent experience on social media	*Anoche recibí comentarios crueles.*

Talk on the phone

Answer the phone	*¿Aló?*
Say who I am	*Soy Nadia.*
Ask to leave a message	*¿Puedo dejar un mensaje?*
Say what I'm calling about	*Llamo para invitarte a mi casa.*
Leave a voicemail	*Me llamo Nadia. Mi número es el 01 998 132 9056.*

Respond to adverts

Describe items using the superlative	*Este celular es baratísimo.*
	Esta pizza es la más sabrosa.
Understand language in adverts	*¡Compre dos, pague por una!*
	Elija entre diez colores.
Use the formal imperative	*Pruebe el nuevo champú.*

Palabras y frases – Unidad 5

La tecnología / Technology

el aparato	device
la aplicación/la app	app
los audífonos	headphones
la cámara	camera
el cargador	charger
el celular	mobile phone
la computadora	computer
la consola	console
los gráficos	graphics
el Internet	the internet
la nube	the cloud
la pantalla (LCD)	(LCD) screen
la pantalla táctil	touchscreen
el parlante	speaker
el portátil	laptop
la red	the Net
el teléfono fijo	landline telephone
la televisión	television
el televisor	television set
la tableta	tablet
el teclado	keyboard
el ratón	mouse
el video	video
inalámbrico	wireless

Navegar por Internet / Surfing the internet

la adicción	addiction
el buscador	search engine
el buzón	mailbox
el carrito de la compra	basket
el ciberacoso	cyberbullying
la contraseña	password
el correo basura	junk mail
los desconocidos	strangers
la dirección del sitio web	website address
el enlace	link
los favoritos	favourites
el filtro	filter
la página de inicio	homepage
el perfil falso	a false profile
el sitio web	website
la solicitud de amistad	friend request
el usuario	username
bloquear	to block
borrar	to delete
descargar un virus	to download a virus
iniciar/cerrar sesión	to log on/off
peligroso/a	dangerous
ilegal	illegal

Utilizo el Internet para … / I use the internet to …

buscar información para las tareas	research information for homework
compartir fotos	share photos
comprar ropa, comida o regalos	buy clothes, food or presents
conectarme a mis amigos/mi familia	get in touch with my friends/my family
descargar/subir música	download/upload music
enviar correos electrónicos	send emails
enviar mensajes instantáneos	instant messages
hacer clic en un enlace	click on a link
hacer videollamadas	make video calls
leer las noticias de última hora	read breaking news
reservar vuelos y hoteles	make flight and hotel reservations
sensibilizar a la gente sobre buenas causas	make people aware of good causes
ver videos graciosos	watch funny videos

Algunas desventajas / Some disadvantages

engancharse	to get hooked
recibir mensajes amenazantes	to send threatening messages
malinterpretar	to misunderstand
miedo de perderse algo	fear of missing out
no poder vivir sin	not to be able to live without
la piratería informática	hacking

Utilizo el celular para … / I use my mobile phone to …

hacer llamadas de voz	make voice calls
hacer selfis	take selfies
enviar/recibir mensajes instantáneos	send/receive instant messages
modificar fotos con un filtro	apply filters to a photo

Utilizo las redes sociales para …

actualizar mi estado
agregar seguidores
compartir contenido en
 el timeline
crear un perfil personal
dar un 'me gusta' en un
 comentario
explorar fotos de las
 celebridades
la fuente de noticias
participar en grupos
 de interés
seguir a una persona/
 empresa
ver las tendencias en las
 redes sociales

I use social media to …

update my status
add followers
share content on my
 timeline
create a personal profile
like a comment

look at photos of
 celebrities
newsfeed
take part in interest
 groups
follow a person/business

see what's trending

Hablar por teléfono

¿Aló?
¿Bueno?
¡Hola!
(Lo/La) llamo para …
¿Cómo quiere pagar?

¿Cómo se llama?
¿Cómo se escribe su
 apellido?
¿Cuántos quiere?
Gracias por llamar.
¿Puedo ayudarle?
¿Quiere dejar un
 mensaje?
Quisiera …
¿Tiene un número de
 teléfono?
¿Y usted?

Talking on the phone

Hello
Hello
Hello
I'm calling (you) to …
How would you like to
 pay?
What's your name?
How do you spell your
 surname?
How many do you want?
Thanks for calling.
Can I help you?
Do you want to leave a
 message?
I'd like …
Do you have a phone
 number?
And you?

La publicidad

¡Compre …!
¡Pruebe …!
las horas de entrega
la oferta
la política de
 devoluciones
la prenda
agrio/a
delicioso/a
dulce
eficaz
fresco/a
perfumado/a
refrescante
sabroso/a

Esperamos verlo/verla …
Gracias por su feedback.

Lo/La invitamos a …
Lo sentimos.
¡No se lo pierda!
Puede contactar el
 servicio de asistencia
 técnica.
una mala experiencia
Use el formulario en
 nuestro sitio web.

Advertising

Buy …!
Try …!
delivery times
special offer
returns policy

item (of clothing)
sour
delicious
sweet
effective
fresh
fragrant
refreshing
tasty

We hope to see you …
Thank you for your
 feedback.
We invite you to …
We are sorry.
Don't miss it!
You can contact our
 technical support
 service.
a bad experience
Use the form on our
 website.

6 EN EL futuro

- Say what I'm going to do in the holidays
- Talk about learning a new skill
- Use the near future tense

6.1 Las vacaciones escolares

98

1 Escucha y escribe las letras. (1–8)

a ayudar a mis padres en casa

b ir al supermercado

c lavar el carro

d arreglar mi habitación

e trabajar en una heladería

f cuidar de mi hermano menor

g pasear a los perros

h pasar la aspiradora

2 ¿Qué van a hacer para ganar dinero?
Escucha y escribe.
99

| Jacinto | Mónica | Arnulfo |

3 Elige las formas correctas.
1 Mi hermana **voy / van / va** a pasar sus vacaciones en España.
2 Yo **voy / vas / va** a trabajar en una heladería al terminar mis clases.
3 Los estudiantes **vas / van / va** a ir de excursión en las vacaciones.
4 ¿Vas a **levantar / levantarte / levantarse** temprano mañana?
5 ¿Ustedes van a **trabajan / trabajar / trabajas** en las vacaciones?
6 Esta tarde, mi abuela va a **recoger / recoge / recojo** a mi hermanito de la escuela.

4 Túrnate en grupo. Haz una cadena.

> Para ganar dinero en las vacaciones, voy a lavar el carro de mis vecinos.

> Para ganar dinero en las vacaciones, voy a lavar el carro de mis vecinos y voy a trabajar en una cafetería.

Gramática
The near future tense is used to talk about something you are going to do. It is formed by using *ir* + *a* + infinitive.

¿Vas a jugar al tenis?
Are you going to play tennis?
Ella va a cuidar de su hermanita.
She's going to look after her little sister.
Van a relajarse.
They're going to relax.

Gramática
When the direct object of a verb is a person or animal, the preposition *a* is included before the noun. This is called 'the personal *a*'. It is not translated.

Visité a mis primos.
I visited my cousins.
¿Conoces a Marinela?
Do you know Marinela?
Amo a mi gato.
I love my cat.

5 Trabaja en grupo. Pregunta a tus compañeros qué van
   a hacer durante las vacaciones escolares.

estudiar	ir de camping	acostarse temprano
jugar al fútbol	no hacer nada	pasar tiempo con
relajarse	hacer una barbacoa	mis amigos
leer mucho	despertarse tarde	

◁ ¿Qué vas a hacer en las vacaciones escolares?

No voy a hacer nada. Voy a leer mucho. ▷

◁ Ana no va a hacer nada. Va a leer mucho.

¡Nota!
How do you form the near
future of reflexive verbs?

6 ¿Qué van a hacer en las vacaciones? Escucha y empareja. (1–6)

1	Javier	a	solo quiere descansar.
2	Ana	b	no va a seguir una rutina.
3	Gabriela	c	va a practicar sus habilidades en la cocina.
4	Antonio	d	va a cuidar de unos niños.
5	María	e	va a salir y divertirse.
6	Rosa	f	quiere disfrutar de la naturaleza.

7 Lee el correo electrónico y contesta las preguntas.

¡Hola!

¿Cómo estás? Yo estoy bien y muy emocionado porque en las vacaciones escolares voy a
viajar a México por dos semanas en el mes de agosto. Voy a quedarme con mis tíos y primos
en Ciudad de México. Va a hacer mucho calor, pero quiero visitar muchos sitios. Voy a visitar
atracciones turísticas como el Zócalo, el Museo de Frida Kahlo y los Jardines de Xochimilco.
Durante mi estancia voy a visitar las Pirámides del Sol y la Luna en Teotihuacán con mi tía y mi
primo Andrés. Mi tío trabaja en una agencia de viajes y un fin de semana va a llevarnos a todos
a Yucatán para ver Chichén Itzá, la ciudad maya más visitada en México. ¡Ya estoy deseando
estar allí! Es la primera vez que viajo a otro país solo y tengo un poco de miedo, pero mis tíos
son muy amables. El resto de las vacaciones no voy a hacer mucho. Voy a despertarme tarde,
relajarme y pasar tiempo con mis amigos. ¿Qué vas a hacer para tus vacaciones escolares?
Escríbeme pronto y cuéntame tus planes.

Un abrazo|
Juan

1 Why is Juan excited about his summer holidays?
2 Where will he be staying?
3 What will he visit with his aunt and cousin during his stay?
4 Where will his uncle take him and the family?
5 Why is he a bit scared?
6 What will he do for the rest of his school holidays?

8 Escribe tu respuesta al correo de Juan.

9 Mira las fotos y escribe las frases. Escucha y comprueba. (1–8)

101

jugar al béisbol	*tocar la batería*	*dar primeros auxilios*
manejar	*hacer malabares*	*bailar*
hacer surf	*cocinar*	

10 Escucha. Lee las frases y escribe V (verdadero) o F (falso).

102

1 Ronaldo va a ir a la costa para pasar sus vacaciones.
2 La familia va a cenar en el restaurante La Bastille.
3 Ronaldo va a pasar la tarde con sus padres en el centro de San José.
4 Sus padres van a comprar artesanía después del teatro.
5 Al día siguiente va a relajarse con sus amigos.
6 El fin de semana Ronaldo va a hacer deporte con su amiga.
7 Juliana va a comprarles un helado a sus amigos.
8 Por la noche van a salir a cenar con la familia.

11 Completa las frases con las formas correctas del futuro próximo.

1 En agosto, yo (hacer malabares) _____ en la actuación de mi colegio.
2 Este sábado, María y sus primos (ir a la playa) _____ para hacer surf.
3 Mi prima (aprender a manejar) _____.
4 Mi madrastra (preparar) _____ la cena esta noche.
5 ¿A qué hora (acostarse) _____ en las vacaciones, Celia?
6 Mi hermano y yo (tocar) _____ la guitarra en el espectáculo.

12 Túrnate con tu compañero/a. Elige dos habilidades de la Actividad 9 que quieres aprender a hacer y di por qué.

¿Qué vas a aprender a hacer en las vacaciones escolares?

Voy a aprender a bailar porque me gustaría ser bailarín en el futuro.

13 Lee los textos y contesta las preguntas.

Nuevas aventuras

Soy Alfredo. Me encanta la música. Ya toco la guitarra un poco y ahora quiero aprender a tocar la batería. Puedo hacerlo en el verano porque va a haber clases en el colegio y no cuestan mucho. Un día me gustaría formar un grupo con unos amigos.

Soy Eliana y los deportes acuáticos me fascinan. Soy buena para el surf porque soy fuerte y aventurera. Los fines de semana hago surf con mis amigos. La pasamos de maravilla. Nunca hice canotaje ni vela, pero son otros dos deportes que me entusiasman y quiero dedicar tiempo en las vacaciones para aprenderlos.

Soy Pablo. En mis ratos libres estoy aprendiendo a hacer malabares. Practico en casa delante de mi hermanastro pequeño y se ríe mucho cuando dejo caer las bolas. Ya soy bastante bueno y a veces voy al centro y practico en la calle. Me ilusiona cuando la gente se para y mira. ¡Muchos me aplauden y ponen dinero en mi sombrero! Me encanta pero es una actividad bastante solitaria.

Soy Ana. Este verano quiero aprender a hacer algo útil. Voy a hacer un curso para aprender a dar primeros auxilios y poder ayudar a la gente en casos de emergencia. Después del colegio voy a ser voluntaria para una organización como la Cruz Roja y viajar a otros países para adquirir experiencia.

1 ¿Qué instrumentos toca Alfredo?
2 ¿Qué va a hacer en el verano?
3 ¿Por qué Eliana es buena para el surf?
4 ¿Qué otros deportes le gustaría practicar a Eliana?
5 ¿Qué hace Pablo en su tiempo libre?
6 ¿Cómo sabe que es bueno?
7 ¿Por qué quiere Ana hacer un curso de primeros auxilios?
8 ¿Qué tipo de experiencia quiere adquirir Ana después de terminar el colegio?

> **¡Nota!**
> In Spanish, the suffix *–astro/a* is used for new family members who join an existing family unit. What do these words mean?
> *el* herman*astro*, *la* herman*astra*
> *el* padr*astro*, *la* madr*astra*

14 Escucha. Copia y completa el cuadro. (1–3)

	Para ganar dinero, va a …	Para divertirse, va a …	Va a aprender a …
Ronaldo			
Pepe			
Ángela			

15 Escribe un blog sobre tus planes de verano. Incluye:
- qué vas a hacer para ganar dinero
- qué vas a hacer para divertirte
- algo nuevo que vas a aprender durante las vacaciones escolares y por qué

6.2 Mis talentos

- Say what I can do
- Give advice
- Use *poder* and *saber*

1 ¿Cómo se dice en español? Lee las preguntas 1–10 del quiz y busca las palabras.

1 to play
2 to repair
3 to touch
4 to set up
5 to drive

6 to speak
7 to run
8 to swim
9 to do
10 to cook

2 Haz el quiz. Después busca tu resultado abajo.

¿Qué habilidades tienes? ¡Haz el quiz!

Escribe tus repuestas. Para cada pregunta, elige …

A Sí, puedo/sé hacerlo.

B No, no puedo/no sé hacerlo, pero quiero aprender.

C No puedo/sé hacerlo y no me interesa aprender.

1 ¿Puedes nadar más de diez largos?
2 ¿Sabes reparar una bicicleta?
3 ¿Puedes hacer las tareas sin ayuda?
4 ¿Sabes configurar una computadora?
5 ¿Sabes cocinar?

6 ¿Sabes manejar?
7 ¿Puedes tocarte los dedos del pie?
8 ¿Sabes hablar un idioma extranjero?
9 ¿Sabes tocar un instrumento?
10 ¿Puedes correr del cole a tu casa sin parar?

Calcula tu total y mira tu resultado. para **A** 3 puntos   para **B** 2 puntos   para **C** 1 punto

1–10 puntos: Es importante intentar cosas nuevas y aprender nuevas habilidades para descubrir tus talentos. ¿Dices que no te gusta el deporte? Hay muchos deportes distintos. Si no te gusta el deporte en equipo, puedes probar algo en solitario como la natación, el ciclismo, el patinaje, o si te gusta la nieve, el esquí. ¿Por qué no buscas una actividad que te interesa hacer solo o con amigos?

11–20 puntos: Tienes muchas buenas habilidades, pero hay muchas más que puedes aprender. Si ya ayudas a preparar la cena en casa, ¿por qué no buscas un curso de cocina para aprender nuevas recetas y sorprender a tu familia y tus amigos con comidas deliciosas? Si ya tocas un instrumento, ¿por qué no aprendes a tocar otro? Es importante seguir buscando nuevos retos para descubrir y desarrollar nuevas aptitudes.

21–30 puntos: ¡Felicidades! Ya sabes hacer muchas cosas. Eres una persona aventurera y te gusta intentar diferentes cosas como el deporte, la cultura y la tecnología. ¿Por qué no compartes tus talentos con tus compañeros y los animas a ampliar sus habilidades? ¿Quién sabe? Puedes descubrir que tienes otro talento - ¡la enseñanza!

Gramática

In English, we use 'can' for both the ability to complete an action/task and the knowledge or skill to do it. Compare 'Can you touch your toes?' (= Are you able to?) and 'Can you swim?' (= Do you know how to?). Spanish has two verbs for this: *poder* and *saber*. Both are followed by the infinitive.

¿*Puedes* correr muy rápido?   Can you run very quickly?

¿*Sabes* reparar una bicicleta? Do you know how to/Can you repair a bike?

poder is a stem-changing verb with regular –er endings (*puedo, puedes, …*)

saber is a regular –er verb apart from the *yo*/'I' form (*sé, sabes, …*)

3 ¿Estás de acuerdo con tu resultado? Compáralo con el de tu compañero/a.

¿Cuántos puntos tienes?   ¿Qué quieres aprender a hacer?

4 ¡Tres retos! Túrnate con tu compañero/a.

Recita los meses del año al revés.

Párate en un pie por un minuto.

Corre en el lugar y cuenta de cinco en cinco hasta 50.

5 Escucha. Copia y completa el cuadro. (1–4)

	Es bueno para ...	Es malo para ...
1		
2		

> Soy bueno/a para ...
> Soy malo/a para ...
> Es genial para ...
> Es experto/a en ...

6 ¿Las frases del cuadro de la Actividad 5 verdaderas para ti? Habla con tu compañero/a.

> Yo soy bueno para los idiomas. ¿Y tú?

> No, soy malo para los idiomas pero soy muy bueno para la música.

7 Escucha. Lee las frases y escribe V (verdadero) o F (falso). (1–4)

Ana

Antonio

Raúl

Carla

1 Raúl es buen conductor.
2 Su instructor dice que debería pilotar aviones en el futuro.
3 Antonio no es muy estudioso.
4 Antonio es bueno para los deportes como sus amigos.
5 A Carla le gustaría trabajar en la fabricación de automóviles.
6 Carla es buena para la informática.
7 A Ana le gustaría ser productora de música.
8 Ana es buena para la música y sube sus canciones y videos al Internet.

8 Túrnate en grupo. Di lo que puedes y no puedes hacer.

> Puedo correr del cole a casa sin parar, pero no puedo hacer rap.

> Puedo nadar más de diez largos, pero no puedo correr del cole a casa sin parar.

> No puedo hacer rap, pero puedo tocar un instrumento.

9 Escribe un párrafo sobre tus talentos y los que te gustaría aprender.

escribir/producir música
hablar varios idiomas
tocar un instrumento

ser bueno/a para los deportes/
las matemáticas/la informática
hacer surf/malabares/rap

¡Nota!
Do you remember the full forms of *saber* and *poder*?

6.2 Mis talentos

10 Empareja las frases.

1 No soy genial para sacar fotos.
2 Soy mala para los idiomas extranjeros y quiero mejorar mi francés.
3 Soy buena para la cocina y quiero buscar un trabajo de medio tiempo.
4 Soy bueno para los deportes y quiero unirme a un club de fútbol.
5 Soy malo para hacer los quehaceres.
6 No soy experto en computadoras.

a Deberías mirar los anuncios en el periódico.
b Deberías hablar con el entrenador.
c Deberías aprender diez palabras nuevas cada día.
d Deberías ayudar más en casa.
e Deberías hacer un curso de informática.
f Deberías practicar cada día con la cámara.

11 Escucha. Copia y completa el cuadro.

106

	Destrezas	Quiere	Consejo
Gloria			
Pablo			
Anita			
Rodolfo			

12 Escribe las formas correctas de los verbos *poder*, *saber* y *deber*.

Hoy en día, los deportes son importantes y todo el mundo (1) _____ practicar por lo menos uno. Yo soy una persona muy activa y los deportes me encantan pero algunos de mis amigos pasan todo el tiempo en las redes sociales. Les digo que (2) _____ hacer más ejercicio y vivir una vida más activa. Yo no (3) _____ estar sentada tanto tiempo. Nado y juego al tenis pero ahora quiero buscar un deporte de equipo. Nunca jugué al críquet pero me interesa aprender. No (4) _____ si tengo la coordinación necesaria para darle a la pelota con el bate. Mis amigos todos (5) _____ jugar bien y me dicen que (6) _____ unirme a su equipo. Ellos (7) _____ ayudarme con las reglas y las técnicas. ¡(8) _____ hacerlo!

13 Trabaja en grupo. Escribe un problema. Toma un papel y da un consejo.

No soy buena para hacer malabares.

Deberías practicar cada tarde.

14 Lee. Después empareja el problema con el consejo.

1 ¡Estoy harta de estudiar! Me siento muy tensa con todo lo que tengo que hacer en la escuela y en casa. Tengo que entregar muchos proyectos antes del final del curso. ¡No puedo concentrarme ni pensar! Cuando llego a casa, tengo que ayudar a mi madre. Es muy difícil. No sé qué hacer. ¡Necesito ayuda!

Daniela

2 Sufro de acoso escolar porque estoy un poco gordo. Mis amigos se ríen de mí y hacen comentarios ofensivos sobre mi peso. Me está afectando mucho. No duermo bien y no quiero ir a clase.

Arturo

3 No soy muy popular en el colegio y no tengo muchos amigos. Me siento triste y sola y no sé qué hacer. Quiero ser aceptada pero no encuentro un grupo con los mismos intereses que yo.

Diana

A Deberías informar a tu profesor y tus padres inmediatamente. El colegio debe confrontar a los estudiantes que están causando el problema. Después, tus padres y el colegio pueden ayudarte con un plan de ejercicio y comidas sanas para mejorar tu propia autoestima.

B No deberías cambiar cómo eres solo para ser parte de un grupo. Ceder a presiones sociales no es la respuesta a ningún problema. Deberías buscar amigos que te entienden y comparten tus valores. Busca alguna actividad extraescolar en algo que te gusta. Un club puede interesarte y ayudarte a conocer a amigos nuevos.

C Deberías consultar tu estrés con el consejero escolar para desarrollar un plan y encontrar una solución. El consejero o tus profesores pueden hablar con tus padres para explicarles la situación. Seguro que serán comprensivos.

15 Lee los textos otra vez y contesta las preguntas.

1 What are the three issues the students write in about?
2 Why is Daniela feeling under pressure?
3 What do Arturo's friends do to upset him?
4 What impact is Arturo's friends' behaviour having on him?
5 Why does Diana feel sad?
6 What advice does Diana get?

¡Nota!

Remember *poder* and *saber* are both used for 'can': *poder* = to be able to and *saber* = to know how to.

Gramática

saber and *conocer* both mean 'to know'. You use *saber* for facts and how to do something. You use *conocer* for people and places. *conocer* is a regular –er verb, apart from the yo/'I' form (*conozco*). Like *saber*, *conocer* is followed by the infinitive.

16 Elige las formas correctas.

1 El profesor **sé / sabe / sabes** configurar una computadora.
2 Yo **conoces / conozco / conocemos** al joven que pintó el retrato.
3 Julián y Roberto **sabe / sabemos / saben** tocar la batería.
4 Mis hermanitos **puede / podemos / pueden** tocarse los dedos del pie.
5 Manuel **conozco / conoces / conoce** La Habana muy bien.
6 Yo no **sé / sabe / sabes** cocinar.

17 Elige un problema y escribe un consejo como los de la Actividad 14.

Soy adicto a las redes sociales.

No estoy en forma.

Siempre estoy estudiando y no me divierto nada.

- Say what job I'll do
- Give reasons for my choice of job
- Use the future tense

1 Mira las fotos y escribe las profesiones. Después, escucha y comprueba.

107

periodista
arquitecto/a
cantante
piloto
abogado/a
diseñador(a)
futbolista
programador(a)
bombero/a
ingeniero/a

What reading skills can you use to work out the words?

2 ¿Qué quieren hacer en el futuro? Escucha y escribe los trabajos. (1–6)

108

Gramática

The future tense is used to talk about future events. It is formed by adding the endings below to the verb stem. The stem is usually the infinitive.

hablar**é**   I
hablar**ás**   you (informal sing)
hablar**á**   he/she/you (formal sing)
hablar**emos**   we
hablar**án**   you (pl)/they

Trabajaré como piloto
I'll work as a pilot.

Gramática

Note the agreement rules for jobs:
Ends in –o: *el mecánico/la mécanica*
    (exception: *el/la piloto*)
Ends in –or: *el director/la directora*
Ends in –e: *el/la jefe*
    (but some have an alternative
form, e.g. *la jefa*)
Ends in –ista: *el/la periodista*

3 ¿Qué trabajo harás tú en el futuro? Haz un sondeo.

¿Qué trabajo harás tú en el futuro?

Trabajaré como enfermera porque me encanta ayudar a la gente.

4 Lee los bocadillos. ¿Quién es? Lee las frases y escribe los nombres.

Isabel

En el futuro trabajaré como médica en un hospital local. Es el trabajo de mis sueños. Quiero especializarme en pediatría con fines de reducir la mortalidad infantil. Utilizaré mis habilidades para ayudar y salvar a los pacientes.

Julián

Después del colegio, iré a la universidad para estudiar derecho. Después de graduarme, trabajaré como abogado y representaré a mis clientes en asuntos legales en el tribunal. También ofreceré mis servicios gratis a personas sin recursos.

Trabajaré como vendedora en el futuro. Viajaré al extranjero y buscaré nuevos mercados para vender mis productos. También, daré consejos sobre el uso de los productos y explicaré las ofertas y promociones disponibles.

Ana

1 Defenderá a la gente.
2 Venderá sus artículos en otros países.
3 Ayudará a las personas enfermas.
4 Promocionará su negocio.
5 Trabajará de forma voluntaria para ayudar a gente que no tiene dinero.
6 Trabajará con niños.

5 Completa las frases con los verbos apropiados en el futuro.

visitar	trabajar	vivir	ir	jugar	practicar	diseñar	ayudar

1 Yo _____ mi deporte favorito cada viernes.
2 Mi hermano _____ a la universidad el año que viene.
3 Los estudiantes _____ para la obra de teatro.
4 Mi primo y yo _____ a nuestros abuelos.
5 ¿_____ a tu madre a preparar la cena esta noche?
6 Yo _____ en el equipo de básquetbol el curso que viene.
7 Mi padre _____ como médico en el hospital local.
8 Después de casarme, _____ en Buenos Aires con mi marido.

 6 ¿Qué trabajo harán en el futuro? Escucha, piensa y escribe. (1–6)

109

7 Túrnate con tu compañero/a. ¿Qué hará cada persona en el futuro?

María   **José**   **Carlos y Roberto**   **los estudiantes**   **mi prima**

Esta es María. En el futuro, trabajará como cantante. Viajará por todo el mundo.

8 Escribe un párrafo sobre lo que harás tú en el futuro.

Trabajaré como ...	Aprenderé ...	Iré a ...	Visitaré ...
Estudiaré ...	Viviré en ...	Viajaré a ...	

9 Lee los blogs. Lee las frases y escribe V (verdadero) o F (falso).

Enrique	En el futuro seré comerciante porque quiero trabajar solo. Compraré y venderé diferentes productos exclusivamente a través de Internet. Promocionaré mis productos y construiré una identidad de marca.
Martina	Mi sueño es trabajar como policía en el futuro. Quiero mucho ayudar al público. Iré por la ciudad a pie o en motocicleta y mantendré el orden público. También, como parte del cuerpo de policía, investigaré delitos y escribiré informes/reportes sobre casos como ataques y robos.
Shakira	En el futuro, seré enfermera porque quiero cuidar a los enfermos. Sé que como enfermera hay que hacer muchas cosas como parte de la rutina diaria. Por ejemplo, tomaré la tensión, daré los medicamentos y pondré inyecciones. También daré conferencias interesantes en la comunidad para educar a la gente sobre cómo vivir sanamente.
Jorge	Trabajaré con animales en el futuro porque quiero ser veterinario. Los examinaré y trataré sus enfermedades y heridas. También trataré con sus dueños y los educaré sobre el cuidado de las mascotas y cómo pueden evitar problemas y enfermedades.

1 Enrique trabajará para una compañía como comerciante.
2 Enrique usará el Internet para promocionar su propia marca.
3 Martina vigilará la ciudad para proteger a su comunidad.
4 Martina solo trabajará en la calle para encontrar a los responsables de los delitos.
5 Shakira hará muchas tareas rutinarias en su trabajo de enfermera.
6 Como enfermera, Shakira siempre hará su trabajo en el hospital.
7 Jorge tratará a personas que están enfermas.
8 Jorge enseña a los dueños de las mascotas cómo cuidarlas.

10 Empareja las frases.

1 En mi trabajo tengo que tratar con los dueños de los pacientes.
2 Tengo que atender al público por teléfono y en persona.
3 Miro las últimas tendencias y creo peinados para mis clientes.
4 Trato con el público cada día en la calle.
5 Hago muebles en mi taller.
6 Me gusta experimentar con platos distintos.

a Soy policía.
b Soy carpintero.
c Soy cocinero.
d Soy peluquera.
e Soy veterinario.
f Soy recepcionista.

11 Túrnate con tu grupo. Describe un trabajo y tus compañeros lo adivinan.

Es un trabajo creativo.

¿Eres peluquero?

No. Trabajo con madera.

¡Eres carpintero!

Es un trabajo ...
creativo   monótono
difícil   al aire libre
fácil   divertido

12 Escucha. Copia y completa el cuadro.

110

Nombre	Bueno/a para	Interesado/a en	Trabajo en el futuro
Anabel			
María			
Jacinto			

> soy/es bueno/a para ...
> me gusta/interesa/fascina ...
> seré ...
> buscaré un trabajo de ...
> Para mí, (no) es importante ...

13 Completa el texto con las formas correctas de los verbos en el futuro.

Querido Geraldo

¿Cómo estás? Te escribo para decirte que después de terminar el colegio, (1) (ir) _____ a la universidad por tres años. (2) (estudiar) _____ informática porque me fascina la tecnología. Mi amigo Roberto va a estudiar conmigo en la misma universidad y me (3) (ayudar) _____ con mis estudios si tengo problemas. Después de recibir mi título, (4) (buscar) _____ un trabajo creativo. Para mí, eso es más importante que ganar mucho. Si puedo, (5) (ser) _____ diseñadora web y (6) (crear) _____ páginas web lo más interactivas y atractivas posible. En el futuro cercano, Roberto y yo (7) (trabajar) _____ juntos porque piensa que soy buena para crear imágenes y yo sé que él es muy buen programador. Escríbeme pronto y cuéntame tus planes para el futuro.

Carla

14 ¿Qué trabajo le recomiendas a cada persona? Habla con tu compañero/a.

Marco Soy bueno para escribir. Me gusta leer mucho y me interesan las novelas. También me gusta estar al tanto de las noticias y discutir temas populares.

Me gustan los animales y soy buena para cuidarlos. Disfruto mucho dándoles de comer. Buscaré un trabajo práctico porque no saco muy buenas notas en el colegio. **Juana**

Marisela Me fascina la música. Toco varios instrumentos. Algunas veces compongo mi propia música. Me gusta cantar también.

Soy fanático de la tecnología. Soy bueno para diseñar y crear cosas interesantes y me interesa mucho el software. **Julián**

¿Qué trabajo le recomiendas a Marco? Creo que Marco debería ser periodista.

15 Haz una presentación sobre tu futuro. Incluye:
- qué trabajo harás
- tus habilidades e intereses
- qué otras cosas harás

¡Nota!
Remember the future tense endings: –é, –ás, –á, –emos, –án.

- Outline my plans for the future
- Say what will happen if …
- Use the future tense for plans

1 Escucha y escribe las letras. (1–6)

111

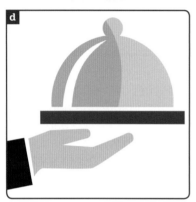

2 Escribe frases sobre los planes de cada persona. Usa el futuro.

1 Ricardo no irá a la universidad. Viajará a Chile.

1 Ricardo – ir a la universidad [✗] viajar a Chile [✓]
2 Catalina – tomarse un año libre [✗] tener que buscar un trabajo [✓]
3 Analisa – viajar después de los estudios [✗] diseñar sitios web [✓]
4 Mónica – hacer un trabajo local [✗] trabajar en el extranjero [✓]
5 Carlos – buscar un trabajo de medio tiempo [✗] poder hacer trabajo voluntario [✓]
6 Yo ….

Gramática

In the future tense, all verbs have the same set of endings (*–é, –ás, –á, –emos, –án*). Most verbs add these to the infinitive, but some verbs have an irregular stem.

hacer: har–
tener: tendr–
poder: podr–

Lo haré mañana por la mañana.	I'll do it tomorrow morning.
Ella no tendrá tiempo para asistir a las clases.	She won't have time to go to the classes.
No podremos hacerlo sin la ayuda de la profesora.	We won't be able to do it without the teacher's help.

3 Escucha otra vez la Actividad 1 y anota los planes de cada persona.

111

4 Habla con tus compañeros. Escribe una frase sobre tus planes y busca a alguien con las mismas opciones.

En el futuro, tendré mi propia compañía y podré emplear a mucha gente.

5 ¿Qué quieren hacer en el futuro? Lee y escribe Paco, Roberto o los dos para cada foto.

Paco:	¡Oye! Pronto terminaremos nuestros estudios en el colegio. ¿Qué quieres hacer en el futuro?
Roberto:	Pues, quiero ser médico. Si puedo, trabajaré como médico en el extranjero para ayudar a las comunidades pobres. Viajaré a muchos países.
Paco:	Yo buscaré un trabajo local. Podré trabajar en un banco o una compañía por unos años para ganar dinero.
Roberto:	Es una buena idea. ¿Qué quieres hacer después?
Paco:	Como sabes, me gustan mucho los videojuegos. Quiero ser mi propio jefe y podré empezar un negocio. Será muy divertido crear juegos para la próxima generación. Viajaré por todo el mundo para investigar nuevas ideas.
Roberto:	¡Será genial! Y de planes románticos, ¿qué?
Paco:	Pues me casaré con la chica más guapa del mundo, tendremos seis hijos, y viviremos en una casa grande en el campo. ¡Y, por supuesto, necesitaré un carro grande!
Roberto:	¡Ja, ja! Está bien soñar, amigo. Yo también me casaré pero ¿seis hijos? ¡Puf! Dos para mí serán suficiente.

6 ¿Cómo se dice en español? Busca las frases en el chat de la Actividad 5.

1 I'll get married.
2 We'll have children.
3 We'll live in a big house.
4 I'll work abroad.
5 I'll travel all over the world.
6 I'll look for a local job.
7 I'll be able to start a business.
8 I'll need a big car.

> **¡Nota!**
> Which verbs have irregular stems in the future tense?

7 Escucha. Lee las frases y escribe V (verdadero) o F (falso).

112

1 Santiago investigará temas de interés y escribirá artículos.
2 Sofía será médica.
3 Sofía solo trabajará de voluntaria en su comunidad.
4 Nicolás vivirá con su familia en el campo.
5 Camila estudiará idiomas y visitará los países para practicarlos.
6 Valeria comprará una casa grande y trabajará en una floristería.

8 Escucha otra vez y contesta las preguntas.

112

1 ¿Por qué quiere Santiago visitar países latinoamericanos?
2 ¿En qué quiere especializarse Sofía?
3 ¿Qué quiere diseñar Nicolás?
4 ¿Qué idiomas estudiará Camila?
5 ¿Dónde se venderán las flores de Valeria?

9 Escribe tus predicciones para tu propio futuro.

10 Trabaja con tu compañero/a. Adivina sus predicciones.

En el futuro, trabajarás con pacientes.   No es correcto.

11 Empareja las frases.

1 Si gano mucho dinero,
2 Si soy médico,
3 Si no voy a la universidad,
4 Si me tomo un año libre,
5 Si vivo en el extranjero,
6 Si no busco trabajo,
7 Si trabajo como mecánico,
8 Si estudio español,

a repararé carros.
b no tendré dinero.
c conoceré otras culturas.
d viajaré por todo el mundo.
e trabajaré en un país hispanohablante.
f buscaré un trabajo.
g ayudaré a los pacientes enfermos.
h podré trabajar de voluntario.

Gramática

You use *si* to talk about conditions.
Si vamos mañana … If we go tomorrow …
Si quieres tener éxito … If you want to be successful …

Note that *si* has no accent (compare *sí* = 'yes').

To relate these to outcomes in the future, use *si* + present tense, followed by a clause with the future tense.
Si tengo dinero, compraré una casa grande. If I have money, I'll buy a big house.
Si descansamos un poco ahora, podremos completar el trabajo más tarde.
If we rest a little now, we'll be able to finish the work later.

12 Escucha. Lee las frases y escribe V (verdadero) o F (falso).

113

1 Ronaldo participará en una corrida de toros.
2 Manuel jugará en la Copa Mundial un día si tiene éxito.
3 Nicola tendrá su propio negocio.
4 Nicola servirá la comida típica de su país.
5 Juana tocará la guitarra en su propia banda de rock.
6 Pedro trabajará con idiomas extranjeros.
7 Pedro ya es experto en su trabajo y no tendrá que aprender nada.
8 Mariana usará su arte para tratar temas del día.

13 Túrnate en grupo. Añade otra palabra para hacer una frase.

Si ◄ vivo ◄ en ◄ Chile ◄ comeré ◄ empanadas …

14 Lee el texto. Lee y completa las frases.

> Al completar mis estudios en la universidad, si saco buenas notas, buscaré un buen trabajo. Trabajaré duro para ganarme la vida. Si recibo un buen sueldo, compraré un carro para viajar al trabajo. Mi mejor amigo Ricardo solicitará una beca universitaria si saca buenas notas en los exámenes. Seguro que tiene éxito porque es muy buen estudiante. Nos encontraremos en las vacaciones y jugaremos al fútbol como siempre y también iremos al cine si estrenan una buena película. Si los dos tenemos dinero, al graduarse Ricardo viajaremos juntos a Europa. ¡Seremos amigos para siempre!
>
> **Francisco**

1 Al terminar sus estudios, Francisco _____.
2 Si gana un buen sueldo _____.
3 Si Ricardo tiene éxito en sus estudios, _____.
4 Se verán en las vacaciones _____.
5 Si hay una película que les interesa _____.
6 Después de terminar Ricardo la universidad, _____.

> **¡Nota!**
> What do you notice about the *si* structure in Francisco's text?

15 Escucha y contesta las preguntas.

114

1 What will Pablo do when he finishes school?
2 What does he want to be?
3 Where will he work after finishing his degree?
4 What does Liliana want to be?
5 What was her childhood dream?
6 What does Pablo want to know when he gets on a plane?

16 Completa las frases con las formas correctas de los verbos.

1 Si Pedro (ir) _____ a la universidad, (estudiar) _____ francés.
2 Yo (trabajar) _____ en la granja, si (poder) _____ ganarme la vida.
3 Si Roberto y yo no (poder) _____ encontrar un empleo, (continuar) _____ nuestros estudios en la universidad.
4 Si Alejandra (sacar) _____ buenas notas, (ser) _____ veterinaria.
5 Nosotros (comprar) _____ una casa, si (ahorrar) _____ suficiente dinero.
6 Arnulfo, ¿si (ganar) _____ mucho dinero, (poder) _____ ayudar a los pobres?

17 Escribe sobre tus propios planes para el futuro. Incluye:

- adónde irás
- en qué trabajarás
- qué harás

Si saco buenas notas, iré a la universidad.

Si ...	
saco buenas notas	trabajaré
voy	viajaré
estudio	iré
aprendo español	haré
hago deporte	seré

PLANES FUTUROS

El próximo año voy a decidir lo que voy a estudiar. Creo que lo que más me interesa es el marketing digital. Es un área en crecimiento porque las empresas tendrán que depender **cada vez más** de Internet para promocionar productos y servicios, vender o **darse a conocer**. Necesitarán más gente especializada en tecnología. Hay que diseñar contenido en varios formatos y con distintas funcionalidades para una amplia **gama** de **dispositivos**. Me gustan las computadoras y soy buena programando en el colegio, así que un trabajo de este tipo **desarrollará** mis habilidades digitales. Seguramente tendré que **renovar** mis conocimientos y aprender nuevas tecnologías a lo largo de mi carrera porque la informática se desarrolla muy rápidamente. Me gustaría especializarme en desarrollar páginas web o trabajar en relaciones públicas a través de los medios sociales. Voy a hacer un curso en comunicación en línea para empresas en las vacaciones escolares y seguro que aprenderé unas **herramientas** técnicas utilísimas. Tengo la suerte de que tengo un tío que trabaja en Silicon Valley en California y me dijo que después de mis estudios podré hacer mi práctica laboral en su compañía. Eso será una experiencia **inolvidable**. ¡Ya me imagino viviendo en San Francisco!
Mariela

1 Contesta las preguntas.

1 What will companies increasingly depend on the internet for?
2 Why is the content required in different forms?
3 What is Mariela good at?
4 What would she like to specialise in?
5 What does she plan to do in the school holidays?
6 What has her uncle said she can do when she's finished her studies?

cada vez más	more and more
darse a conocer	to promote yourself, become known
la gama	range
el dispositivo	device
desarrollar(se)	to develop
renovar	to renew
la herramienta	tool
inolvidable	unforgettable

UN TRABAJO ARRIESGADO

Para mí, trabajar por la seguridad de los ciudadanos es muy importante. Aquí en España, cada año **mueren** cientos de personas **ahogadas** en nuestras playas y costas. Para mí es inaceptable. Con buenos recursos, se podrían **evitar** muchas muertes.

Por eso el año que viene voy a estudiar **socorrismo** y **rescate** en **alta mar** para trabajar en esta importante área. Además, ser socorrista tiene la ventaja de que podré trabajar en cualquier país del mundo con costa. ¡Eso es sensacional! Me ilusiona ir a vivir unos años en el Caribe y con estas habilidades podré **mantenerme**.

Para acceder al curso, tendré que prepararme mucho físicamente porque las pruebas son muy duras. El curso es muy interesante y me preparará para varios tipos de situaciones, desde rescate en la playa o a pocos kilómetros de la costa hasta rescates en alta mar. El único problema es que voy a tener que **superar** mi miedo a volar porque hay una unidad de rescate en helicóptero. No me gusta la idea de tener que bajar por una **cuerda** desde el helicóptero o volar en medio de un fuerte viento. Ser socorrista tiene riesgos y es importante prepararse bien. Si tengo la suerte de ir a vivir y trabajar en el Caribe, creo que disfrutaré sobre todo con el socorrismo subacuático.

Alfonso

morir ahogado/a	to drown
evitar	to avoid
el socorrismo	lifesaving
el rescate	rescue
alta mar	open sea
mantenerse	to support oneself
superar	to overcome
cuerda	rope

2 Contesta las preguntas.

1 ¿Que es inaceptable para Alfonso?
2 ¿Qué ayudará a Alfonso con su plan de irse a vivir en el Caribe unos años?
3 ¿Por qué hay que estar en forma para este tipo de trabajo?
4 ¿En qué tipo de situaciones trabajará Alfonso?
5 ¿Qué parte del curso le preocupa más a Alfonso? ¿Por qué?
6 ¿Qué aspecto del trabajo le ilusiona si va a vivir en el Caribe?

Mi mundo, tu mundo

Research the latest types of jobs people are doing in Silicon Valley. What are the top five careers of choice for students in your country?

A reforzar

1 Lee los chats. Lee las frases. ¿Quién es? Escribe los nombres.

@Flor22:	Yo sé nadar muy bien. Puedo nadar 10 largos en la piscina sin parar. Sin embargo, no sé hacer surf porque no puedo mantenerme parada con el movimiento de las olas.
@Mariposa01:	¡Sigue practicando! Me encantaría hacer surf. No sé hacer ningún deporte acuático, pero sé cocinar platos de muchos países distintos. ¡La cocina me fascina!
@Gigante9:	A ver, ahhh … puedes prepararme bistec con puré de papas. Es mi plato favorito. No sé cocinar, ni nadar, ni hacer surf, ¡pero sé reparar una bicicleta! No puedo usarla ahora porque no funciona.
@Sol55:	Pues, yo no sé montar en bicicleta pero sé manejar un carro. ¡Soy buena conductora!

1 No sabe preparar comida.
2 No sabe montar en bicicleta.
3 Sabe hacer comidas distintas.
4 No puede salir en bicicleta en estos momentos.
5 Quiere comer carne.
6 No sabe hacer surf ni nadar.
7 Sabe arreglar una bici.
8 Es buena para la natación pero no para el surf.

2 Escucha las actividades que va a hacer Esperanza. Lee las frases y escribe *sí* o *no*.

115

1 Va a cocinar la cena para la familia.
2 Va a cuidar de sus hermanastros.
3 Va a ayudar a su tío en la floristería.
4 Va a ganar dinero.
5 Va a relajarse en sus ratos libres.
6 Va a salir a caminar con amigos.
7 Va a pasar algunos fines de semana fuera con sus primas.
8 Va a ir a alguna fiesta.

3 Escucha otra vez. Completa las frases.

115

1 Va a preparar la cena de sus abuelos con _____.
2 Va a trabajar en la floristería con _____.
3 Va a hacer caminatas con _____.
4 Va a relajarse con _____.
5 Va a ir de camping con _____.
6 Va a escuchar música en casa con _____.

4 Empareja las frases para hacer resoluciones para Jessie.
Voy a …

1 buscar
2 ser
3 crear
4 tocar
5 preparar
6 reparar
7 viajar
8 aprender

a mi motocicleta rota.
b al extranjero.
c a nadar.
d médica en el hospital.
e diseños en la computadora.
f un trabajo en el periódico.
g el piano en un concierto.
h unas cenas deliciosas.

5 Escribe cuatro resoluciones para ti mismo/a.

A practicar

**1 Lee el correo electrónico. Lee las frases
y escribe V (verdadero) o F (falso).**

Hola Marisela

¿Cómo estás? Yo estoy bien. Mis clases terminan este
viernes y estoy muy contento porque puedo hacer muchas
cosas durante mis vacaciones de verano. Quiero aprender a cocinar. ¡A nadie le gusta mi cocina!
Es verdad que es muy mala. Voy a practicar a ver si al final del verano puedo sorprender mi
familia con una cena excepcional.

Generalmente, soy bueno para el fútbol y la natación. Mis compañeros de clase piensan que soy
un nadador excelente y tengo buena técnica. Voy a pasar las vacaciones en la piscina porque
todos quieren entrenar conmigo para mejorar. También voy a nadar más de dos kilómetros en
el río en un evento benéfico para recolectar dinero para los pobres. No recuerdo si sabes nadar.
¡Puedes participar conmigo si quieres!

No soy muy bueno para los idiomas y saco malas notas. Voy a unirme a un club en las vacaciones
porque quiero mejorar mi inglés y francés. ¡Tú eres muy buena para los idiomas y no te hace
falta! ¿Puedes darme otras ideas de cómo mejorar mis notas?

Un abrazo
Ricardo

1 Ricardo quiere mejorar su habilidad en la cocina.
2 Marisela va a preparar una cena excepcional con Ricardo.
3 Ricardo va a ayudar a sus amigos a mejorar su técnica en natación.
4 Ricardo va a participar en una prueba de natación para ayudar a los otros.
5 Marisela va a nadar con Ricardo en el río.
6 A Ricardo no le interesan los idiomas.

2 Completa las frases con las formas correctas de los verbos en el futuro próximo.

| unirse   cuidar   trabajar   hacer malabares   aprender   ir de camping |

1 En las vacaciones, Juan _____ en el supermercado para ganar dinero.
2 María y Ernesto _____ en el circo este fin de semana.
3 Mi madrastra _____ a dar primeros auxilios.
4 Yo _____ de mi hermanastra cuando mis padres no están en casa.
5 ¿Pedro, _____ con tus compañeros de clase a la playa?
6 ¿Javi y Katia, _____ a un club de deporte después del colegio?

3 Escucha. Escribe el trabajo que hará cada persona en el futuro y da la razón. (1–6)

116

4 Túrnate con tu compañero/a. ¿Qué trabajo vas a hacer y por qué?

Voy a ser médico porque soy bueno para las ciencias y me gusta ayudar a la gente.

Otra vez

A ampliar

1 Escucha la conversación. Contesta las preguntas para cada persona.

117

1 ¿Qué quiere hacer?

2 ¿Qué consejos recibe?

2 Lee los textos y contesta las preguntas.

En el futuro, quiero ser programador porque el mundo de la tecnología está avanzando muy rápido. Me especializaré en el desarrollo de sitios web, aplicaciones y programas informáticos. Desde que era joven, las computadoras me fascinaron y estoy muy ilusionado con trabajar en este campo. Para realizar mis sueños, iré a la universidad para estudiar informática. Después de completar mis estudios, trabajaré para compañías especializadas en el diseño y desarrollo de programas. Luego, después de dos o tres años, tendré mi propio negocio y seré independiente.

Diego

Al terminar mis estudios escolares, seré bombera. Es un trabajo emocionante donde tendré la oportunidad de ayudar a mucha gente. No es solo apagar incendios. Los bomberos también ayudan a la comunidad en otros aspectos como, por ejemplo, en accidentes. Tendré que aprender a dar primeros auxilios y asistencia médica a las personas heridas. En mi tiempo libre, haré trabajo voluntario donde visitaré escuelas para informar a los estudiantes de cómo deben de reaccionar en caso de incendio. De niña, tuvimos una emergencia en mi casa y los bomberos nos rescataron. Es una profesión que admiro mucho y el trabajo de los bomberos me inspira.

Lucía

1 ¿En qué campo quiere trabajar Diego en el futuro?

2 ¿Por qué le interesa esa profesión?

3 ¿A qué especialidad de la profesión quiere dedicarse?

4 ¿Qué hará pocos años después de empezar a trabajar?

5 ¿Qué hará Lucía después de terminar el colegio?

6 ¿Qué le interesa de esa profesión?

7 ¿Qué otras habilidades tendrá que aprender?

8 ¿Qué inspiró a Lucía a querer hacer este trabajo?

3 Túrnate con tu compañero/a. ¿Cuántas frases lógicas pueden hacer?

> Si estudio idiomas, podré ser traductor.

> Trabajaré en un restaurante si necesito ganar dinero en las vacaciones.

Si estudio/necesito/gano/
*   saco buenas notas …*
podré ser …
trabajaré en un hospital
seré cantante
iré a la universidad
tendré una casa grande
me tomaré un año libre
viajaré por todo el mundo
haré trabajos voluntarios

4 ¿Y tus planes para el futuro? Escribe un artículo para el sitio web de tu colegio. Usa los textos de la Actividad 2 como modelo.

Talk about school holidays

Say what I'll do in the holidays	*Para mis vacaciones escolares, voy a pasar tiempo con mis primos en Argentina.*
Say what new skills someone will learn	*Mario va a aprender a manejar el carro de su padre.*
Say what I can do to earn money	*Voy a cuidar de mi hermanastra cuando mis padres no están en casa.*
Use the near future tense	*Hoy, vamos a tocar la batería en el concierto.*
Use reflexive verbs to refer to the future	*Voy a despertarme tarde.*

Talk about my skills

Say what I can do	*Sé reparar una bicicleta.*
Say what I can't do	*No puedo nadar más de dos largos.*
Say what I'm good at	*Soy bueno/a para los idiomas.*
Say what I'm not good at	*Soy malo/a para hacer malabares.*
Say how I'm going to improve	*Voy a unirme a un club.*
Give advice	*Deberías hacer más ejercicio en el gimnasio.*
Talk about what I can do	*Puedo tocarme los dedos del pie.*
Talk about what others can do	*Marta sabe configurar una computadora.*

Talk about what job I will do

Say what job I'll do	*Trabajaré como médico después de terminar mis estudios.*
Give reasons for my choice of job	*Trabajaré como florista porque me encantan las flores.*
Describe how I'll live	*Tendré una casa grande en el campo.*
Use pronouns after prepositions	*Para mí, no es importante ganar mucho dinero.*

Talk about my future plans

Say what my future plans are	*Iré a la universidad para estudiar medicina.*
Say what will happen if I do something	*Si estudio informática, podré ser programador.*
Use irregular verbs in the future tense	*Si no tengo un empleo, haré trabajos voluntarios.*
Say what will happen after an event	*Después de graduarme, viajaré por todas partes del mundo.*
Say what will happen before an event	*Antes de ir a la universidad, me tomaré un año libre.*

En las vacaciones escolares

acostarse temprano
bailar
buscar un trabajo
cocinar
despertarse tarde
estudiar
hacer mucho
hacer una barbacoa
hacer surf
ir de camping
jugar al béisbol
jugar al fútbol
leer mucho
nadar
no hacer nada
ser voluntario
tocar la batería
tener un empleo
trabajar en una heladería

unirse a un club
ver la televisión
viajar

In the school holidays

to go to bed early
to dance
to look for a job
to cook
to wake up late
to study
to do a lot
to have a barbecue
to go surfing
to go camping
to play baseball
to play football
to read a lot
to swim
to do nothing
to be a volunteer
to play drums
to have a job
to work in an ice-cream shop
to join a club
to watch tv
to travel

Los quehaceres

arreglar mi habitación
ayudar a mis padres
cuidar de mi hermano/a menor
ir al supermercado
lavar el carro
pasear a los perros
pasar la aspiradora
preparar la cena

Household chores

to tidy my room
to help my parents
to look after my little brother/sister
to go to the supermarket
to wash the car
to walk the dogs
to do the hoovering
to make dinner

La familia

los abuelos
la hermanastra
el hermanastro
la madrastra
el padrastro
los padres

The family

grandparents
stepsister
stepbrother
stepmother
stepfather
parents

Mis talentos

configurar una computadora
correr del cole a casa sin parar
dar primeros auxilios
grabar un video
hablar más de dos idiomas
hacer malabares
hacer rap
manejar
nadar más de diez largos

parase en un solo pie
recitar los meses del año al revés en español
reparar una bicicleta
tocar un instrumento

tocarse los dedos del pie

My talents

to set up a computer

to run home from school without stopping
to give first-aid
to record a video
to speak more than two languages
to juggle
to rap
to drive
to swim more than ten lengths
to stand on one foot
to say the months in Spanish backwards
to fix a bicycle
to play a musical instrument
to touch your toes

Mis destrezas

Soy bueno/a para …
Soy malo/a para …
Es genial para …
Es experto/a en …

My skills

I'm good at …
I'm bad at …
He/She is great at …
He/She is an expert in …

Dar un consejo

Deberías …
ayudar en casa
mejorar tu español
unirte a un club de música

No deberías …
ser perezoso/a

conmigo
contigo
consigo

Giving advice

You should …
help at home
improve your Spanish
join a music club

You shouldn't …
be lazy

with me
with you
with him/her/you (formal)/them

Las profesiones

abogado/a	lawyer
arquitecto/a	architect
bombero/a	firefighter
cantante	singer
carpintero/a	carpenter
cocinero/a	cook
director(a)	director
diseñador(a)	designer
electricista	electrician
enfermero/a	nurse
futbolista	footballer
granjero/a	farmer
hombre/mujer de negocios	businessman/woman
ingeniero/a	engineer
jubilado/a	pensioner
maestro/a	teacher
mecánico/a	mechanic
médico/a	doctor
mesero/a	waiter/waitress
peluquero/a	hairdresser
periodista	journalist
piloto	pilot
policía	police officer
programador(a)	programmer
recepcionista	receptionist
vendedor(a)	seller
veterinario/a	vet

¿Por qué quieres ser …? / Why do you want to be a …?

Me gustaría …	I'd like …
cuidar de gente enferma	to look after sick people
ganar mucho dinero	to earn a lot of money
ganarme la vida en …	to earn a living in …
ser mi propio jefe	to be my own boss
tener mi propio negocio	to have my own business
tener un trabajo creativo	to have a creative job
trabajar con animales/ niños	to work with animals/ children
trabajar solo/en equipo	to work alone/in a team
tratar con el público	to deal with the public
el trabajo de mis sueños	my dream job

En el futuro … / In the future …

buscaré	I'll look for
descansaré	I'll rest
haré	I'll do
iré a	I'll go to
podré	I'll be able to
sabré	I'll know how to/be able to
me tomaré un año libre	I'll take
viajaré	I'll travel
me casaré	I'll get married
tendré (dos) hijos	I'll have (two) children
tendré una casa grande	I'll have a big house
trabajaré en el extranjero	I'll work abroad
viviré en	I'll live in
si gano mucho dinero	if I earn a lot of money
si no tengo un empleo	if I don't have a job
si no voy a la universidad	if I don't go to university
si soy médico	if I'm a doctor
si tengo éxito	if I'm successful
antes de ser médico	before becoming a doctor
después de terminar mis estudios	after finishing my studies

Prueba 1

1 ¿Para qué utilizas estos aparatos? Escribe.

Uso la tableta para leer y ver videos.

2 Escucha. Copia y completa el cuadro. (1–3)

118

Tema de llamada	Nombre deletreado	Número de teléfono
1		

3 Lee la conversación y contesta las preguntas.

Mónica: Fabio, ¿tú qué piensas de las redes sociales?

Fabio: Bueno, la verdad es que yo no puedo vivir sin ellas. Para mí, lo mejor es poder comunicarse con los amigos a todas las horas del día o la noche. Ahora, entiendo que pueden tener muchos riesgos.

Conchita: Yo estoy de acuerdo con Fabio. Mis amigos y yo subimos muchas fotos y todos seguimos las historias de cada uno.

Mónica: Bueno, sí. A todos nos encantan los aspectos sociales y divertidos de las redes pero ¿qué opinan sobre los riesgos? A mí, por ejemplo, me preocupan las solicitudes de amistad falsas.

Fabio: Nunca acepto solicitudes de personas desconocidas.

Mónica: Mis padres siempre dicen que deberíamos tener cuidado con nuestra huella digital, ya que no se sabe cómo se usará toda esta información sobre nosotros en el futuro.

Conchita: ¡Uy! Eso sí que es preocupante …

Mónica: Luego también está el peligro de hacerse adicto.

Fabio: Sí, lo sé. La verdad es que paso demasiadas horas en el celular.

1 What is Fabio's attitude to social media?
2 What are the advantages in his opinion?
3 How does Conchita mostly use social media?
4 Why isn't Fabio too concerned about false friend requests?
5 What are Monica's parents concerned about?
6 What does Monica see as a danger of social media?
7 What does Fabio recognise about his own internet use?

4 Túrnate con tu compañero/a. Di lo que no puedes hacer y da consejos.

nadar | tocar el piano | levantarme por la mañana | reparar una bicicleta

cocinar | mantenerse en forma | hacer las tareas | cuidar de mis hermanos

No sé nadar. | Es importante aprender a nadar. Deberías unirte a un club de natación.

Prueba 2

1 Escucha. Lee las frases y escribe V (verdadero) o F (falso).

119

1 Jaime tiene que investigar los usos del Internet para un proyecto escolar.
2 A su amiga no le interesan las tareas de Jaime.
3 Sus dos amigos principalmente usan el Internet para subir fotos a la nube.
4 A Eduardo le gusta compartir fotos de sus comidas con sus amigos.
5 Los dos amigos de Jaime usan el Internet para chatear con los amigos y descargar música.
6 A Eduardo le interesa escuchar información sobre el medioambiente.
7 Jaime no escucha podcasts y no le interesan.
8 Eduardo va a enviarle un enlace a Jaime más tarde desde casa.

2 Lee los dos anuncios. Compara los dos portátiles.

EVO Portátil

Precio: $1200,00
Pantalla táctil: 15,3
RAM 16 GB
Disco 1 TB

Oferta especial: compre uno y consiga una tableta gratis.

Plazo de entrega: mismo día

Política de devoluciones: Si no está 100% satisfecho con su compra, puede cambiarlo u obtener un reembolso completo.

MI Portátil

Precio: $1000,00
Pantalla táctil: 13,3
RAM 8 GB
Disco 256 GB

Oferta especial: compre uno y reciba un ratón inalámbrico gratis.

Plazo de entrega: entre 2 y 5 días

Política de devoluciones: No se aceptan devoluciones.

MI portátil tiene la pantalla más pequeña que EVO portátil.

3 Habla con tu compañero/a.

¿Para qué usas el celular?

¿Cuánto tiempo pasas en el celular cada día?

¿Prefieres usar el celular o el portátil para …?

¿Para qué usas el celular?

Suelo usarlo para enviar mensajes instantáneos a mis amigos.

4 Elige tres personas a quienes admiras. Pueden ser amigos o personas famosas. Escribe sobre su carácter y sus destrezas.

Prueba 3

1 Completa las frases con tus propias ideas.

1 Si gano mucho dinero, viajaré por todo el mundo.

1 Si gano mucho dinero, _____.
2 _____, seré voluntario/a en una escuela.
3 _____, buscaré un empleo.
4 Si me tomo un año libre, _____.
5 Si saco buenas notas, _____.
6 _____, viviré en una casa grande.
7 Si no consigo un trabajo en mi país, _____.
8 _____, me casaré.

2 Escucha. ¿Qué va a hacer cada hablante en las vacaciones? Copia y completa el cuadro. (1–3)

tarea	diversión	habilidad nueva
1		
2		
3		

3 Traduce las frases.

1 I'm updating my status on my social networks.
2 You should join a language club if you want to learn a new language.
3 I'm going to go to the stadium to watch football match with my friends.
4 My sister usually surfs the internet every day.
5 If I don't get a job here, I will work abroad.
6 Do you know how to repair a bike?
7 I can speak Spanish and a bit of French.
8 Go straight ahead and cross the bridge. The bank is at the end of the street.

4 Túrnate con tu compañero/a. Haz una llamada por teléfono.

A un amigo o familiar	A un hospital
ir de compras/al polideportivo/al cine dejar un mensaje/volver a llamar más tarde	saber el horario de visitas cuántas personas a la vez si se permite llevar comida

Prueba 4

 1 Escucha. ¿Quién habla? Lee las frases e identifica: Gregorio, Magdalena, Juana o Raúl. (1–4)

1. Necesito sacar buenas notas.
2. Quiero trabajar en un hospital.
3. Viviré en una casa grande en el campo.
4. Voy a viajar por el mundo.
5. Quiero ayudar a niños.
6. Quiero combinar el trabajo con viajar.
7. Tomaré un año libre después del colegio.
8. Quiero cocinar con mis propios cultivos.

2 Lee el texto. Lee las frases y escribe V (verdadero) o F (falso).

Yo soy uno de los jóvenes que pasa todo su tiempo en Internet. Lo utilizo para todo. Me mantengo en contacto con mis amigos aquí y en el extranjero. Todos pasamos demasiado tiempo chateando y compartiendo fotos. Hoy en día, las apps nos lo ponen todo muy fácil. Siempre tengo o el celular o la tableta en la mano, incluso cuando como y cuando me acuesto. No duermo lo suficiente porque siempre estoy conectado. El problema es que estos aparatos lo hacen todo y se puede vivir la vida en un mundo digital sin tener que salir a la calle. Antes iba al parque o al cine o de compras con mis amigos, ahora ya no. Jugamos videojuegos por Internet, vemos películas en el portátil o la tableta y compramos en línea. ¡Ahora veo a mis amigos en persona solo en clase! Quiero aprender a controlar mi uso un poco para poder disfrutar de otras actividades. Vamos a formar un grupo para salir al menos una vez a la semana y reunirnos en persona para hacer algo diferente. A mí me gustaría ir a jugar a los bolos o hacer deporte acuático. Tengo un amigo que quiere formar un grupo pop. ¡Esa es otra idea muy divertida! ¡A ver, compañeros! ¡Ayúdenme con más ideas!
Arturo

1. Arturo just uses the internet to stay in touch with friends.
2. He's always on his phone or tablet even at mealtimes and bedtime.
3. He prefers doing things online and doesn't think it's necessary to go out.
4. He sees enough of his friends in class.
5. He wants to set up a group to do something else at least once a week.
6. He and his friend already have enough ideas of activities to try.

3 Prepara una presentación sobre el trabajo que quieres hacer en el futuro. Incluye:
- el trabajo
- por qué te interesa
- qué notas/habilidades/tipo de carácter necesitas.
- qué puedes hacer para cumplir tus sueños.

4 Escribe un párrafo sobre tus redes sociales preferidas.
- para qué las usas.
- los pros y los contras de estos medios de comunicación
- tu propia opinión
- cómo piensas utilizarlas en el futuro.

Strategies

Listening

A Before you listen

Look at the instruction for the listening activity. What is it is about? Who is talking? What is the activity asking you to do? If there are questions to answer, read them. If there is information to complete, read it. This will give you a context, which will help you understand what you hear. You should also start thinking about the type of vocabulary that you might be about to hear.

1 Escucha la conversación en una agencia de viajes. Copia y completa la tabla.

	Where they want to go	For how many people	How do they want to travel	What type of accommodation
La familia Gómez				
Sr. Martínez				
Sra. Torres				

B The first time you listen

Don't expect to understand everything. Listen and pick out words you know to get an idea of the topic.

Think about what you're hearing. Is it a conversation, an interview, a discussion, an announcement, an advertisement, a recorded message or a radio programme? Does the speaker's intonation help your understanding? Are they happy? Sad? Angry? Asking a question?

2 Escucha y contesta las preguntas.

122

1 What number did Carmen Camarena's song reach in the charts?
2 What does Carmen say about her success?
3 When did she write the song?
4 Why was Carmen so upset about arguing with her friend?
5 How did they solve the problem?
6 How does Carmen describe her best friend?

> *Use Strategies A and B. What information can you find on the first listening?*

C Listening again

Each time you listen you will understand more. Don't be put off by words or expressions you don't recognise. Focus on what you can understand and use that to work out the main points of what you're listening to. Can you hear any cognates? Is the speaker talking about events in the past, present or future? Can you make an educated guess about the answer based on the context? It is always better to do this than leave a blank!

3 Escucha a Donna hablando de su futuro. Lee las frases y escribe V (verdadero) o F (falso).

> Use Strategies A–C as you do Activity 3.

1 Donna has not thought about her future.
2 She wants to travel around Africa one day.
3 She's going to study fashion in Paris.
4 She wants to design clothes for everyday people.
5 She knows how to sew already.
6 She's fluent in French.
7 After working in Paris she will return to Mexico to get married.
8 She's going to design her own wedding dress.
9 She's going to get married in a beautiful church by the sea.
10 She's going to live in a big house on the outskirts of the capital city.

D After listening

You can use listening activities as a resource to make your Spanish better. When you have completed the task, ask your teacher for a copy of the transcript so you can pick out new vocabulary to learn.

Take advantage of any opportunities you have to listen to Spanish. Try listening to Spanish songs and radio items, or watching Spanish TV or films. There are lots of Spanish materials available on the internet.

Reading

A Before you read

Look at the instructions to find out what information you need to find in the text. What kind of text is it? Look at the heading or title for clues. Look at how the text is presented too. Are there any photos or pictures to illustrate the text? What do they tell you? Also read any questions on the text.

1 Lee el titular y mira la foto. ¿Es un partido aburrido o emocionante?

> Use Strategy A. What kind of text is it? What does the photo tell you?

Los de Austin celebran una victoria conseguida con mucho esfuerzo

El viernes pasado los Austin Tigers jugaron contra el equipo número uno en la liga de colegios – los San Antonio Lions. Fue un partido de fútbol americano para comerse las uñas dado que cada equipo marcó tres touchdowns. El estadio de San Antonio estaba lleno de hinchas de cada equipo. El ambiente fue electrizante y los cánticos ruidosos.

San Antonio marcó primero con un touchdown sensacional durante el primer cuarto, pero poco después, el ataque de Austin contestó con su propio touchdown. Austin se adelantó con otro touchdown justo antes del descanso.

San Antonio volvió del descanso con la intención de ganar y marcaron catorce puntos en los primeros cinco minutos. Sin embargo, Austin igualó tres minutos después del comienzo del último cuarto. El balón fue de una zona de anotación a la otra sin cambiar el marcador. El ataque y la defensa de cada equipo jugaron el partido de su vida. No obstante Austin marcó un gol de campo en los últimos segundos del partido para ganar.

Strategies

B The first time you read

Read through the text quickly to get an idea of what it is about. This is called 'skimming'. Do this first to understand the gist – to get a general idea. At this point, also consider what kind of text it is. Is it a letter, an email, a message, information on a website, a magazine or newspaper article or an extract from a book? This will give you a context, which will help you understand what you read.

2 Lee el texto y contesta las preguntas.

1 Who scored the first touchdown?
2 How many touchdowns were scored in the first quarter?
3 Who was winning at half-time?
4 Which team played better?
5 Why was the match good to watch?

> Use Strategy B. What would you expect a text of this type to be talking about? What type of words might you expect to find?

C Reading for details

If the reading activity asks you to find specific information in a text, you can try 'scanning' the text to find it. 'Scanning' means that you look for particular pieces of information in the text. For example, if you're asked about how expensive something is, you will look for numbers and words to do with money.

3 Lee el texto y contesta las preguntas.

> Use Strategy C. Start with the questions. What kind of information are you looking for each time?

Hola, Magda

¿Qué tal?

¿Quieres quedar ahora que estamos de vacaciones? El problema es que ¡tengo muchos planes! Al principio de las vacaciones, voy a ir a Estados Unidos con mis padres. Vamos a visitar a mis abuelos durante una semana. Luego voy a hacer un curso de dibujo, pero eso solo dura un par de días. ¡Me encanta el dibujo! ¿Podríamos quedar el fin de semana antes de volver al colegio? O, estoy libre mañana si no tienes planes. Me gustaría ir al cine a ver la nueva película de Bradley Cooper. ¡Estoy enamorada de él!

Escríbeme pronto.

Un beso

Natalia

---

1 How long is Natalia going to spend in America?
2 How long does her drawing course last?
3 What two dates does she suggest meeting?
4 Why does she want to see the new Bradley Cooper film?

D Finding the relevant information

To find all the information you need, you will often need to work out the meaning of words and expressions you don't know. Here are some ideas to help you.

• Look at the words and expressions around the words you don't know. Use this context to help you work out the meaning.

- Do the unknown words look like other words? These can be words in your own language or another language you know. Words that resemble each other are called cognates. Spanish, French, Italian and Portuguese all developed from Latin, so these languages have many words in common. Many English words have Latin origins too. But watch out for 'false friends' – words that look the same but actually mean something different, e.g. *sensible* = 'sensitive' in English (not 'sensible').

- Think about grammar. What is the purpose of the word in the sentence? This will help you narrow down possible meanings. If it's a verb, look carefully at the form to work out whether it refers to the past, present or future. Remember that subject pronouns (*yo* – I, *tú* – you, etc.) aren't generally used in Spanish, so you need to look carefully at the verb ending to know who the subject of a sentence is.

- Look for time expressions such as *ayer, hoy, mañana, la semana pasada, el año que viene*, and so on, to work out when an action or event takes place.

Sometimes, you might need to look for information that is implied. This means an idea is suggested but not stated directly. The writer in the text below doesn't say whether she enjoyed herself or not, but you can work it out.

Ayer fuimos a la costa pero hacía mal tiempo y llovía mucho. No nos apetecía bañarnos y hacía tanto viento que no se podía estar en la playa.

- Use logic to make an educated guess if you aren't sure of the answer. Guessing is better than leaving a blank.

> *Use Strategies A–C as you do Activity 4.*

4 Lee el poema y contesta las preguntas.

Aquel día en la playa

El sol brillaba aquel día en la playa,
Tú y yo jugamos en el mar.
Hacía calor aquel día en la playa,
Descansamos bajo un parasol.
Las olas chocaban, las gaviotas cantaban,
Pero tú y yo no les hicimos caso.
La pasamos bien aquel día en la playa.
Un día perfecto de vacaciónes.

1 Describe the weather at the beach that day.
2 What did they do on the beach?
3 What sounds could be heard?
4 Who do you think *tú y yo* refers to?
5 Why do you think it was a perfect day?

E After reading

Make a note of new vocabulary to learn and use in your own writing.

Strategies

Speaking

A Thinking in Spanish

Try to start to think in Spanish when you're doing other things, not just when you're in a Spanish lesson. This will help you to keep words and expressions in your head so that you remember them.

Try not to translate from your language into Spanish, but rather think about how an idea is expressed in Spanish.

> *Use Strategy A. What tense should you reply in? What verb ending do you need? What part of the question do you need to omit in your answer?*

1 Túrnate con tu compañero/a.

¿Cuántos años tienes?

¿Tienes hermanos?

¿Adónde fuiste de vacaciones el año pasado?

Describe tu habitación.

¿Qué vas a hacer este fin de semana?

B Making it meaningful for you

Learn Spanish words and expressions in contexts that are relevant to you and learn them in phrases or sentences rather than as separate vocabulary items. This will help you use the language more easily and more spontaneously when you speak.

Learn how to greet people and introduce yourself with ease:

¡Hola! ¿Qué tal? Me llamo … y soy de …

2 Describe a tus conocidos y a ti mismo.
    1 Mi madre es …
    2 Mi padre es …
    3 Mi hermano/a es …
    4 Mi mejor amigo/a es …
    5 Mis compañeros de clase son …
    6 Mi profesores son …
    7 Yo soy siempre …
    8 Nunca soy …

> *Use Strategy B. Rather than learning a list of adjectives, complete these sentences and then learn them. Use a different adjective for each sentence.*

C Practise your pronunciation

The best way to perfect your accent is to listen to a Spanish speaker and copy their pronunciation and intonation. Use a transcript to help you. Your teacher has copies of these for the recordings in the course. Or you can find song lyrics and subtitled videos on the internet.

3 Escucha y lee el texto. Escucha otra vez y lee en voz alta copiando a Donna.

23

Mi madre me dice que siempre estoy soñando y tiene razón. Tengo muchos planes para el futuro. Un día, viajaré a Europa para visitar las ciudades más preciosas del mundo: París, Londres, Roma, Barcelona. Estudiaré moda en París y aprenderé a ser modista. Quiero diseñar y hacer ropa para los famosos. Aún no sé coser así que tendré que hacer un curso. Tampoco sé hablar francés, así que tendré que aprenderlo. Después de trabajar en París un par de años, volveré a México donde me casaré con mi media naranja. Voy a diseñar mi propio vestido de novia y vamos a casarnos en una iglesia hermosa en las montañas. Viviremos en una casa enorme en las afueras de Ciudad de México y pasaremos las vacaciones en nuestra casita al lado del mar con nuestros hijos. ¡A ver si mis sueños se hacen realidad!

> *Use Strategy C. Listen and read, then listen and read aloud to practise your pronunciation. Then try reading it aloud on your own. Go one step further and record yourself speaking, then play it back and compare it to Donna's version.*

D Sounding like a Spanish speaker

The best way to improve is to copy good models.

- Learn and remember colloquial phrases that you can use in conversation to sound more like a Spanish speaker, such as *¡Qué bien! ¡Genial! ¡Qué raro! ¡Qué susto! Vale. Perfecto.*

- Listen to native Spanish speakers as often as you can and imitate their pronunciation. This is especially good for sounds which you don't have in your own language. Remember that you'll hear different versions of Spanish depending on what you listen to. You might want to find examples from a Spanish-speaking country that you're particularly interested in.

4 Túrnate con tu compañero/a.

- ¿Quieres salir esta noche?
- Sí, ¿qué quieres hacer?
- Me gustaría ir al cine.
- Me parece bien. Acaban de estrenar la nueva película de Marvel.
- Me encantan esas películas.
- La ponen a las ocho, entonces ¿quedamos a las siete y media?
- Sí, ¿dónde?
- En la parada de buses.
- Muy bien. Hasta luego.
- Adiós.

> *Use Strategy D. How many colloquial phrases can you add so you sound more like a Spanish speaker?*

E Coping when you don't understand or don't know the word

Be prepared for when you don't understand something.

- Learn the language to ask for help, e.g. *Perdón, no entendí. Puedes repetirlo, por favor.* (or, more formally, *Perdón, no entendí. Puede repetirlo, por favor.*)

- If you can't remember a word you need, try to find a way of describing it in other words. e.g. If you want to tell someone your bike has a puncture (*Mi bicicleta tiene un pinchazo.*) but you don't know 'puncture', you could say: *Tengo un problema con la bicicleta porque el aire está saliendo.* To give yourself more time to think, use fillers like *bueno, pues, mira* and *a ver.*

Don't be afraid to make mistakes. Practice helps you to improve and to become more fluent.

Strategies

5 No sé cómo decir ... Escribe las frases con otras palabras.

1 ¿Dónde está **la carnicería**?
2 Mesero, **la cuenta**, por favor.
3 Juan es **antipático**.
4 Mi abuela **se jubiló** cuando tenía sesenta y cinco años.
5 Me encanta hacer **deportes acuáticos**.

> *Use Strategy E. How else could you say these sentences so you don't use the word in **bold**?*

Writing

Ⓐ Before you write

Read the instructions carefully to find out what you need to write, what details to include and how much to write. Make notes about what you will write and in what order. Think about how you will start and finish the text.

1 Escribe un artículo sobre las ventajas y las desventajas de las redes sociales. Incluye:

- Las redes sociales que usas y para qué
- Las ventajas de las redes sociales en tu opinión
- Las desventajas de las redes sociales en tu opinión
- Si hay más ventajas que desventajas (o viceversa)

> *Use Strategy A to plan Activity 1.*

Ⓑ Organising your writing

- Note down and learn words and expressions to introduce and to conclude a topic or an opinion.
- Use a variety of expressions to link similar ideas, e.g. *y, además, también.*
- Use expressions to add a contrasting idea, e.g. *pero, sin embargo, por otra parte.*

2 Empareja.

1 para empezar
2 es un tema complicado
3 mucha gente piensa que
4 desde mi punto de vista
5 en mi opinión
6 para concluir

a to conclude
b from my point of view
c to begin with
d it's a complicated topic
e a lot of people think that
f in my opinion

> *Learn phrases like these to help you apply Strategy B.*

Ⓒ Improving your style

- Learn and use synonyms (words with the same or a similar meaning) to avoid repetition. For example, to say that you enjoyed something, you could use *la pasé bien, la pasé de maravilla, la pasé genial, la pasé superbien.* But remember to use a style which is appropriate. The last three of these expressions are more suitable for an informal, conversational style.

- Make your writing more expressive by using more descriptive adjectives, e.g. *fascinante/ maravilloso* instead of *interesante; desastroso/horroroso/terrible* instead of *malo.*

However, be careful not to overdo expressive or colloquial language. Using it sparingly will be more effective.

- Contrast longer sentences with shorter ones to make your text more interesting to read.
- Find authentic texts to use as models to adapt for your own writing. This will show you how ideas are expressed in Spanish.
- Learning new vocabulary will always help to improve all aspects of your Spanish.

3 Reescribe el texto haciendo cambios para mejorarlo.

> En mi opinión, las redes sociales son muy divertidas. Las uso para compartir fotos con mis amigos. Las uso para mandar mensajes a mis amigos. Es muy divertido. Leo las noticias en una fuente de noticias porque es interesante. Nunca uso el correo electrónico porque no me gusta. En mi opinión, está pasado moda.

Use Strategy C to do Activity 3. Use a wide range of techniques to make the Spanish more interesting and fluent.

D Checking your work

Always read through what you have written two or three times. Check that:
- Sentences make sense and no words are missing.
- Verb forms have the correct spelling and ending for the correct person and for the tense.
- Adjectives agree with the noun they describe in number and gender. Use a dictionary to check if you are not sure.
- Accents are in the correct place on words that need them.
- Spelling is correct throughout. (Remember that days, months, nationalities, languages and school subjects don't start with capital letters in Spanish.)
- Questions start with '¿', and finish with '?'
- Exclamations are used appropriately and start with '¡', and finish with '!'

4 Corrige el texto.

> Desde punto de vista, los redes sociales tiene mas desventajas que ventajas. El ciberacoso es una problema enorme entre el jóvenes de hoy. La mayoría de las personas las usan para comunicarse con familia y amigos, también hay algunos que no piensan en las demás. Ser fácil enviar una mensaje cruel a una persona cuando no tienes que ver su reacción cara a cara! A ti te gustaría recibir uno? Este tipo de mensaje puede causar ansiedad y estrés en la persona que lo recibe.

Use Strategy D to do Activity 4. For the most thorough edit, do each check separately.

Gramática

Contents

Explanation of grammar terms

Nouns name people or things, e.g. *madre* (mother), *perro* (dog), *carro* (car).

Articles are used with nouns to show if you are referring to something general, e.g. *un* (a/an), *unos* (some), or to something specific, e.g. *el/los* (the).

Adjectives describe nouns, e.g. *pequeño* (small).

Pronouns stand in for nouns, to avoid repetition, e.g. *ella* (she/her).

Verbs talk about actions, e.g. *bailar* (to dance), or about how things are, e.g. *ser* (to be).

Adverbs give more detail about verbs or adjectives, e.g. *lentamente* (slowly), *muy* (very).

Prepositions describe locations and how things relate, e.g. *entre* (between), *de* (of).

Conjunctions link sequences of words to make longer, more interesting sentences, e.g. *porque* (because), *pero* (but).

1 Nouns

Gender

In Spanish, nouns are either masculine or feminine. You need to know a noun's gender as this can affect other words used with it, such as **adjectives** and **articles** (*el, una,* etc.).

There are some basic rules to help you identify the gender of most nouns:

masculine nouns

- most nouns ending in –o *el libro* – the book (but note: *la foto, la mano*)
- nouns for male people *el niño* – the boy
- most nouns ending –l *el hotel* – the hotel
- most nouns ending –r *el hámster –* the hamster
- days of the week *el lunes* – Monday
- languages *el español –* Spanish

feminine nouns

- most nouns ending in –a *la casa* – the house (but note: *el mapa, el día*)
- nouns for female people *la niña* – the girl
- nouns ending –*ción* *la estación –* the station
- nouns ending –*dad* *la ciudad –* the city

Some nouns are used for both masculine and feminine:
el/la estudiante – the student
el/la dentista – the dentist

Forming the plural

There are some basic rules for forming the plural of nouns:

noun ends …		
in a vowel	add –*s*	*libro* – *libros*
in a consonant except *z*	add –*es*	*profesor* – *profesores*
in *z*	*z* → *ces*	*lápiz* – *lápices*
in *s*	no change	*sacapuntas* – *sacapuntas*

Note that accents are sometimes added or dropped in the plural. See p. 219 for stress rules.

examen → *exámenes* – the exams

estación → *estaciones* – the stations

2 Articles

Definite article ('the')

	singular	plural
masculine	*el niño* – the boy	*los niños* – the boys
feminine	*la niña* – the girl	*las niñas* – the girls

Note that in Spanish the definite article is usually included with the noun:

*Me gustan **los** gatos.*   I like cats.

When *el* follows the prepositions *a* or *de*, the words merge.

a + el → al   *Vamos **al** cine.*
We're going to the cinema.

de + el → del   *Es la oficina **del** presidente.*
It's the president's office.

lo is the neuter definite article. It is not used with a noun. Instead it is used with an adjective to stand for a noun.

*Eso es **lo importante**.*
That's the important thing.

***Lo bueno** es que hay muchas tiendas.*
The good thing is that there are lots of shops.

Indefinite article ('an'/'an', 'some')

	singular	plural
masculine	*un niño* – a boy	*unos niños* – some boys
feminine	*una niña* – a girl	*unas niñas* – some girls

Unlike in English, Spanish does not use the indefinite article with jobs and in exclamations:

Es profesor.   He's a teacher.

¡Qué sorpresa!   What a surprise!

3 Pronouns

Subject pronouns

A subject pronoun is used to refer to the person or thing which carries out the action expressed by the verb.

singular		*plural*	
yo	I	*nosotros/as*	we
tú	you (inf sing)	*ustedes*	you (pl)
usted	you (for sing)		
él	he	*ellos*	they (masc)
ella	she	*ellas*	they (fem)

In English, subject pronouns are used all the time, but in Spanish they are only used for emphasis or clarity.

Gramática

Hablo español.   I speak Spanish.

Yo estudio español pero ella estudia francés.
I'm studying Spanish but she's studying French.

Direct object pronouns

A direct object pronoun is used to refer to the person or thing affected directly by the action of the verb. It normally comes before the verb.

singular		plural	
me	me	*nos*	us
te	you (inf sing)	*los*	they/you (pl) (masculine)
lo	him/it/you (for sing)	*las*	they/you (p) (feminine)
la	her/it/you (for sing)		

Te quiero. I love you.

No los toques. Don't touch them.

With imperatives or infinitives, the direct object pronoun can be added to the end of the verb.

¡Ayúdame!   Help me!
Voy a comprarlo.   I'm going to buy it.

Indirect object pronouns

An indirect object pronoun is used to refer to the person or thing that is affected indirectly by the action of the verb. It normally comes before the verb.

singular		plural	
me	(to/for) me	*nos*	(to/for) us
te	(to/for) you (inf sing)	*les*	(to/for) you (pl)/ they
le	(to/for) him/her /it/you (for sing)		

With imperatives or infinitives, the indirect object pronoun can be added to the end of the verb.

Cómprales un regalo. Buy them a present.

Voy a escribirle. I'm going to write to him/her.

Emphatic pronouns

Emphatic pronouns are used after prepositions, such as *a, para, en, hacia, de.* These are the same as the subject pronouns apart from the first and second person singular.

singular		plural	
mí	I	*nosotros/as*	we
ti	you (inf sing)	*ustedes*	you (pl)
usted	you (f sing)	*ellos*	they (masc)
él	he	*ellas*	they (fem)
ella	she		

Este es un regalo para ti.
This is a present for you.

Vamos hacia ellos.   Let's go towards them.

Demonstrative pronouns

A demonstrative pronoun is used instead of a noun to point out people or things. It agrees with the person/thing it replaces in gender and number. The demonstrative pronoun for 'this' is **este**.

Este es mi hermano. This is my brother.

Esta es mi madre. This is my mother.

Estos son mis amigos. These are my friends.

Estas son mis primas. These are my cousins.

For a mixed male and female group, the male plural form is used.

Estos son mis primos, Ana y Pablo.
These are my cousins, Ana and Pablo.

4 Adjectives

Agreement and position

An adjective describes a person or thing, giving details of their appearance, colour, size or other qualities. Adjectives agree with what they are describing. This means that their endings change, depending on whether the person or thing you are referring to is masculine or feminine, singular or plural. Adjectives normally go after the noun that they are describing.

adjectives ending in	singular	
	masculine	feminine
o	*honesto*	*honesta*
a/e/i/u	*responsable*	*responsable*
consonant	*joven*	*joven*
or	*hablador*	*habladora*
z	*feliz*	*feliz*

adjectives ending in ...	plural	
	masculine	feminine
o	*honestos*	*honestas*
a/e/i/u	*responsables*	*responsables*
consonant	*jóvenes*	*jóvenes*
or	*habladores*	*habladoras*
z	*felices*	*felices*

Comparative

A comparative adjective is used to compare two things (like *faster, more interesting*).

You use *más or menos* before the adjective and *que* after.

Esta bicicleta es más barata.
This bicycle is cheaper.

La camisa verde es menos cara.
The green shirt is less expensive.

El chico es más alto que la chica.
The boy is taller than the girl.

La madre es menos alta que el padre.
The mother is less tall than the father.

Note the irregular forms:

bueno – mejor (better)
malo – peor (worse)
grande – mayor (bigger)
pequeño – menor (smaller)

Superlative

A superlative adjective is used to compare more than two things (like *fastest, most interesting*).

You use *el/la/los/las* + noun + *más/menos* + adjective.

el perro más viejo	the oldest dog
la casa menos pequeña	the least small house
los hoteles más baratos	the cheapest hotels

Note the irregular forms:
bueno – el mejor (best)
malo – el peor (worst)
grande – el mayor (biggest)
pequeño – el menor (smallest)

There is also a form of the superlative that you can use to make an adjective much stronger (describing things as 'really' or 'very'). To form this, you add *–ísimo/a/os/as* as an ending to the adjective. It agrees in number and gender with the noun it describes.

For adjectives ending in a consonant, add the ending without changing the adjective, e.g. *facilísimo*.

For adjectives ending in a vowel, drop the vowel, then add the ending, e.g. *pequeñísimo, grandísimo*.

Possessive adjectives

A possessive adjective is used to show possession or relationship (like *my book, his brother*).

They agree in number with the object they describe, rather than the 'owner'.

	singular	plural
my	*mi amigo/amiga*	*mis amigos/amigas*
you (inf sing)	*tu amigo/amiga*	*tus amigos/amigas*
his/her/your (for sing)	*su amigo/amiga*	*mis amigos/amigas*
our	*nuestro amigo/ nuestra amiga*	*nuestros amigos/ nuestras amigas*
your (plural)/ their	*su amigo/amiga*	*sus amigos/amigas*

Ana vive con su madre y sus hermanos.
Ana lives with her mother and her brothers.

Demonstrative adjectives

A demonstrative adjective is used to indicate a particular item (like *this, those,* etc.). It agrees with the noun. In Spanish, there are three forms, covering: this, that (close by) and that (over there/further away).

	masculine	feminine
this	*este*	*esta*
these	*estos*	*estas*
that (close)	*ese*	*esa*
those (close)	*esos*	*esas*
that (over there)	*aquel*	*aquella*
those (over there)	*aquellos*	*aquellas*

No me gusta este suéter. Prefiero aquella sudadera.
I don't like this sweater. I prefer that sweatshirt over there.

demasiado, mucho, etc.

Adjectives like *demasiado* and *mucho* are used to refer to general quantities or degree.

singular		plural	
masculine	feminine	masculine	feminine
demasiado	*demasiada*	*demasiados*	*demasiadas*
mucho	*mucha*	*muchos*	*muchas*
poco	*poca*	*pocos*	*pocas*
tanto	*tanta*	*tantos*	*tantas*
todo	*toda*	*todos*	*todas*
algún	*alguna*	*algunos*	*algunas*
otro	*otra*	*otros*	*otras*

No hay muchas tiendas en mi barrio.
There aren't many shops in my neighbourhood.

demasiado, mucho, poco, tanto and *todo*
can also be used as adverbs. They do not
change form.

Me gustan mucho los perros. I really like dogs.

La casa es demasiado pequeña. The house is
too small.

5 Verbs

A verb gives information about what someone
or something does or is, or what happens
to them. In Spanish, verb endings change
depending on the subject and the tense.
A subject pronoun is not generally used as the
information is included in the verb ending.

Present tense

The present tense is used to talk about what
is true at the time, what is happening now and
what happens regularly.

Regular verbs

There are three types of regular verbs: *–ar, –er*
and *–ir*.

To form the present tense, you replace the
infinitive ending as follows:

	hablar to speak	**com**er to eat	**viv**ir to live
(yo)	hablo	como	vivo
(tú)	hablas	comes	vives
(él/ella/usted)	habla	come	vive
(nosotros/as)	hablamos	comemos	vivimos
(ellos/ellas/ustedes)	hablan	comen	viven

ser & estar

ser and *estar* are two key verbs in Spanish that
both mean 'to be'. It is important to learn which
one needs to be used in different situations.
Both are irregular.

	ser to be	*estar* to be
(yo)	soy	estoy
(tú)	eres	estás
(él/ella/usted)	es	está
(nosotros/as)	somos	estamos
(ellos/ellas/ustedes)	son	están

ser is used

- with permanent characteristics
  Mi hermano es alto. My brother is tall.

- to show possession
  Las botas son de Javier.
  The boots belong to Javier.

- to say where someone is from
  Soy de Cuba. I'm from Cuba.

- with time
  Son las tres y media. It's half past three.

estar is used

- for location
  ¿Dónde está el mercado?
  Where is the market?

- with an adjective to talk about a temporary
  condition
  Las papas están frías.
  The potatoes are cold.

Other key irregular verbs

Some other very useful verbs are also irregular.
You need to learn their forms.

	tener to have	**hacer** to make/do	**ir** to go
(yo)	tengo	hago	voy
(tú)	tienes	haces	vas
(él/ella/usted)	tiene	hace	va
(nosotros/as)	tenemos	hacemos	vamos
(ellos/ellas/ustedes)	tienen	hacen	van

tener is a stem-changing verb which is
irregular in the *yo*/'I' form. Apart from that, it
has the usual endings for an *–er* verb. It is used
in many expressions which use the verb 'to be'
in English.

Tengo quince años. I'm 15 years old.

tener éxito – to be successful
tener frío – to be cold
tener hambre – to be hungry
tener miedo – to be frightened
tener prisa – to be in a hurry
tener sed – to be thirsty
tener suerte – to be lucky
tener sueño – to be sleepy

Reflexive verbs

Reflexive verbs have the same subject and
object. This is shown by the inclusion of a
reflexive pronoun, e.g. *Me levanto.* ('I get
(myself) up.'). The pronoun usually comes
before the verb.

In the infinitive form the pronoun is attached
to the end of the verb, e.g. *vestirse* (to get
washed), *¿Prefieres levantarte temprano o
tarde?* (Do you prefer to get up early or late?)

Many reflexive verbs are regular and so have the usual endings for their type.

	levantarse to get up
(yo)	me levanto
(tú)	te levantas
(él/ella/usted)	se levanta
(nosotros/as)	nos levantamos
(ellos/ellas/ustedes)	se levantan

Stem-changing verbs

Stem-changing verbs contain a change in the vowel in the main part of the verb (the stem) for all forms except *nosotros/as*. Apart from this, they follow the same rules on endings as other verbs.

	pensar to think e → ie	**dormir** to sleep o → ue
(yo)	pienso	duermo
(tú)	piensas	duermes
(él/ella/usted)	piensa	duerme
(nosotros/as)	pensamos	dormimos
(ellos/ellas/ustedes)	piensan	duermen

Other common stem-changing verbs include:

e → ie	o → ue
cerrar – to close perder – to lose perderse – to get lost preferir – to prefer querer – to want	acostarse – to go to bed dormirse – to go to sleep poder – to be able mostrar – to show recordar – to remember soler – to usually (do) volver – to return
u → ue	**e → i**
jugar – to play	competir – to compete

tú & usted

tú and *usted* both mean 'you'.

- **tú** is used for someone you know well or for a child

- **usted** is used for someone you don't know very well or someone older than you

In some Latin American countries, *usted* is used for everyone.
usted uses the same verb form as *él/ella*.

If you are talking to more than one person, use *ustedes*. This uses the same verb form as *ellos/ellas*.

¿Y tú, Raúl, cómo celebras?
Raul, how do you celebrate?

¿Y usted, qué quiere tomar?
What would you like to order?

¿Dónde van ustedes, chicas?
Where are you going, girls?

¿Te levantas temprano, Paco?
Do you get up early, Paco?

¿Cómo se llama, señora?
What's your name, madam?

¿Tienes tu mochila, Ana?
Have you got your backpack, Ana?

¿Tiene su maleta, señor?
Have you got your case, sir?

Present continuous tense

The present continuous tense is used to say what is happening *right now*. It is formed using the present tense of **estar** + the **gerundio** (the present participle/–*ing* form). The present participle is formed using the stem + –**ando** (–**ar** verbs) or –**iendo** (–**er** and –**ir** verbs).

¿Estás escribiendo? Are you writing?

No estamos trabajando. We're not working.

Imperative

The imperative form of the verb is used to give orders and instructions. It has a different form depending on whether:

- the order/instruction is positive or negative

- you are using *tú*, *usted* or *ustedes*

	positive	negative
tú usted ustedes	¡Habla! ¡Hable! ¡Hablen!	¡No hables! ¡No hable! ¡No hablen!
tú usted ustedes	¡Come! ¡Coma! ¡Coman!	¡No comas! ¡No coma! ¡No coman!
tú usted ustedes	¡Escribe! ¡Escriba! ¡Escriban!	¡No escribas! ¡No escriba! ¡No escriban!

Some common verbs have irregular imperatives:

	tú	**usted**	**ustedes**
decir say	di no digas	diga no diga	digan no digan
hacer make/do	haz no hagas	haga no haga	hagan no hagan
ir go	ve no vayas	vaya no vaya	vayan no vayan
poner put	pon no pongas	ponga no ponga	pongan no pongan
salir go out	sal no salgas	salga no salga	salgan no salgan
seguir follow	sigue no sigas	siga no siga	sigan no sigan
tener have	ten no tengas	tenga no tenga	tengan no tengan

Gramática

Near future tense

The near future tense is used to say what is going to happen. It is formed using the present tense of *ir* + *a* + the infinitive. See p. 186 for *ir*.

Voy a comer una pizza.
I'm going to eat a pizza.

Vamos a jugar al tenis.
We're going to play tennis.

Mis padres van a salir.
My parents are going to go out.

¿A qué hora vas a irte?
When are you going to leave?

Future tense

The future tense is used to talk about future events. It is formed by adding the following endings to the stem: *–é, –ás, –á, –emos, –án*. The same endings are used for all verbs.

hablar – to speak
hablaré
hablarás
hablará
hablaremos
hablarán

Hablaré con ella. I'll speak to her.

Se levantarán temprano. They'll get up early.

For most verbs, the stem for the future tense is the infinitive but some verbs have an irregular stem.

decir: dir–	*querer: querr–*
haber: habr–	*saber: sabr–*
hacer: har–	*salir: saldr–*
poder: podr–	*tener: tendr–*
poner: pondr–	*venir: vendr–*

¿A qué hora vendrás? What time will you come?

No podremos hacerlo. We can't do it.

You use *si* to talk about conditions.

Si podemos encontrarlo… If we can find it …

Si quieres ir … If you want to go …

Note that *si* has no accent (compare *sí* = 'yes').

To relate these to outcomes in the future, use *si* + present tense, then a clause with the future tense.

Si tengo dinero, compraré una casa grande.
If I have money, I'll buy a big house.

Si descansamos un poco ahora, podremos terminar el trabajo más tarde.
If we rest a little now, we'll be able to finish the work later.

Preterite tense

The preterite tense is used to talk about completed actions in the past. Regular verbs add the following endings to the stem.

	hablar to speak	**com**er to eat	**viv**ir to live
(yo)	hablé	comí	viví
(tú)	hablaste	comiste	viviste
(él/ella/usted)	habló	comió	vivió
(nosotros/as)	hablamos	comimos	vivimos
(ellos/ellas/ustedes)	hablaron	comieron	vivieron

Some irregular verbs also have irregular preterite forms:

ir to go **ser** to be*	**hacer** to make/do	**poder** to be able
fui	hice	pude
fuiste	hiciste	pudiste
fue	hizo	pudo
fuimos	hicimos	pudimos
fueron	hicieron	pudieron

estar to be	**tener** to have	**ver** to watch
estuve	tuve	vi
estuviste	tuviste	viste
estuvo	tuvo	vio
estuvimos	tuvimos	vimos
estuvieron	tuvieron	vieron

*Note how *ir* and *ser* have the same form in the preterite.

The following verbs are irregular in the preterite, but they still follow certain patterns that can help you learn the different forms.

dar (to give) is the same as *ver*. Replace the *v–* stem with *d–* and add the endings above. So, *di*, *diste*, etc.

The *ver* endings are used for these verbs too, but the 1st person in each case does not follow the pattern:

decir (to say): *dije*, *dijiste*, etc.
poner (to put): *puse*, *pusiste*, etc.
querer (to want): *quise*, *quisiste*, etc.
saber (to know): *supe*, *supiste*, etc.
venir (to come): *vine*, *viniste*, etc.

Imperfect tense

The imperfect tense is used to describe things you used to do in the past – things that continued for a long time or were a habit. (Compare the preterite tense, which describes completed actions.) It is formed by adding the following endings to the stem. For regular verbs, the stem is the infinitive minus –ar/–er/–ir.

	hablar	**com**er	**viv**ir
(yo)	hablaba	comía	vivía
(tú)	hablabas	comías	vivías
(él/ella/usted)	hablaba	comía	vivía
(nosotros/as)	hablábamos	comíamos	vivíamos
(ellos/ellas/ustedes)	hablaban	comían	vivían

Cada día llamaba a su madre.
He called/used to call his mother every day.

Nos despertábamos muy tarde.
We got up/used to get up really late.

It is also used to describe what things were like in the past and how people felt.

No comía fruta. I didn't/didn't use to eat fruit.

Vivía en la costa.
I lived/used to live on the coast.

No teníamos mucho dinero.
We didn't have much money.

Cuando era niña, tenía miedo de las arañas.
When I was a little girl, I was afraid of spiders.

ser, *ir* and *ver* are irregular in the imperfect tense.

	ser	**ir**	**ver**
(yo)	era	iba	veía
(tú)	eras	ibas	veías
(él/ella/usted)	era	iba	veía
(nosotros/as)	éramos	íbamos	veíamos
(ellos/ellas/ ustedes)	eran	iban	veían

Verbal structures

hay, hace (que)

hay comes from the infinitive *haber* (to have) and means 'there is/there are'.

Hay *un libro interesante.*
There is an interesting book.

Hay *unas playas bonitas.*
There are some lovely beaches.

hace comes from the infinitive *hacer* (to make or do) but is also used in time phrases to mean ago.

Fue **hace** *tres años.* It was three years ago.

Hace dos años, viajé por todo el mundo.
Two years ago, I travelled round the world.

hace que and *desde hace* are used to express how long something has been going on.

Hace *dos días* **que** *tengo fiebre.*
I've had a temperature for two days.

Hace seis meses que fueron a Chile.
It's been six months since they went to Chile.

Vivimos en México **desde hace** *dos años.*
We've lived in Mexico for two years.

me gusta/me gustan, etc.

gustar is used to express likes and dislikes. It is an unusual verb. The subject of the verb (the person who likes/dislikes) is shown by an indirect object pronoun (*me*, *te*, *le*, etc.). The verb agrees with the direct object (the person or thing that is liked).

*Me gust**a** el programa.*   I like the programme.

*Le gust**an** los caballos.*   He/She likes horses.

me gusta can also be followed by an infinitive. In this case, the verb is always in the singular:

Me gusta comer fruta.   I like to eat fruit.

Other forms of gustar behave in the same way.

Le gustó la película. She liked the film.

Nos gustaría ir al club de fotografía.
We'd like to go to the photography club.

encantar, *doler*, *interesar* and *importar* behave in the same way as *gustar*. Note how the pronoun changes for different people.

*Me encant**a** la literatura.* I love literature.

*Le duel**en** las piernas.*   His legs hurt.

Les interesa estudiar idiomas.
They're interested in studying languages.

*Me import**an** mis amigos.*
My friends are important to me.

Other structures with the infinitive

preferir, *deber*, *poder*, *querer*, *saber*, *soler* are followed by the infinitive too.

*¿**Prefieres dibujar** o **pintar**?* Do you prefer to draw or paint?

*No **debes fumar**.* You mustn't smoke.

***Deberías hacer** ejercicio.*
You should do exercise.

Gramática

¿Puedo ir al baño? Can I go to the bathroom?

Quieren visitar Puerto Rico.
They want to go to Puerto Rico.

No sé nadar. I don't know how to swim.

Suelen salir los sábados.
They usually go out on Saturdays.

Note also these key structures which are followed by the infinitive:

Tiene que hacer las tareas.
He has to do his homework.

Es importante estar activo.
It's important to be active.

Impersonal *se*

se is used in impersonal expressions and corresponds to the use of the general 'you' or 'one' in English:

No se puede entrar.   You can't go in.

¿Se permite fumar aquí?
Is smoking allowed here?/Can you smoke here?

6 Negatives

To make a verb negative, add *no* in front of it.

Mi hermana no lee mucho.
My sister doesn't read much.

Other negative words are often used with the verb for emphasis:

Nunca voy al cine.   I never go to the cinema.

Nadie habla con él.   No one speaks to him.

No hay nada interesante aquí.
There's nothing interesting here.

Tampoco quiero azúcar.
I don't want sugar either.

No vinieron ni Carlos ni Ana.
Neither Carlos nor Ana came.

No tiene ningún interés en ir.
She has no interest in going.

7 Adverbs

An adverb gives more information about a verb, an adjective or another adverb.

You can form many adverbs by adding *–mente* to the feminine singular form of the adjective.

Habla muy lentamente.   He speaks very slowly.

Normalmente llego a las nueve.
I normally arrive at nine o'clock.

Hay que hacerlo inmediatamente.
We have to do it immediately.

Some adverbs are irregular:

Habla bien el español. He speaks Spanish well.
Está mal escrito.   It's badly written.

8 Prepositions

Prepositions can be used to describe the location of people, objects or places.

delante de	in front of
encima de	on top of
enfrente de	opposite
a la derecha de	to the right of
a la izquierda de	to the left of
al final de	at the end of
al lado de	to the side of

El libro está encima de la mesa.
The book is on top of the table.

La casa está al lado del teatro.
The house is next to the theatre.

When *de* is followed by *el*, the words merge to become *del*.
a and *el* merge to become *al*.

When con is used with *me*, *te* or *se*, the words merge to form *conmigo*, *contigo* and *consigo*.

para & por

The prepositions *por* and *para* both mean 'for'.
por is used for:

- movement: *La mercancía viene por barco.* The goods come by boat.
- duration of time: *¿Por cuántos años quieres vivir allí?* How long do you want to live there for?
- exchange: *Te lo cambio por este.* I'll swap you it for this one.

para is used for:

- destination: *Salen para Cádiz.* They are leaving for Cadiz.
- recipient of something: *Para mí, un jugo de naranja.* An orange juice for me.
- purpose: *Lo hace para ganar dinero.* He does it to earn money.

Personal *a*

When the direct object of a verb is a specific person or pet animal, the preposition *a* is added. This is called 'the personal *a*'.

Quiero a mi familia. I love my family.
Cuido a mi hermana pequeña. I look after my little sister.

It is <u>not</u> used with the verb *tener*.
Tienen dos hijos. They have two children.

9 Conjunctions

A conjunction is a word that links two words or phrases together, for example 'and', 'but', 'or', 'because', etc.

*el carro **y** la casa*   the car <u>and</u> the house

*papas fritas **o** arroz*   fries <u>or</u> rice

*Me gustaría ir, **pero** estoy muy cansado.*
I'd like to go <u>but</u> I am very tired.

*Me gusta **porque** es interesante.*
I like it <u>because</u> it is interesting.

***Como** llueve, no puedo ir.*
<u>As</u> it's raining, I can't go.

*Dice **que** me quiere.*   He says <u>that</u> he loves me.

***Si** estudias, sacas buenas notas.*
<u>If</u> you study, you get good grades.

***Cuando** llueve, llevo un sombrero.*
<u>When</u> it rains, I wear a hat.

*Prepara el desayuno **mientras** yo me visto.*
Get breakfast ready <u>while</u> I get dressed.

*Odio las matemáticas, **aunque** son útiles*
I hate maths <u>even though</u> it's useful.

10 Questions

Questions words, or interrogative pronouns, are used to ask questions and are placed at the beginning of the sentence. Note the accent on all question words.

*¿**Adónde** vas de vacaciones?*
<u>Where</u> do you go on holiday? [to where]

*¿**Cómo** te llamas?*   <u>What</u> is your name?

*¿**Cuál** quieres?*   <u>Which</u> do you want?

*¿**Cuándo** es tu cumpleaños?*
<u>When</u> is your birthday?

*¿**Cuánto** cuesta?*   <u>How</u> much does it cost?

*¿**Dónde** vives?*   <u>Where</u> do you live?

*¿**Qué** te gusta estudiar?*
<u>What</u> do you like to study?

*¿**Quién** habla español?*   <u>Who</u> speaks Spanish?

In Spanish, you can also turn a statement into a question by adding question marks and using a rising intonation.

Comes chocolate.   You eat chocolate.

¿Comes chocolate?   Do you eat chocolate?

11 Numbers

Cardinal numbers

0 *cero*	11 *once*	21 *veintiuno*
1 *uno/un*	12 *doce*	22 *veintidós*
2 *dos*	13 *trece*	23 *veintitrés*
3 *tres*	14 *catorce*	30 *treinta*
4 *cuatro*	15 *quince*	31 *treinta y uno*
5 *cinco*	16 *dieciséis*	32 *treinta y dos*
6 *seis*	17 *diecisiete*	40 *cuarenta*
7 *siete*	18 *dieciocho*	50 *cincuenta*
8 *ocho*	19 *diecinueve*	60 *sesenta*
9 *nueve*	20 *veinte*	70 *setenta*
10 *diez*		80 *ochenta*
		90 *noventa*

100 *cien*	1000 *mil*
101 *ciento uno*	1001 *mil uno*
	2000 *dos mil*

- **uno:** *un* with masculine nouns and *una* with feminine nouns
- **cien:** *cien* with masculine and feminine nouns; *ciento* with other number combinations, e.g. *ciento cincuenta*.
- **200–900** are as follows: *doscientos, trescientos, cuatrocientos, quinientos, seiscientos, setecientos, ochocientos, novecientos.*
  They change with feminine nouns: *doscientas* (etc.)

Ordinal numbers

1st–10th: *primero (primer)/primera, segundo/a, tercero (tercer)/tercera, cuarto/a, quinto/a, sexto/a, séptimo/a, octavo/a, noveno/a, décimo/a*

Ordinal numbers agree in gender and in number with the noun they precede. *primero* and *tercero* drop the –o before a masculine singular noun.

*el prim**er** premio*   the first prize

*Los primer**os** invitad**os** llegaron a las ocho.*
The first guests arrived at eight.

Use cardinal numbers for dates. The ordinal number should only be used for the first of the month, e.g. *el primero de mayo.*

Gramática

12 Time

Days

Days don't start with a capital letter in Spanish.

lunes
martes
miércoles
jueves
viernes
sábado
domingo

Months

Months don't start with a capital letter in Spanish.

enero
febrero
marzo
abril
mayo
junio
julio
agosto
se(p)tiembre
octubre
noviembre
diciembre

Dates

¿Qué día es hoy?	What day is it today?
¿En qué día estamos?	What's the date today?

Es (el)/Estamos a …	It's the …
… uno/primero de mayo	1st of May
… dos de mayo	2nd of May
… veintiocho de mayo	28th of May

Es lunes tres de octubre.
It's Monday the 3rd of October.

Use cardinal numbers for dates. The ordinal number should only be used for the first of the month.

Time expressions

Present or regular

hoy	today
el lunes	on Monday
los lunes	on Mondays
todos los lunes	every Monday
esta mañana	this morning
esta tarde	this afternoon/evening
esta noche	tonight
por la mañana	in the morning
por la tarde	in the afternoon/evening
por la noche	at night

Past

ayer	yesterday
anoche	last night
ayer por la mañana	yesterday morning
ayer por la tarde	yesterday afternoon/ evening
ayer por la noche	last night
anteayer	the day before yesterday
hace una semana	a week ago
el año/martes pasado	last year/Tuesday
la semana pasada	last week

Future

mañana	tomorrow
mañana por la mañana	tomorrow morning
mañana por la tarde	tomorrow afternoon/ evening
el mes que viene	next month
el año que viene	next year
el viernes que viene	next Friday
pasado mañana	the day after tomorrow

Frequency

¿Cuándo?	When?
¿Con qué frecuencia?	How often?
todos los días	every day
cada dos días	every other day
una vez por semana	once a week
dos veces por semana	twice a week
una vez al mes	once a month
dos veces al año	twice a year

Telling the time

00:00 *las doce (de la noche)*

00:10 *las doce y diez (de la noche)*

00:15 *las doce y cuarto (de la noche)*

00:30 *las doce y media (de la noche)*

00:45 *la una menos cuarto (de la madrugada)*

01:00 *la una (de la mañana/madrugada)*

01:10 *la una y diez (de la mañana)*

02:45 *las tres menos cuarto*

07:00 *las siete (de la mañana)*

07:50 *las ocho menos diez (de la mañana)*

12:00 *las doce (del mediodía)*

13:00 *la una (de la tarde)*

19:00 *las siete (de la tarde)*

21:00 *las nueve (de la noche)*

¿Qué hora es?   What's the time?

Es la una y cuarto.   It's a quarter past one.

Son las diez menos cinco.   It's five to ten.

Son las dos de la madrugada.
It's two in the morning.

a mediodía/medianoche   at midday/midnight

a las siete de la mañana/tarde
at seven in the morning/afternoon

Vocabulario

A

	a menudo	often
	a pie	on foot
	a veces	sometimes
	a ver	let's see
	abierto/a	open
el/la	abogado/a	lawyer
	abril	April
	abrir	to open
los	abuelos	grandparents
	aburrido/a	boring, bored
	aburrirse	to get bored
	acostarse	to go to bed
las	actividades	activities
	activo/a	active
	actualizar mi estado	to update my status
la	adicción	addiction
el	aeropuerto	airport
el/la	aficionado/a	fan (sports, etc.)
las	afueras	outskirts
la	agencia de viaje	travel agent's
	agosto	August
	agradable	nice
	agregar seguidores	add followers
	agresivo/a	aggressive
	agrio/a	sour
	ahora	now
el	aire acondicionado	air conditioning
	al aire libre	outdoor
	al final de	at the end of
	al lado de	next to
	al revés	backwards
	al sol	in the sun
el	albergue juvenil	youth hostel
la	alcaldía	town hall
la	alfombra	fitted carpet
	¿Algo más?	Anything else?
	algre	happy
	allí	there
el	almuerzo	lunch
el	altavoz portátil	portable speaker
	alto/a	tall
los	altoparlantes	speakers
	amable	kind, nice
el/la	amigo/a	friend
	andar en patineta	to skateboard
el	anillo	ring
las	animadoras	cheerleaders
	anoche	last night
	anteayer	the day before yesterday
	antes	before
	antiguo/a	old
	antipático/a	unfriendly

el	aparato	device
el	apartamento	apartment, flat
	apasionante	thrilling
el	apellido	surname
la	aplicación/app	app
los	aretes	earrings
el	armario	wardrobe
el/la	arquitecto/a	architect
	arreglar	to tidy
el	arroz	rice
el	arte	art
los	artículos	items
las	asignaturas	school subjects
	asqueroso/a	revolting, disgusting
el	atletismo	athletics
el	atún	tuna
los	auriculares	headphones
el	avión	plane
	ayer	yesterday
	ayudar	to help

B

el	bacalao	cod
	bailar	to dance
	bajo/a	short
el	balcón	balcony
	bañarse	to have a shower/bath
el	baño	bathroom
	barato/a	cheap
el	barco	boat
el	barrio	neighbourhood
el	básquetbol	basketball
	bastante	quite, enough
la	batería	drums
el	batido (de vainilla/ fresa)	(vanilla/strawberry) milkshake
	beber	to drink
el	béisbol	baseball
la	bicicleta	bike
el	bistec	steak
	bloquear	to block
los	bluejeans	jeans
el	boleto (de ida)	ticket (one-way)
el	boleto (de ida y vuelta)	ticket (return)
el/la	bombero/a	firefighter
	borrar	to delete
	¿Bueno?	Hello (on phone)
	bueno/a	good
el	burrito	burrito
el	bus	bus
el	buscador	search engine
	buscar	to look for
	buscar información	research information
el	buzón	mailbox

C

el	café	coffee/café
el	café de batidos	milkshake café
los	calcetines	socks
	caliente	hot
la	calle	street
la	cama	bed
la	cámara	camera
	cambiar dinero	to change money
el	camión	bus
la	camioneta	van
la	camiseta	t-shirt
el	campeón	champion
el	campeonato	championship
el	camping	campsite
el	campo	country(side)
el	campo de fútbol	football pitch
	cancelado/a	cancelled
el	canotaje	canoeing
el/la	cantante	singer
el	cargador	charger
	cariñoso/a	caring
el	carrito de la compra	basket (online shopping)
	caro/a	expensive
el/la	carpintero/a	carpenter
la	carrera	race
el	carro	car
la	casa	house
en	casa	at home
la	casa de campo	house in the country, villa
la	casa de playa	beach house
	casarse	to get married
el	castillo	castle
la	catedral	cathedral
la	celebridad	celebrity
	celoso/a	jealous
el	celular	mobile phone
la	cena	dinner
	cenar	to have dinner
	cerca de	near
el	cereal	ceral
	cerrado/a	closed
	cerrar	to close
	cerrar la sesión	to log off
el	champú	shampoo
la	chaqueta	jacket
la	chaqueta con capucha	hoody
	chatear	to chat
la	chuchara	spoon
el	ciberacoso	cyberbullying
el	ciclismo	cycling
las	ciencias	science
el	cine	cinema
la	ciudad	city
el	club juvenil	youth club
la	cocina	kitchen
	cocinar	to cook
el/la	cocinero/a	cook
el	colegio	school
el	comedor	dining room
el/la	comerciante	businessman/woman
la	comida	food
la	comida de casa	home food
la	comida de la calle	street food
la	comida rápida	fast food restaurant
	¿Cómo?	How?
la	cómoda	chest of drawers
	compartir	to share
la	competencia	competition
	competir	to compete
	comprar	to buy
	comprensivo/a	understanding
la	computadora	computer
	con	with
el	concierto	concert
	conectarme a	to get in touch with
	confiar en	to trust
	configurar	to set up
el	conjunto de apartamentos	apartment block
	conocer	to know, get to know
la	consola	console
	contactar	to contact
	contaminado/a	polluted
	contar	to tell
el	contenido	content
	contento/a	happy
la	contraseña	password
la	corbata	tie
el	correo basura	junk mail
el	correo electrónico	email
	correr	to run
	corto/a	short
la	costa	coast
	crear	to create
	creativo/a	creative
el	críquet	cricket
	cruzar	to cross
el	cuadro	painting
	¿Cuándo?	When?
	¿Cuánto cuesta(n)?	How much is it/are they?
	¿Cuánto/a?	How much?
	¿Cuántos/as?	How many?
el	cuarto de estudio	study
el	cuchillo	knife
la	cuenta	bill
	cuidar	to look after
el	cumpleaños	birthday

D

	dar primeros auxilios	to give first-aid
	dar un 'me gusta'	to 'like' (on social media)
	de vez en cuando	from time to time
	debe(s)	you must
	deberías	you should
	débil	weak
	decepcionante	disappointing
las	decoraciones	decorations
	dejar	to leave
	delante de	in front of
el	delantero	forward/striker
	delgado/a	slim

Vocabulario: español–inglés

	delicioso/a	delicious
	demasiado/a	too much
los	deportes	sports
	deportista	sporty
a la	derecha	on the right
	desagradable	unpleasant
el	desayuno	breakfast
	descansar	to rest
	descargar	to download
los	desconocidos	strangers
	despertarse	to wake up
la	destreza	skill
las	desventajas	disadvantages
	detrás de	behind
	dibujar	to draw
el	dibujo animado	cartoon
	diciembre	December
el	dinero	money
la	dirección del sitio web	website address
el/la	director(a)	director
	diseñador(a)	designer
	divertido/a	fun
	divertirse	to enjoy yourself
	¿Dónde?	Where?
la	ducha	shower
	dulce	sweet
la	dulcería	sweet shop
los	dulces	sweets

E

la	educación física	physical education
	eficaz	effective
	egoísta	selfish
el	ejercicio	exercise
los	ejercicios aeróbicos	aerobics
el/la	electricista	electrician
	emocionante	exciting
	empezar	to start
el	empleo	job
la	empresa	business
	en	on
	enero	January
el/la	enfermero/a	nurse
	enfermo/a	ill
	engancharse	to get hooked
el	enlace	link
la	ensalada	salad
la	entrada	entry, admission
	entre ... y ...	between ... and ...
el	entrenador	trainer
	enviar	to send
el	equipaje	luggage
el	equipo	team
	escuchar música	to listen to music
la	escuela	school
los	espaguetis	spaghetti
el	español	Spanish (language)
los	espectadores	spectators
el	espejo	mirror
	esquiar	ski
la	estación de policía	police station
la	estación de tren	train station

el	estadio	stadium
la	estantería	bookcase
los	estantes	shelves
	estar	to be
	estar en forma	to be fit
el	este	east
	estropeado/a	broken/not working
el	estuche (para el celular)	(phone) case
	estudiar	to study
los	estudios	studies
el	evento deportivo	sporting event
los	eventos	events
	evidentemente	obviously
	exótico/a	exotic
	experto/a en ...	expert in ...
	extraescolar	after-school, outside school
en el	extranjero	abroad
	extrovertido/a	outgoing

F

	fácilmente	frequently
	Falta(n) ...	There are no ...
la	familia	family
	fascinante	fascinating
	febrero	February
el	feedback	feedback
	feo/a	ugly
el	ferry	ferry
el	filtro	filter
el	fin de semana	weekend
la	floristería	florist's
el	folleto	brochure
el	formulario	form
la	foto	photo
el	francés	French
	frecuentemente	frequently
	fresco/a	fresh
los	frijoles	beans
	frío/a	cold
la	fruta	fruit
la	fuente de noticias	newsfeed
	fuerte	strong
el	fútbol	football
el/la	futbolista	footballer

G

las	gafas	glasses
	ganar	to earn, to win
	ganarme la vida en ...	to earn a living in ...
el	garaje	garage
la	gaseosa	lemonade
el/la	gemelo/a	twin
	generoso/a	generous
	genial para ...	great at ...
la	gente	people
la	geografía	geography
la	gimnasia	gymnastics
el	gimnasio	gym
	girar	to turn
el	globo	balloons
	grabar un video	to record a video

	gracioso/a	funny
	graduarse	to graduate
los	gráficos	graphics
la	granja	farm
el/la	granjero/a	farmer
	gratis	free time

H

la	habitación	bedroom, room
	hablador(a)	chatty
	hablar	to speak
	hablar por teléfono	to talk on the telephone
	Hace buen tiempo.	The weather's fine.
	Hace fresco.	It's cool.
	Hace frío.	It's cold.
	Hace mal tiempo.	The weather's bad.
	Hace sol.	It's sunny.
	Hace viento.	It's windy.
	hacer buceo	to go diving
	hacer caminatas	to go hiking
	hacer clic en un enlace	to click on a link
	hacer deportes acuáticos	to do water spots
	hacer ejercicio	to exercise
	hacer excursiones	to go on trips
	hacer la(s) tarea(s)	to do homework
	hacer llamadas de voz	to make voice calls
	hacer los quehaceres	to do the chores
	hacer malabares	to juggle
	hacer rap	to rap
	hacer running	to go running
	hacer selfis	to take selfies
	hacer surf	to go surfing
	hacer turismo	go sightseeing
	hacer un pícnic	to have a picnic
	hacer una barbacoa	to have a barbecue
	hacer videollamadas	to make video calls
	hago (hacer)	I make, I do
	Hasta pronto	See you soon
	Hay …	There's …
	Hay huracán.	There's a hurricane.
	Hay niebla.	It's foggy.
	hay que	have to
	Hay tormenta.	There's a storm.
la	heladería	ice-cream shop
el	helado	ice-cream
el	helicóptero	helicopter
el/la	hermanastro/a	stepbrother/stepsister
el/la	hermano/a	brother/sister
la	hincha	fan (e.g. sport)
la	historia	history
el	hockey	hockey
el	horario de buses	bus timetable
las	horas de entrega	delivery times
el	horno	oven
	hoy	today
el	huevo	egg

I

el	idioma	language
la	iglesia	church

	inalámbrico/a	wireless
las	indicaciones	directions
	información sobre …	information on …
la	informática	IT
el/la	ingeniero/a	engineer
el	inglés	English
	iniciar la sesión	to log on
	inteligente	intelligent
	interesante	interesting
las	invitaciones	invitations
	invitar	to invite
	ir	to go
	ir de camping	to go camping
	ir de paseo	to go for a walk
a la	izquierda	on the left

J

el	jamón	ham
el	jardín	garden
	joven	young
la	joyería	jeweller's
	jubilarse	to retire
el	juego de mesa	board game
los	Juegos Olímpicos	Olympic Games
	jugar	to play
	jugar con videojuegos	to play computer games
el	jugo (de naranja)	(orange) juice
	julio	July
	junio	June

L

la	lámpara	lamp
el	largo	length (of a swimming pool)
	largo/a	long
la	lavadora	washing machine
el	lavamanos	sink
el	lavaplatos	dishwasher
	lavar	to wash
	leal	loyal
	leer	to read
	lejos de	far from
los	lentes de contacto	contact lenses
	lento/a	slow
	levantarse	to get up
la	librería	bookshop
la	limonada	lemonade
	limpio/a	clean
la	lista de hoteles	list of hotels
	llamar	to call
	llevar	to wear
	llevarse bien con	to get on well with
	Llueve.	It's raining.
las	luces	lights
el	lugar	place

M

la	madrastra	stepmother
el/la	maestro/a	teacher
la	mala experiencia	bad experience
	maleducado/a	rude
	malinterpretar	to misunderstand
	mañana	tomorrow
	manejar	to drive

Vocabulario: español–inglés

el	maquillaje	make-up
	marcar un tanto/gol	to score a point/goal
	marzo	March
	más	more
las	matemáticas	maths
	mayo	May
	Me da confianza en mí mismo	It gives me self-confidence
	me gusta(n)	I like
	me gustaría	I'd like
	me interesa(n)	I'm interested
	Me llamo …	My name's …
	Me molesta …	… annoys me
el/la	mecánico/a	mechanic
el/la	médico/a	doctor
el/la	mejor amigo/a	best friend
	mejorar	to improve
	menor	younger
los	mensajes instantáneos	instant messages
los	mensajes amenazantes	threatening messages
el	mes	month
la	mesa	table
el/la	mesero/a	waiter/waitress
	mi propio jefe	my own boss
	mi propio negocio	my own business
el	miedo de perderse algo	fear of missing out
	mira/mire	OK, look
	modificar … con un filtro	apply a filter
la	moneda	currency
la	montaña rusa	rollercoaster
las	montañas	mountains
	montar	to ride
el	monumento	monument
la	moto	motorbike
	mucho/a	a lot
un	museo	museum
	muy	very

N

	nacer	to be born
	nada	nothing
	nadar	to swim
la	natación	swimming
	navegar por Internet	to surf the internet
la	Navidad	Christmas
la	nevera	fridge-freezer
	Nieva.	It's snowing.
la	nieve	snow
el/la	niño/a	child
	No funciona.	It doesn't work.
	No importa.	It doesn't matter.
	no obstante	nevertheless
el	norte	north
las	noticias de última	breaking news
	noviembre	November
el/la	novio/a	boyfriend/girlfriend
la	nube	cloud
	nuevo/a	new

el	número de teléfono	telephone number
	nunca	never

O

	o	or
la	obra	play (at theatre)
	octubre	October
el	oeste	west
la	oferta	special offer
la	oficina de túrismo	tourist office
los	ojos	eyes
	optimista	optimistic
el	oso panda de peluche	cuddly panda

P

el	padrastro	stepfather
los	padres	parents
	pagar	to pay
la	página de inicio	homepage
el	paisaje	landscape
el	pan	bread
la	panadería	bakery
la	pantalla (LCD)	(LCD) screen
la	pantalla táctil	touch screen
el	pantalón	trousers
el	pantalón deportivo	joggers
las	papas fritas	fries
el	papel higiénico	toilet paper
	para	for
	parase	to stand
el	parque	park
el	parque de atracciones	amusement park
el	parque de patinaje	skate park
el	parque nacional	national park
el	parque temático	theme park
	participar	to take part
el	partido	match
el	pasaporte	passport
	pasar	to go past
	pasar la aspiradora	to hoover
la	Pascua	Easter
La	pasé muy bien	I had a really good time
	pasear a los perros	to walk the dogs
la	pastelería	cake shop
el	patio	playground
las	pegatinas	stickers
	peligroso/a	dangerous
el	pelo	hair
la	pelota	ball
el/la	peluquero/a	hairdresser
la	pensión	bed and breakfast
	pequeño/a	small
	perder	to lose
	perezoso/a	lazy
el	perfil falso	false profile
el	perfil personal	personal profile
	perfumado/a	fragrant
el	periodismo	journalism
el/la	periodista	journalist
	pero	but
el	perro caliente	hot dog
el	pescado	fish

	pesimista	pessimistic
	picante	spicy
el	pícnic	picnic
los	pies	feet
el/la	piloto	pilot
la	piñata	piñata
las	pinza de pelo	hair clips
la	piratería informática	hacking
la	piscina	swimming pool
la	piscina al aire libre	an open-air swimming pool
el	plano de la ciudad	map of the city
el	plato	plate
el	plato del día	set menu
la	playa	beach
	poder	to be able to
el/la	policía	police officer
el	polideportivo	sports centre
la	política de devoluciones	returns policy
el	pollo asado/frito	chicken (roast/fried)
	popular	popular
	por	for
	¿Por dónde se va a …?	How do you get to …?
	por eso	that's why/for that reason
	¿Por qué?	Why?
	por supuesto	of course
	porque	because
el	portátil	laptop
el	portugués	Portuguese (language)
el	póster	poster
el	postre	dessert
	practicar	to do
	práctico/a	practical
	precioso/a	beautiful
	preferir	to prefer
la	pregunta	question
la	prenda	item (of clothing)
	preparar	to prepare
el/la	primo/a	cousin
	probar	to try
el/la	programador(a)	programmer
el	proyecto	project
la	publicidad	advertising
el	pueblo	town/village
el	puente	bridge
el	puerto	port, harbour

Q

	¿Qué?	What?
	quedarse	to stay (e.g. in a hotel)
los	quehaceres	household chores
	quejarse	to complain
	querer	to want
el	queso	cheese
	¿Quién?	Who?
	Quisiera …	I'd like …

R

	rápidamente	quickly
	rápido/a	fast

el	ratón	mouse
el/la	recepcionista	receptionist
	recibir	to receive
	recitar	to say, to recite
el	recuerdo	souvenir
la	red	the Net
las	redes sociales	social media
	refrescante	refreshing
el	regalo	present
	relajarse	to relax
la	religión	religious studies
	reparar	to fix, to repair
	repugnante	revolting, disgusting
la	reservación	reservation
	reservar	to make a reservation
	responsable	responsible
el	restaurante	restaurant
el	retraso	delay
	rico/a	delicious
el	río	river
	rizado/a	curly
la	ropa	clothes
la	ropa deportiva	sports clothes
	roto/a	broken
	rubio/a	blond
	ruidoso/a	noisy
la	rutina diaria	daily routine

S

	saber	to know (how to)
	sabroso/a	tasty
	sacar fotos	to take photos
la	sala	living room
	salado/a	salty, savoury
	salir	to go out
	Saludos	Best wishes
el	secreto	secret
	seguir a	to follow
	seguro/a de mí mismo/a	self-confident
el	semáforo	traffic lights
	sensato/a	sensible
	sensible	sensitive
el	sentido del humor	sense of humour
	septiembre	September
	ser	to be
	serio/a	serious
el	servicio de asistencia técnica	technical support
los	shorts	shorts
	siempre	always
	Siga todo recto.	Go straight on.
la	silla	chair
	simpático/a	nice
	sin	without
	sin embargo	however
	sin parar	without stopping
el	sitio web	website
los	sitios históricos	historical sites
	sobre	about
	sobre todo	above all
	sociable	sociable
la	solicitud de amistad	friend request

Vocabulario: español–inglés

	solo/a	alone
la	sopa	soup
	subir	to upload
	sucio/a	dirty
la	sudadera	sweatshirt
el	supermercado	supermarket
el	sur	south

T

la	tableta	tablet
	tal vez	maybe
el	talentos	talent
	también	also
el	tapete	rug
	tarde	late
la	tarjeta postal	postcard
el	taxi	taxi
el	té	team
el	teatro	drama, theatre
el	teclado	keyboard
la	tecnología	technology
el	teléfono fijo	landline telephone
la	televisión	television
el	televisor	television set
	temprano	early
las	tendencias en las redes sociales	what's trending
el	tenedor	fork
	tener	to have
	tener éxito	to be successful
	tener frío	to be cold
	tener hambre	to be hungry
	tener miedo	to be afraid
	tener prisa	to be in a hurry
	tener que	to have to
	tener sed	to be thirsty
	tener sueño	to be sleepy
	tener suerte	to be lucky
	tener un hijo	to have a baby
	terminar	to finish
la	terraza	terrace
el	tiempo libre	free time
la	tienda	shop
la	tienda de departamentos	department store
la	tienda de ropa	clothes shop
	tímido/a	shy
la	tina	bath
las	toallas	towels
	tocar (un instrumento)	to play (an instrument)
	todo/a	everything/all
	todos los días	every day
	tomar	to take, to have (food/drink)
	tomar el sol	to sunbathe
	tomar una siesta	to have a nap
	tomarse un año libre	to take a gap year
	tonto/a	silly
el	torneo	tournament
	trabajador(a)	hardworking
	trabajar	to work

el	trabajo	job
	tranquilo/a	quiet
el	transport público	public transport
	tratar con el público	to deal with the public
el	tren	train
	tú	you (informal singular)
el	turismo	tourism
el/la	turista	tourist
	turístico/a	touristy

U

	unirse	to join
la	universidad	university
	usted	you (formal singular)
	ustedes	you (plural)
el	usuario	username
	utilizar	to use

V

las	vacaciones	holidays
	vacío/a	empty
el	vaso	glass
los	vegetales	vegetables
la	vela	sailing
el/la	vendedor(a)	seller
la	ventaja	advantage
la	ventana	window
el	ventilador	fan (for cooling)
	ver la televisión	to watch TV
el	verano	summer
	verde	green
el/la	veterinario/a	vet
una	vez a la semana	once a week
	viajar	to travel
la	vida	life
el	videojuego	video game
el	violín	to play the violin
	visitar	to visit
las	viviendas	homes, housing
	vivir	to live
el	voleibol	volleyball
	voluntario/a	volunteer
el	vuelo (directo)	(direct) flight

Y

| | y | and |
| | ya | already |

Z

la	zapatería	shoe shop
los	zapatos	shoes
los	zapatos de deporte	trainers
el	zoológico	zoo

A

to be	able to		poder
	about		sobre
	above all		sobre todo
	abroad	en el	extranjero
	active		activo/a
	activities	las	actividades
	add followers		agregar seguidores
	addiction	la	adicción
	advantage	la	ventaja
	advertising	la	publicidad
	aerobics	los	ejercicios aeróbicos
to be	afraid		tener miedo
	aggressive		agresivo/a
	air conditioning	el	aire acondicionado
	airport	el	aeropuerto
	alone		solo/a
	already		ya
	also		también
	always		siempre
	amusement park	el	parque de atracciones
	and		y
…	annoys me		me molesta
	apartment block	el	conjunto de apartamentos
	apartment, flat	el	apartamento
	app	la	aplicación/app
	apply a filter		modificar … con un filtro
	April		abril
	architect	el/la	arquitecto/a
	art	el	arte
	at the end of		al final de
	athletics	el	atletismo
	August		agosto

B

	backwards		al revés
	bakery	la	panadería
	balcony	el	balcón
	ball	la	pelota
	balloon	el	globo
	baseball	el	béisbol
	basket (online shopping)	el	carrito de la compra
	basketball	el	básquetbol
	bath	la	tina
	bathroom	el	baño
to	be		estar/ser
	beach	la	playa
	beach house	la	casa de playa
	beans	los	frijoles
	beautiful		precioso/a
	because		porque
	bed	la	cama
	bed and breakfast	la	pensión
	bedroom, room	la	habitación
	before		antes
	behind		detrás de
	between … and …		entre … y …
	bike	la	bicicleta
	bill	la	cuenta

	birthday	el	cumpleaños
to	block		bloquear
	blond		rubio/a
	board game	el	juego de mesa
	boat	el	barco
	bookcase	la	estantería
	bookshop	la	librería
	boring, bored		aburrido/a
to be	born		nacer
	boyfriend/girlfriend	el/la	novio/a
	bread	el	pan
	breakfast	el	desayuno
	breaking news	las	noticias de última
	bridge	el	puente
	brochure	el	folleto
	broken		roto/a
	broken/not working		estropeado/a
	brother/sister	el/la	hermano/a
	bus	el	bus/camión
	bus timetable	el	horario de buses
	business	la	empresa
	businessman	el	hombre de negocios
	businesswoman	la	mujer de negocios
	but		pero
to	buy		comprar

C

	cake shop	la	pastelería
to	call		llamar
	camera	la	cámara
to go	camping		ir de camping
	campsite	el	camping
	canoeing	el	canotaje
	car	el	carro
	caring		cariñoso/a
	carpet (fitted)	la	alfombra
	cartoon	el	dibujo animado
	case (phone)	el	estuche (para el celular)
	castle	el	castillo
	cathedral	la	catedral
	cereal	el	cereal
	chair	la	silla
	champion	el	campeón
	championship	el	campeonato
	charger	el	cargador
to	chat (online)		chatear
	chatty		hablador(a)
	cheap		barato/a
	cheerleaders	las	animadoras
	cheese	el	queso
	chest of drawers	la	cómoda
	chicken (roast/ fried)	el	pollo (asado/frito)
	child	el/la	niño/a
	Christmas	la	Navidad
	church	la	iglesia
	cinema	el	cine
	city	la	ciudad
	clean		limpio/a
to	click on a link		hacer clic en un enlace
to	close		cerrar

	closed		cerrado/a
	clothes	la	ropa
	clothes shop	la	tienda de ropa
	cloud	la	nube
	coast	la	costa
	cod	el	bacalao
	coffee/café	el	café
	cold		frío/a
to be	cold		tener frío
It's	cold.		Hace frío.
to	compete		competir
	competition	la	competencia
to	complain		quejarse
	computer	la	computadora
	concert	el	concierto
to	contact		contactar
	contact lenses	los	lentes de contacto
to	cook		cocinar
	cook	el/la	cocinero/a
It's	cool.		Hace fresco.
	country(side)	el	campo
	cousin	el/la	primo/a
to	create		crear
	creative		creativo/a
	cricket	el	críquet
to	cross		cruzar
	curly		rizado/a
	currency	la	moneda
	cyberbullying	el	ciberacoso
	cycling	el	ciclismo

D

to	dance		bailar
	dangerous		peligroso/a
the	day before yesterday		anteayer
to	deal with the public		tratar con el público
	December		diciembre
	decorations	las	decoraciones
	delay	el	retraso
to	delete		borrar
	delicious		delicioso/a, rico/a
	delivery times	las	horas de entrega
	department store	la	tienda de departamentos
	designer		diseñador(a)
	dessert	el	postre
	device	el	aparato
	dining room	el	comedor
	dinner	la	cena
	directions	las	indicaciones
	dirty		sucio/a
	disadvantages	las	desventajas
	disappointing		decepcionante
	dishwasher	el	lavaplatos
to	do (a sport)		practicar
to	do the chores		hacer los quehaceres
to	download		descargar
	drama, theatre	el	teatro
to	draw		dibujar
to	drink		beber
to	drive		manejar
	drums	la	batería

E

to	early		temprano
to	earn, win		ganar
	earrings	los	aretes
	east	el	este
	Easter	la	Pascua
	effective		eficaz
	egg	el	huevo
	email	el	correo electrónico
	empty		vacío/a
	engineer	el/la	ingeniero/a
	English	el	inglés
to	enjoy yourself		divertirse
	entry, admission	la	entrada
	events	los	eventos
	everything/all		todo/a
	exciting		emocionante
to	exercise		hacer ejercicio
	expensive		caro/a
	eyes	los	ojos

F

	false profile	el	perfil falso
	family	la	familia
	fan (e.g. sport)	la	hincha, el/la aficionado/a
	fan (for cooling)	el	ventilador
	far from		lejos de
	farm	la	granja
	fascinating		fascinante
	fast		rápido/a
	fast food	la	comida rápida
	February		febrero
	feet	los	pies
	ferry	el	ferry
	filter	el	filtro
to	finish		terminar
	firefighter	el/la	bombero/a
	fish	el	pescado
to be	fit		estar en forma
to	fix, to repair		reparar
(direct)	flight	el	vuelo (directo)
	florist's	la	floristería
It's	foggy.		Hay niebla.
to	follow		seguir a
	food	la	comida
on	foot		a pie
	football	el	fútbol
	football pitch	el	campo de fútbol
	footballer	el/la	futbolista
	for		para/por
	fork	el	tenedor
	fragrant		perfumado/a
	free		gratis
	free time	el	tiempo libre
	French	el	francés
	fresh		fresco/a
	fridge-freezer	la	nevera
	friend	el/la	amigo/a
	friend request	la	solicitud de amistad
	fries	las	papas fritas
	from time to time		de vez en cuando
	fruit	la	fruta

fun		*divertido/a*
funny		*gracioso/a*

G

garage	*el*	*garaje*
garden	*el*	*jardín*
generous		*generoso/a*
geography	*la*	*geografía*
to get bored		*aburrirse*
to get hooked		*engancharse*
to get in touch with		*conectarme a*
to get married		*casarse*
to get on well with		*llevarse bien con*
to get up		*levantarse*
to give first-aid		*dar primeros auxilios*
glass	*el*	*vaso*
glasses	*las*	*gafas*
to go		*ir*
to go diving		*hacer buceo*
to go for a walk		*ir de paseo*
to go hiking		*hacer caminatas*
to go on trips		*hacer excursiones*
to go out		*salir*
to go past		*pasar*
to go to bed		*acostarse*
good		*bueno/a*
to graduate		*graduarse*
grandparents	*los*	*abuelos*
graphics	*los*	*gráficos*
green		*verde*
gym	*el*	*gimnasio*
gymnastics	*la*	*gimnasia*

H

hacking	*la*	*piratería informática*
hair	*el*	*pelo*
hair clips	*las*	*pinza de pelo*
hairdresser	*el/la*	*peluquero/a*
ham	*el*	*jamón*
happy		*algre/contento/a*
hardworking		*trabajador(a)*
to have a barbecue		*hacer una barbacoa*
to have a nap		*tomar una siesta*
to have a shower/bath		*bañarse*
to have dinner		*cenar*
have to		*hay que, tener que*
headphones	*los*	*auriculares*
helicopter	*el*	*helicóptero*
to help		*ayudar*
historical sites	*los*	*sitios históricos*
history	*la*	*historia*
hockey	*el*	*hockey*
holidays	*las*	*vacaciones*
at home	*en*	*casa*
homepage	*la*	*página de inicio*
homes, housing	*las*	*viviendas*
to do homework		*hacer la(s) tarea(s)*
hoody	*la*	*chaqueta con capucha*
hot		*caliente*
hot dog	*el*	*perro caliente*
house	*la*	*casa*
house in the country, villa	*la*	*casa de campo*

household chores	*los*	*quehaceres*
How many?		*¿Cuántos/as?*
How much?		*¿Cuánto/a?*
How?		*¿Cómo?*
however		*sin embargo*
to be hungry		*tener hambre*
There's a hurricane		*Hay huracán.*

I

ice-cream	*el*	*helado*
ice-cream shop	*la*	*heladería*
ill		*enfermo/a*
to improve		*mejorar*
to be in a hurry		*tener prisa*
in front of		*delante de*
intelligent		*inteligente*
I'm interested		*me interesa(n)*
interesting		*interesante*
to invite		*invitar*
IT	*la*	*informática*
item (of clothing)	*la*	*prenda*
items	*los*	*artículos*

J

jacket	*la*	*chaqueta*
January		*enero*
jealous		*celoso/a*
jeans	*los*	*bluejeans*
jeweller's	*la*	*joyería*
job	*el*	*empleo/trabajo*
joggers	*el*	*pantalón deportivo*
to join		*unirse*
journalism	*el*	*periodismo*
journalist	*el/la*	*periodista*
to juggle		*hacer malabares*
(orange) juice	*el*	*jugo (de naranja)*
July		*julio*
June		*junio*
junk mail	*el*	*correo basura*

K

keyboard	*el*	*teclado*
kind, nice		*amable*
kitchen	*la*	*cocina*
knife	*el*	*cuchillo*
to know (how to)		*saber*
to know, get to know		*conocer*

L

lamp	*la*	*lámpara*
landscape	*el*	*paisaje*
language	*el*	*idioma*
laptop	*el*	*portátil*
last night		*anoche*
late		*tarde*
lawyer	*el/la*	*abogado/a*
lazy		*perezoso/a*
to leave		*dejar*
on the left	*a la*	*izquierda*
lemonade	*la*	*gaseosa/limonada*
life	*la*	*vida*
lights	*las*	*luces*
I like		*me gusta(n)*
I'd like		*me gustaría*

Vocabulario: inglés–español

to	'like' (on social media)		dar un 'me gusta'
I'd	like…		Quisiera …
	link	el	enlace
to	listen to music		escuchar música
to	live		vivir
	living room	la	sala
to	log off/on		cerrar/iniciar la sesión
	long		largo/a
to	look after		cuidar
to	look for		buscar
to	lose		perder
a	lot		mucho/a
	loyal		leal
to be	lucky		tener suerte
	luggage	el	equipaje
	lunch	el	almuerzo

M

	mailbox	el	buzón
to	make a reservation		reservar
to	make voice calls		hacer llamadas de voz/hacer videollamadas
	make-up	el	maquillaje
	map (of the city)	el	plano (de la ciudad)
	March		marzo
	match	el	partido
	maths	las	matemáticas
	May		mayo
	maybe		tal vez
	mechanic	el/la	mecánico/a
	(vanilla/strawberry) milkshake	el	batido (de vainilla/fresa)
	mirror	el	espejo
to	misunderstand		malinterpretar
	mobile phone	el	celular
	money	el	dinero
	month	el	mes
	monument	el	monumento
	more		más
	motorbike	la	moto
	mountains	las	montañas
	mouse	el	ratón
	museum	un	museo
you	must		debe(s)

N

	near		cerca de
	neighbourhood	el	barrio
the	Net	la	red
	never		nunca
	new		nuevo/a
	newsfeed	la	fuente de noticias
	next to		al lado de
	nice		agradable, simpático/a
	noisy		ruidoso/a
	north	el	norte
	nothing		nada
	November		noviembre
	now		ahora
	nurse	el/la	enfermero/a

O

	obviously		evidentemente
	October		octubre
	of course		por supuesto
	often		a menudo
	OK, look		mira/mire
	old		antiguo/a
	on		en
	once a week	una	vez a la semana
	open		abierto/a
to	open		abrir
	optimistic		optimista
	or		o
	outdoor		al aire libre
	outgoing		extrovertido/a
	outskirts	las	afueras
	oven	el	horno
	own		propio/a

P

	painting	el	cuadro
	parents	los	padres
	park	el	parque
	passport	el	pasaporte
	password	la	contraseña
to	pay		pagar
	people	la	gente
	personal profile	el	perfil personal
	pessimistic		pesimista
	photo	la	foto
	physical education	la	educación física
	picnic	el	pícnic
	pilot	el/la	piloto
	place	el	lugar
	plane	el	avión
	plate	el	plato
to	play		jugar
to	play (an instrument)		tocar (un instrumento)
	play (at theatre)	la	obra
to	play computer games		jugar con videojuegos
to	play the violin	el	violín
	playground	el	patio
	police officer	el/la	policía
	police station	la	estación de policía
	polluted		contaminado/a
	port, harbour	el	puerto
	portable speaker	el	altavoz portátil
	postcard	la	tarjeta postal
	practical		práctico/a
to	prefer		preferir
to	prepare		preparar
	present	el	regalo
	programmer	el/la	programador(a)
	project	el	proyecto
	public transport	el	transport público

Q

	question	la	pregunta
	quickly		rápidamente
	quiet		tranquilo/a
	quite, enough		bastante

R

	race	la	carrera
It's	raining.		Llueve.
to	read		leer
to	receive		recibir
	receptionist	el/la	recepcionista
to	record a video		grabar un video
	refreshing		refrescante
to	relax		relajarse
	religious studies	la	religión
	research information		buscar información
	responsible		responsable
to	rest		descansar
	restaurant	el	restaurante
to	retire		jubilarse
	returns policy	la	política de devoluciones
	revolting, disgusting		asqueroso/a/ repugnante
	rice	el	arroz
to	ride		montar
on the	right	a la	derecha
	ring	el	anillo
	river	el	río
	rude		maleducado/a
	rug	el	tapete
to	run		correr
to go	running		hacer running

S

	sailing	la	vela
	salad	la	ensalada
	salty, savoury		salado/a
to	say, to recite		recitar
	school	el	colegio, la escuela
	school subjects	las	asignaturas
	science	las	ciencias
(LCD)	screen	la	pantalla (LCD)
	search engine	el	buscador
	secret	el	secreto
	self-confident		seguro/a de mí mismo/a
	selfish		egoísta
	seller	el/la	vendedor(a)
to	send		enviar
	sense of humour	el	sentido del humor
	sensible		sensato/a
	sensitive		sensible
	September		septiembre
	serious		serio/a
to	set up		configurar
	shampoo	el	champú
to	share		compartir
	shelves	los	estantes
	shoe shop	la	zapatería
	shoes	los	zapatos
	shop	la	tienda
	short		bajo/a / corto/a
	shorts	los	shorts
you	should		deberías
	shower	la	ducha
	shy		tímido/a
to go	sightseeing		hacer turismo

	silly		tonto/a
	singer	el/la	cantante
	sink	el	lavamanos
	skate park	el	parque de patinaje
to	skateboard		andar en patineta
	ski		esquiar
	skill	la	destreza
to be	sleepy		tener sueño
	slim		delgado/a
	slow		lento/a
	small		pequeño/a
It's	snowing.		Nieva.
	sociable		sociable
	social media	las	redes sociales
	socks	los	calcetines
	sometimes		a veces
	soup	la	sopa
	sour		agrio/a
	south	el	sur
	souvenir	el	recuerdo
	Spanish (language)	el	español
to	speak		hablar
	speakers	los	altoparlantes
	special offer	la	oferta
	spectators	los	espectadores
	spicy		picante
	spoon	la	chuchara
	sports centre	el	polideportivo
	sports	los	deportes
	sports clothes	la	ropa deportiva
	sporty		deportista
	stadium	el	estadio
to	stand		parase
to	start		empezar
to	stay (e.g. in a hotel)		quedarse
	steak	el	bistec
	stepbrother/ stepsister	el/la	hermanastro/a
	stepfather	el	padrastro
	stepmother	la	madrastra
	stickers	las	pegatinas
There's a	storm		Hay tormenta.
	strangers	los	desconocidos
	street	la	calle
	strong		fuerte
	study	el	cuarto de estudio
to	study		estudiar
to be	successful		tener éxito
	summer	el	verano
in the	sun		al sol
to	sunbathe		tomar el sol
It's	sunny.		Hace sol.
	supermarket	el	supermercado
to	surf the internet		navegar por Internet
to go	surfing		hacer surf
	surname	el	apellido
	sweatshirt	la	sudadera
	sweet		dulce
	sweet shop	la	dulcería
	sweets	los	dulces
to	swim		nadar
	swimming	la	natación
	swimming pool	la	piscina

Vocabulario: inglés–español

T

	table	la	mesa
	tablet	la	tableta
to	take a gap year		tomarse un año libre
to	take part		participar
to	take photos		sacar fotos
to	take selfies		hacer selfis
	tall		alto/a
	tasty		sabroso/a
	taxi	el	taxi
	teacher	el/la	maestro/a
	team	el	equipo
	technology	la	tecnología
	telephone number	el	número de teléfono
	television	la	televisión
	television set	el	televisor
to	tell		contar
	terrace	la	terraza
	that's why/for that reason		por eso
	theme park	el	parque temático
	there		allí
	There are no …		Falta(n) …
	There's …		Hay …
to be	thirsty		tener sed
	threatening messages	los	mensajes amenazantes
	thrilling		apasionante
	ticket (one-way)	el	boleto (de ida)
	ticket (return)	el	boleto (de ida y vuelta)
to	tidy		arreglar
	tie	la	corbata
	today		hoy
	tomorrow		mañana
	too much		demasiado/a
	tourism	el	turismo
	tourist office	la	oficina de túrismo
	touristy		turístico/a
	towels	las	toallas
	town hall	la	alcaldía
	town/village	el	pueblo
	traffic lights	el	semáforo
	train	el	tren
	train station	la	estación de tren
	trainer	el	entrenador
	trainers	los	zapatos de deporte
to	travel		viajar
	travel agent's	la	agencia de viaje
	trousers	el	pantalón
to	trust		confiar en
to	try		probar
	t-shirt	la	camiseta
	tuna	el	atún
to	turn		girar
	twin	el/la	gemelo/a

U

	ugly		feo/a
	understanding		comprensivo/a
	unfriendly		antipático/a
	university	la	universidad
	unpleasant		desagradable
to	update my status		actualizar mi estado
to	upload		subir
to	use		utilizar
	username	el	usuario

V

to	vacuum		pasar la aspiradora
	van	la	camioneta
	vegetables	los	vegetales
	very		muy
	vet	el/la	veterinario/a
	video game	el	videojuego
to	visit		visitar
	volleyball	el	voleibol
	volunteer		voluntario/a

W

	waiter/waitress	el/la	mesero/a
to	wake up		despertarse
to	walk the dogs		pasear a los perros
to	want		querer
	wardrobe	el	armario
to	wash		lavar
	washing machine	la	lavadora
to	watch TV		ver la televisión
	water sports	los	deportes acuáticos
	weak		débil
to	wear		llevar
The	weather's bad.		Hace mal tiempo.
The	weather's fine.		Hace buen tiempo.
	website	el	sitio web
	website address	la	dirección del sitio web
	weekend	el	fin de semana
	west	el	oeste
	What?		¿Qué?
	what's trending	las	tendencias en las redes sociales
	When?		¿Cuándo?
	Where?		¿Dónde?
	Who?		¿Quién?
	Why?		¿Por qué?
	window	la	ventana
It's	windy.		Hace viento.
	wireless		inalámbrico/a
	with		con
	without		sin
	without stopping		sin parar
to	work		trabajar

Y

	yesterday		ayer
	you (formal singular)		usted
	you (informal singular)		tú
	you (plural)		ustedes
	young		joven
	younger		menor
	youth club	el	club juvenil
	youth hostel	el	albergue juvenil

Z

	zoo	el	zoológico

How to pronounce Spanish

Pronunciación

Most words in Spanish are pronounced as they are written. Listen and use the following chart to help you acquire the correct pronunciation for Spanish sounds.

Spanish letter	Pronunciation guide (UK English)	Example
a	like *a* in *apple*	*azul*
b	like *b* in *big*	*balón*
c + a/o/u/ consonant	like *c* in *car*	*casa, como, clase*
c + e/i	like *s* in *send*	*cero, cinco*
ch	like *ch* in *chocolate*	*chocolate*
d	like *d* in *do*	*dos*
e	like *e* in *pen*	*el*
f	like *f* in *fit*	*falda*
g + a/o/u/ consonant	like *g* in *goal*	*gato, gorra, gustar, grande*
g + e/i	like *ch* in *loch*	*gente, gimnasio*
h	silent	*hola*
i	a short sound between *i* in *sin* and *ee* in *seen*	*ir*
j	like *ch* in *loch*	*joven*
k	like *c* in *car*	*kilo*
l	like *l* in *let*	*leche*
ll	like *y* in *yes*	*llamar*
m	like *m* in *map*	*madre*
n	like *n* in *net*	*negro*
ñ	like *ny* in *canyon*	*mañana*
o	like *o* in *hot*	*ojo*
p	like *p* in *pen*	*perro*
qu	like *c* in *car*	*queso*
r	rolled	*río*
s + vowel/p/t/c	like *s* in *sit*	*sopa, español*
s + other letters	like *s* in *rose*	*mismo*
t	like *t* in *ten*	*tres*
u	like *oo* in *pool*, but shorter	*una*
v	like *b* in *big*	*verde*
w	like *w* in *wet*	*web*
x	like *x* in *taxi*	*taxi*
y	like *y* in *yet**	*yo*
z	like *s* in *send*	*zapatos*

*But note the exceptions *y* and *hay* (pronounced as Spanish *i*).

El alfabeto

a	a	j	jota	r	erre
b	be	k	ka	s	ese
c	ce	l	ele	t	te
d	de	m	eme	u	u
e	e	n	ene	v	be
f	efe	ñ	eñe	w	doble be
g	ge	o	o	x	equis
h	hache	p	pe	y	i griega
i	i	q	cu	z	zeta

Stress

Words ending in a vowel (a, e, i, o, u), n or s
The stress is on the **penultimate syllable** (second from last): *casa, diferente, viven, hablamos.*

Words ending in consonant other than n or s
The stress is on the **last syllable**: *ciudad, correr, arroz.*

Accents tell you where the stress falls in words that don't follow the rules above.

- Ends in a vowel/n/s + stress on last syllable, e.g *hablarás, iré, salón*.

- Ends in a consonant other than n/s + stress on penultimate syllable, e.g. *fácil, sándwich, azúcar*.

- Stress on the third from last syllable, e.g. *matemáticas, física, bolígrafo*.

Acknowledgements

The publishers wish to thank the following for permission to reproduce photographs. Every effort has been made to trace copyright holders and to obtain their permission for the use of copyright materials. The publishers will gladly receive any information enabling them to rectify any error or omission at the first opportunity.
(t = top, c = centre, b = bottom, l = left, r = right)
p.6tl SoleilC/Shutterstock; p.6tr Aaron Amat/Shutterstock; p.6cl Aslysun/Shutterstock; p.6cr Otnaydur/Shutterstock; p.6b MobileSaint/Shutterstock; p.7tl Hinnamsaisuy/Shutterstock; p.7tr Marcos Castillo/Shutterstock; p.7cl Photo 12/Alamy Stock Photo; p.7cr NurPhoto/Contributor/Getty; p.7b Sunny studio/Shutterstock; p.8tl Ruslana lurchenko/Shutterstock; p.8tr Sara Winter/Shutterstock; p.8ctl Ecuadorpostales/Shutterstock; p.8ctr AS photo studio/Shutterstock; p.8cbl Daniel M Ernst/Shutterstock; p.8cbr Galyna Andrushko/Shutterstock; p.8bl Don Mammoser/Shutterstock; p.8br Ruslana lurchenko/Shutterstock; p.9tl Cheapbooks/Shutterstock; p.9tr Neftali/Shutterstock; p.9cl Brian Maudsley/Shutterstock; p.9cr Axel Bueckert/Shutterstock; p.9bl Monkey Business Images/Shutterstock; p.9br Josef Hanus/Shutterstock; p.10 William Perugini/Shutterstock; p.11 William Perugini/Shutterstock; p.12 William Perugini/Shutterstock; p.13 Sirtravelalot/Shutterstock; p.15tl Hydebrink/Shutterstock; p.15tr Photopixel/Shutterstock; p.15bl Mihai O Coman/Shutterstock; p.15br Gabriele Maltinti/Shutterstock; p.17t Pierre-Yves Babelon/Shutterstock; p.17b Fernando Kazuo/Shutterstock; p.19t Ann679/Shutterstock; p.19c Onot/Shutterstock; p.19.1 Diego Grandi/Shutterstock; p.19.2 Jose Arcos Aguilar/Shutterstock; p.19.3 Melissamn/Shutterstock; p.19.4 Matyas Rehak/Shutterstock; p.19.5 Amnat30/Shutterstock; p.19.6 Kit Leong/Shutterstock; p.19.7 Mariusz S. Jurgielewicz/Shutterstock; p.19.8 Vmargineanu; p.19.9 Aleksandr Fostic/Shutterstock; p.19.10 Liewluck/Shutterstock; p.19btl Visual Generation/Shutterstock; p.19btcl Visual Generation/Shutterstock; p.19btcr Visual Generation/Shutterstock; p.19btr Barks/Shutterstock; p.19bl Visual Generation/Shutterstock; p.19bcl Janis Abolins/Shutterstock; p.19bcr Visual Generation/Shutterstock; p.19br Alfmaler/Shutterstock; p.20a Sergey Novikov/Shutterstock; p.20b Alf Riberio/Shutterstock; p.20c Cellio07/Shutterstock; p.20d Mabelin Santos/Shutterstock; p.20e Wei Seah/Shutterstock; p.20f Gubin Yury/Shutterstock; p.23 Yanik88/Shutterstock; p.25t Onot/Shutterstock; p.25c Ann679/Shutterstock; p.25b Mehmet Cetin/Shutterstock; p.25br Nickolastock/Shutterstock; p.26tl William Perugini/Shutterstock; p.26tr William Perugini/Shutterstock; p.26bl Ivan_Sabo/Shutterstock; p.26br Paolo Costa/Shutterstock; p.27 Alexandr Vorobev/Shutterstock; p.28l Elijah Lovkoff/Shutterstock; p.28r Elijah Lovkoff/Shutterstock; p.28b BLACKDAY/Shutterstock; p.29t Daniel M Ernst/Shutterstock; p.29b Christian Bertrand/Shutterstock; p.30 Marco Alhelm/Shutterstock; p.31 dpa picture alliance/Alamy Stock Photo; p.32 Monkey Business Images/Shutterstock; p.33 AmazeinDesign/Shutterstock; p.34b Dvitaliy/Shutterstock; p.38tl Peppy Graphics/Shutterstock; p.38tcl Monkey Business Images/Shutterstock; p.38tcr lzf/Shutterstock; p.38tr Rahul Ramachandram/Shutterstock; p.38bl Sergey Novikov/Shutterstock; p.38bcl Syda Productions/Shutterstock; p.38bcr Aleksandr Markin/Shutterstock; p.38br Rob Marmion/Shutterstock; p.39 Eugene Onischenko/Shutterstock; p.40t Pajtica/Shutterstock; p.40c muzsy/Shutterstock; p.40b TORWAISTUDIO/Shutterstock; p.41 Jakkarin chuenaka/Shutterstock; p.42.1 Vadim Kozakov/Shutterstock; p.42.2 Dmitry Zimin/Shutterstock; p.42.3 Svetlana Lukienko/Shutterstock; p.42.4 Africa Studio/Shutterstock; p.42.5 F8 studio/Shutterstock; p.42.6 Donatas1205/Shutterstock; p.42.7 Stockcreations/Shutterstock; p.42.8 Timquo/Shutterstock; p.42.9 Africa Studio/Shutterstock; p.42.10 Wayne0216/Shutterstock; p.43a Asharkyu/Shutterstock; p.43b Vladimir Sazonov/Shutterstock; p.43c Homydesign/Shutterstock; p.43d Africa Studio/Shutterstock; p.43e Iryn Kashpur/Shutterstock; p.43f Marko Poplasen/Shutterstock; p.43g Robuart/Shutterstock; p.43h LightField Studios/Shutterstock; p.43i Irin-k/Shutterstock; p.43j Veronika Sekotova/Shutterstock; p.43k Kolonko/Shutterstock; p.43l Malachy666/Shutterstock; p.44a Tanee/Shutterstock; p.44b Evikka/Shutterstock; p.44c Dzha33/Shutterstock; p.44d Dzha33/Shutterstock; p.44e Runrun2/Shutterstock; p.44f MyPro/Shutterstock; p.44g Tratong/Shutterstock; p.44h Sit/Shutterstock; p.45 Monkey Business Images/Shutterstock; p.46tl ImageFlow/Shutterstock; p.46tc Hxdbzxy/Shutterstock; p.46tr Creativetan/Shutterstock; p.46bl Eakkachai halang/Shutterstock; p.46bc David Marin Foto/Shutterstock; p.46br Photographee.eu/Shutterstock; p.47 Fiphoto/Shutterstock; p.48tl Monkey Business Images/Shutterstock; p.48tr Alliance Images/Shutterstock; p.48b AlessandroBiasciolo/Shutterstock; p.49tl Louno Morose/Shutterstock; p.49tc Gkrphoto/Shutterstock; p.49tr Larisa Blinova/Shutterstock; p.49bl Arina P Habich/Shutterstock; p.49bc Viennetta/Shutterstock; p.49br Nehophoto/Shutterstock; p.50 Flamingo Images/Shutterstock; p.51l Rawpixel.com/Shutterstock; p.51r Nd3000/Shutterstock; p.52.1 Timofeev Sergey/Shutterstock; p.52.2 Fer Gregory/Shutterstock; p.52.3 Stockcreations/Shutterstock; p.52.4 Stockcreations/Shutterstock; p.52.5 Dreams Digital Photo/Shutterstock; p.52.6 Stockcreations/Shutterstock; p.52.7 Stockcreations/Shutterstock; p.52.8 Laia Design Lab/Shutterstock; p.53t Madpixblue/Shutterstock; p.53bl Olena Yakobchuk/Shutterstock; p.53br Dmytro Zinkevych/Shutterstock; p.54l Melinda Nagy/Shutterstock; p.54cl Igor Bulgarin/Shutterstock; p.54cr Paolo Bona/Shutterstock; p.54r Master1305/Shutterstock; p.55l StockphotoVideo/Shutterstock; p.55cl Nagy-Bagoly Arpad/Shutterstock; p.55cr Ankor Light/Shutterstock; p.55r Ket4up/Shutterstock; p.56t Natursports/Shutterstock; p.56b Natursports/Shutterstock; p.57tl Daniel M Ernst/Shutterstock; p.57tr AGIF/Shutterstock; p.57b Lisa Kolbasa/Shutterstock; p.58 Cegli/Shutterstock; p.59 ADUL BUAPHAN/Shutterstock; p.60 Wollertz/Shutterstock; p.61 Natalia Varlamova/Shutterstock; p.62l Duplass/Shutterstock; p.62c Goodluz/Shutterstock; p.62r Felix Mizioznikov/Shutterstock; p.66l Monkey Business Images/Shutterstock; p.66r FS Stock/Shutterstock; p.67l Jfunk/Shutterstock; p.67r Africa Studio/Shutterstock; p.68a Pablo Rogat/Shutterstock; p.68b Fotoluminate LLC/Shutterstock; p.68c AJR_photo/Shutterstock; p.68d Daniel M Ernst/Shutterstock; p.68e Debbie Ann Powell/Shutterstock; p.68f AJR_photo/Shutterstock; p.69 Monkey Business Images/Shutterstock; p.71 Goodluz/Shutterstock; p.72tl Larryrains/Shutterstock; p.72tcl Ace03/Shutterstock; p.72tcr MaskaRad/Shutterstock; p.72tr Hanss/Shutterstock; p.72bl Ghenadie/Shutterstock; p.72bcl Creative icon styles/Shutterstock; p.72bcr Giuseppe_R/Shutterstock; p.72br NastyaBob/Shutterstock; p.73t Lisa Kolbasa/Shutterstock; p.73bl Fred Ho/Shutterstock; p.73bcl Fred Ho/Shutterstock; p.73bc Fred Ho/Shutterstock; p.73bcr Fred Ho/Shutterstock; p.73br Iconspro/Shutterstock; p.74b Omegafoto/Shutterstock; p.76tl Stephen Coburn/Shutterstock; p.76tcl Luna Vandoorne/Shutterstock; p.76tc Monkey Business Images/Shutterstock; p.76tcr Phovoir/Shutterstock; p.76tr ALPA PROD/Shutterstock; p.76cl YAKOBCHUK VIACHESLAV/Shutterstock; p.76ccl Prostock-studio/Shutterstock; p.76c F. JIMENEZ MECA/Shutterstock; p.76ccr Junpinzon/Shutterstock; p.76cr Tmcphotos/Shutterstock; p.77 Macrovector/Shutterstock; p.78 Slanapotam/Shutterstock; p.79t Sandnaaa/Shutterstock; p.79l Samuel Borges Photography/Shutterstock; p.79r SLP_London/Shutterstock; p.80 Monkey Business Images/Shutterstock; p.81 Dusan Petkovic/Shutterstock; p.82tl Kyslynskahal/Shutterstock; p.82tc Zurijeta/Shutterstock; p.82tr Alinute Silzeviciute/Shutterstock; p.82cl Ivonne Wierink/Shutterstock; p.82c Kaganovich Lena/Shutterstock; p.82cr Wavebreakmedia/Shutterstock; p.82b Andrey_Kuzmin/Shutterstock; p.83 Hquality/Shutterstock; p.87 Deyan Georgiev/Shutterstock; p.88t Kathy Hutchins/Shutterstock; p.88c Lev radin/Shutterstock; p.88b Keith Dannemiller/Alamy Stock Photo; p.89 Brandon Nagy/Shutterstock; p.90 Ingo70/Shutterstock; p.91t Syda Productions/Shutterstock; p.91c Byjeng/Shutterstock; p.92 Pranch/Shutterstock; p.93 Andrey_Kuzmin/Shutterstock; p.94 ESB Professional/Shutterstock; p.98b SmileStudio/Shutterstock; p.98bcl SmileStudio/Shutterstock; p.98bc SmileStudio/Shutterstock; p.99l Icemanphotos/Shutterstock; p.99cl Song_about_summer/Shutterstock; p.99cr Rudy Balasko/Shutterstock; p.99r ESB Professional/Shutterstock; p.100t Monkey Business Images/Shutterstock; p.100cl Pitju/Shutterstock; p.100bl Flatvector/Shutterstock; p.100ccl D Line/Shutterstock; p.100bcl Kontur-vid/Shutterstock; p.100ccr Jemastock/Shutterstock; p.100bcr Focus_bell/Shutterstock; p.100cr ArchMan/Shutterstock; p.100br Panda Vector/Shutterstock; p.102tl Iakov Kalinin/Shutterstock; p.102tr Kavram/Shutterstock; p.102cl Evgeniya Chertova/Shutterstock; p.102ccl Phive/Shutterstock; p.102ccr Hennadii Tantsiura/Shutterstock; p.102cr Dimitris Leonidas/Shutterstock; p.102bl Vereshchagin Dmitry/Shutterstock; p.102bcl Nerthuz/Shutterstock; p.102bc Oleksiy Mark/Shutterstock; p.102bcr Supertrooper/Shutterstock; p.102br Vereshchagin Dmitry/Shutterstock; p.104 Dima Sidelnikov/Shutterstock; p.105tl PictuLandra/Shutterstock; p.105tc Mr. Luck/Shutterstock; p.105tr SunshineVector/Shutterstock; p.105bl Nadia Snopek/Shutterstock; p.105bc Olegtoka/Shutterstock; p.105br Alaver/Shutterstock; p.106l Ksuper/Shutterstock; p.106cl Marian Salabai/Shutterstock; p.106cr Bay_Design/Shutterstock; p.106r M. Schuppich/Shutterstock; p.107t Delcarmat/Shutterstock; p.107bl Iyeyee/Shutterstock; p.109 Aysezgicmeli/Shutterstock; p.110l PIMPAN/Shutterstock; p.110c Hiphoto/Shutterstock; p.110r Gkrphoto/Shutterstock; p.111 GraphicsRF/Shutterstock; p.113tl Leks052/Shutterstock; p.113tr Tatsiana Tsyhanova/Shutterstock; p.113bl HappyPictures/Shutterstock; p.113br Tatsiana Tsyhanova/Shutterstock; p.114tl A3pfamily/Shutterstock; p.114tcl AlinaMD/Shutterstock; p.114tc PJ photography/Shutterstock; p.114tcr AlexussK/Shutterstock; p.114tr Michael Keatley/Shutterstock; p.114bl Monkey Business Images/Shutterstock; p.114bc Philophoto/Shutterstock; p.114br ChrisVanLennepPhoto/Shutterstock; p.115 Dennis van de Water/Shutterstock; p.116 Gabriel Petrescu; p.118 Byelikova Oksana/Shutterstock; p.119 Dmitry Pichugin/Shutterstock; p.127 SmileStudio/Shutterstock; p.129 Leonard Zhukovsky/Shutterstock; p.130tl TanyaRozhnovskaya/Shutterstock; p.130tc Ruslan Ivantsov/Shutterstock; p.130tr Gcapture/Shutterstock; p.130cl 2Ban/Shutterstock; p.130c Vector farther/Shutterstock; p.130cr Cobalt88/Shutterstock; p.130bl Saikorn/Shutterstock; p.130br Bedrin/Shutterstock; p.131c Vasabii/Shutterstock; p.131b Valeriagalindo/Shutterstock; p.132 Ouh_desire/Shutterstock; p.133 MJTH/Shutterstock; p.134 Guteksk7/Shutterstock; 134a-h Wiktoria Matynia/Shutterstock; p.135a AshTproductions/Shutterstock; p.135b Dacian G/Shutterstock; p.135c Notbad/Shutterstock; p.135d Pro Symbols/Shutterstock; p.135e Bsd/Shutterstock; p.135f AVIcon/Shutterstock; p.135g Shany Muchnik/Shutterstock; p.135h Alexander Lysenko/Shutterstock; p.135i Creativepriyanka/Shutterstock; p.138 PureSolution/Shutterstock; p.139l Rich Carey/Shutterstock; p.139cl 3D_creation/Shutterstock; p.139c Prostock-studio/Shutterstock; p.139cr Sondem/Shutterstock; p.139r Etonastenka/Shutterstock; p.140t Pixelrain/Shutterstock; p.140ct Enzozo/Shutterstock; p.140c Valery Sidelnykov/Shutterstock; p.140cb SpeedKingz/Shutterstock; p.140b Alexander Geiger/Shutterstock; p.141 Siiixth/Shutterstock; p.142 Darren Baker/Shutterstock; p.143tl Anna Frajtova/Shutterstock; p.143tr Anna Frajtova/Shutterstock; p.143b Whale_monorail/Shutterstock; p.144 Olga Popova/Shutterstock; p.146tl Alena TS/Shutterstock; p.146tr Igor Klimov/Shutterstock; p.146bl Gulsina/Shutterstock; p.146br Grafvision/Shutterstock; p.147tl Vm2002/Shutterstock; p.147tr Svariophoto/Shutterstock; p.147bl Matthew Ashmore/Shutterstock; p.147br Barbara Dudzinska/Shutterstock; p.148tl Kerdkanno/Shutterstock; p.148tr Joyce Vincent/Shutterstock; p.148bl Solarus/Shutterstock; p.148br Julio Aldana/Shutterstock; p.149tl Everytime/Shutterstock; p.149tr Pixel-Shot/Shutterstock; p.149bl Mr. Claret Red/Shutterstock; p.149bcl Cobalt88/Shutterstock; p.149bcr M. Unal Ozmen/Shutterstock; p.149br Baibaz/Shutterstock; p.150l Abscent/Shutterstock; p.150c Stockfour/Shutterstock; p.151 Ksenia Ragozina/Shutterstock; p.152l Fad82/Shutterstock; p.152cl Roman Arbuzov/Shutterstock; p.152c Paitoon/Shutterstock; p.152cr Skylines/Shutterstock; p.152r Guteksk7/Shutterstock; p.152b Dan Kosmayer/Shutterstock; p.153 13_Phunkod/Shutterstock; p.154 Monkey Business Images/Shutterstock; p.158tl Syda Productions/Shutterstock; p.158tcl LADO/Shutterstock; p.158tcr Wavebreakmedia/Shutterstock; p.158tr Fizkes/Shutterstock; p.158bl Tyler Olson/Shutterstock; p.158bcl Sittipong kitsamran/Shutterstock; p.158bcr Pattarawat/Shutterstock; p.158br MJTH/Shutterstock; p.159 Mike_shots/Shutterstock; p.160tl StockImageFactory.com/Shutterstock; p.160tcl EpicStockMedia/Shutterstock; p.160tcr Lopolo/Shutterstock; p.160tr Africa Studio/Shutterstock; p.160bl Nejron Photo/Shutterstock; p.160bcl Golden Pixels LLC/Shutterstock; p.160bcr PRESSLAB/Shutterstock; p.160br Mauricio Avramow/Shutterstock; p.161tl Monkey Business Images/Shutterstock; p.161tr Ohrim/Shutterstock; p.161bl Petr Pe/Shutterstock; p.161br Lisa F. Young/Shutterstock; p.163l Michaeljung/Shutterstock; p.163cl Fizkes/Shutterstock; p.163cr CREATISTA/Shutterstock; p.163r Manuela Durson/Shutterstock; p.164 Stockfour/Shutterstock; p.166.1 DeryaDraws/Shutterstock; p.166.2 LightField Studios/Shutterstock; p.166.3 MYP Studio/Shutterstock; p.166.4 Liudmila P. Sundikova/Shutterstock; p.166.5 G-stockstudio/Shutterstock; p.166.6 Chutima Chaochaiya/Shutterstock; p.166.7 OSTILL is Franck Camhi/Shutterstock; p.166.8 YAKOBCHUK VIACHESLAV/Shutterstock; p.166.9 Imagedb.com/Shutterstock; p.166.10 Tyler Olson/Shutterstock; p.167l Curiosity/Shutterstock; p.167cl Viktorija Reuta/Shutterstock; p.167c Visual Generation/Shutterstock; p.167cr Mascha Tace/Shutterstock; p.167r Ira Yapanda/Shutterstock; p.168a Aelitta/Shutterstock; p.168b Aelitta/Shutterstock; p.168c Aelitta/Shutterstock; p.168d Aelitta/Shutterstock; p.169 Dmytro Novitskyi/Shutterstock; p.170tl Kengrx19/Shutterstock; p.170tc Jemastock/Shutterstock; p.170tr Mejorana/Shutterstock; p.170bl Osman Vector/Shutterstock; p.170bc Boyko.Pictures/Shutterstock; p.170br Kmsdesen/Shutterstock; p.171tl Alexandr Zagibalov/Shutterstock; p.171tr Photographee.eu/Shutterstock; p.171ctl Lemon Squize/Shutterstock; p.171ctr Champion studio/Shutterstock; p.171cbl Zarya Maxim Alexandrovich/Shutterstock; p.171cbr Andrei Kholmov/Shutterstock; p.171bl Nhungboon/Shutterstock; p.171br Chromatika Multimedia snc/Shutterstock; p.172 EFKS/Shutterstock; p.173 Syda Productions/Shutterstock; p.174 Mimagephotography/Shutterstock; p.175 Gail Johnson/Shutterstock; p.176 Rob Marmion/Shutterstock; p.177t Agatha Koroglu/Shutterstock; p.177a Paradesign/Shutterstock; p.177b Marina Sun/Shutterstock; p.177c LHF Graphics/Shutterstock; p.177d Davorana/Shutterstock; p.177e Stock_VectorSale/Shutterstock; p.177f Alexzel/Shutterstock; p.178l SpeedKingz/Shutterstock; p.178c Monkey Business Images/Shutterstock; p.178r Damir Khabirov/Shutterstock; p.182a Alexey Boldin/Shutterstock; p.182b TanyaRozhnovskaya/Shutterstock; p.182c MDFphotography/Shutterstock; p.182d Paket/Shutterstock; p.182e Marcio Jose Bastos Silva/Shutterstock; p.182f Anton Starikov/Shutterstock; p.183l Daboost/Shutterstock; p.183r Nata-Lia/Shutterstock; p.184 Peachananr/Shutterstock; p.187 Melinda Nagy/Shutterstock; p.189 ShutterProductions/Shutterstock.